教育部人文社会科学青年基金项目
中国博士后科学基金特别资助项目

社会主义核心价值观日常生活化育研究

RESEARCH ON THE CORE VALUES OF
SOCIALIST INTEGRATE
INTO DAILY LIFE

朱晨静 著

社会科学文献出版社
SOCIAL SCIENCES ACADEMIC PRESS (CHINA)

前　言

　　建设社会主义核心价值体系，培育和践行社会主义核心价值观是新时代我们党面临的一项重大战略任务。自党的十六届六中全会首次提出"建设社会主义核心价值体系"这一重大命题以来，关于社会主义核心价值体系与核心价值观的相关理论研究和宣传推广工作便迅速展开。在此基础上，党的十八大提出"三个倡导"，明确了社会主义核心价值观的基本内容，党的十九大进一步强调，要"坚持社会主义核心价值体系"，"培育和践行社会主义核心价值观，不断增强意识形态领域主导权和话语权"。在此期间，尤其是十八大以来的五年间，习近平总书记多次对培育和践行社会主义核心价值观作出重要论述，提出了一系列新思想、新观点和新要求。对此，学术界也进行了广泛深入的解读和研究，取得了大量有价值的研究成果，推动社会主义核心价值观日益深入人心，基本实现了社会主义核心价值观从理论形态向观念形态的转化。

　　然而，理论研究和占领宣教阵地固然重要，但不等于实现了广大民众的真心认同并自觉践行。要达到习近平总书记所要求的"让核心价值观融入社会生活，成为人们的日用常行"，还需要推动社会主义核心价值观从观念形态向制度形态、日常形态转化。这一转化能否实现，关键在于社会主义核心价值观能否顺利实现与大众日常生活的对接和融渗，能否被人民大众真心认同并自觉践行。社会主义核心价值观只有融入日常生活，并成为广大民众人人奉行、时时奉行但其自身并不自知的日用常行，才能称得上是社会的"核心"价值观，才能真正实现作为"兴国之魂"的立国价值。基于此，本书以日常生活为研究视域和思维框架，通过对社会主义核心价值观日常生活化育的缘由、理论支撑、实践基础、现实课题、实现条件及运行机制的多维分析，对培育和践行社会主义核心价值观进行了尝试性探究。

其一，分析探讨了社会主义核心价值观日常生活化育的缘由。社会主义核心价值观作为社会主义意识形态的本质体现，其合法性基础源于人民群众的根本认同，而人民群众是否认同社会主义核心价值观关键看其是否符合人的内在需求及其价值许诺能否及时有效兑现，这决定了社会主义核心价值观培育不能仅仅停留在理论研究和宣教层面，而是必须向人们的日常生活转化。然而，社会主义核心价值观虽然根植于日常生活，但毕竟不是自发形成的社会心理或大众意识，而是社会主义意识形态自觉建构的必然，这使其不可避免地与日常生活存在一定间距，这一间距很大程度上阻碍了人们对社会主义核心价值观的培育与践行。基于此，培育社会主义核心价值观必须实现社会主义核心价值观从观念形态向日常生活实践转化。

其二，系统梳理和概括了社会主义核心价值观培育向日常生活转化的理论依据和实践基础。在理论上，无论是马克思主义的日常生活理论，还是中、西方不同境遇中的日常生活批判思想，都强调和凸显了日常生活的本体性地位和作用，为社会主义核心价值观日常生活化育研究提供了必要的学理支撑；在实践上，通过对不同国家核心价值观培育的成功经验与失败教训的比较分析，说明核心价值观培育与其在日常生活的渗透和转化密切相关，由此，为社会主义核心价值观日常生活化育研究提供了重要的实践借鉴。

其三，分析探究了社会主义核心价值观日常生活化育面临的现实课题。在经济全球化、文化多元化、社会信息化、文明多样化的时代背景下，随着我国改革开放和社会主义市场经济的深入发展，人们的日常生活世界正在经历从传统向现代转型的历史性变迁。在此过程中，文化多元化、信息网络化、消费符号化对社会主义核心价值观培育带来重大影响，是当前社会主义核心价值观日常生活化育面临的重要现实课题。

其四，在理论研究、经验借鉴、现实分析的基础上，进一步探究了社会主义核心价值观日常生活化育的实现条件和运行机制。在社会主义核心价值观的价值诉求尚未真实展现之前，社会主义核心价值观日常生活化育不是一个自然而然的过程，而是一个需要不断发挥人的主体性力量创设各种条件以促使其实现的过程。其中，提升人的文化自觉，缩小社会主义核心价值观与日常生活的间距，创设经济、政治、文化、社会"四位一体"的社会条件，大力开展化民易俗的生活实践，是实现社会主义核心价值观日常生活化育的必要条件。而如何将这些条件有机整合起来使之协调运转，则离不开机制的有效运行。利益激励机制、态势激发机制、传媒引导机制、常识转化机制、制度保障机制等化育机制的协同运作、有机配合是提高社会主义核心价值观日常生活化育的重要制度保障。

在此基础上，需要进一步阐明的是，推进社会主义核心价值观日常生活化育是否意味着对非日常生活的忽略和悬置呢？或者说，非日常生活领域不需要社会主义核心价值观的引领和观照呢？答案当然是否定的。首先，日常生活与非日常生活之间不存在绝对的分野。也就是说，在现实生活中，不存在绝对纯粹的日常生活或非日常生活世界，二者之间常常是相互融合、相互渗透的。本属于非日常生活的社会主义核心价值观向日常生活转化，实际是非日常生活的日常化；日常生活主体接受、认同社会主义核心价值观以此转变、提升自身的存在状态实质是日常生活的非日常化，由此，日常的非日常化与非日常的日常化在社会主义核心价值观向日常生活转化的过程中达到了内在统一。其次，日常生活作为个体生存、再生产的基地，是人类温暖、熟悉的家园，也是社会主义核心价值观培育的最终归宿。社会主义核心价值观作为社会主义意识形态的本质体现，属于本源于日常生活的非日常生活领域，其培育只有从非日常生活走向日常生活，才能将其价值立场、价值观念和价值规范贯彻、落实到日常生活中，并转化为日常生活的现实，才具有真切而实在的意义和价值，才能赢得人们的普遍拥护和认同，从而为人们营建温馨熟识的精神家园，为日常生活的价值失序提供有效的纠偏和遏制，为非日常生活的顺利开展提供精神动力和价值支撑。因此，推进社会主义核心价值观向日常生活转化，不仅不是对非日常生活的悬置和忽略，恰恰相反，它是消弭社会异化、实现非日常生活人道化的必然选择。用赫勒的话说："真正的历史充满着冲突和对自己给定状态的不断超越。正是历史——人们自觉选择的和按人们的设计铸造的历史——可以使所有人都把自己的日常生活变成'为他们自己的存在'，并且把地球变成所有人的真正家园。"

此外，还需要说明的是，社会主义核心价值观日常生活化育是一个长期的、复杂的社会系统工程，涵盖包括日常生活和非日常生活在内的整个现实生活世界的所有领域和所有方面。本书对社会主义核心价值观日常生活化育的研究仅仅是在日常生活这一微观视域中展开，只是触及整个社会主义核心价值体系与核心价值观建设的冰山一角，远不足以覆盖其全貌。关于社会主义核心价值观的研究，还有许多问题有待进一步发掘。比如，全球化进程中社会主义核心价值观认同研究就是一个极富战略意义和实践价值的研究课题，尤其是在世界范围内各种思想文化交流交融交锋日趋激烈的时代背景下，如何卓有成效地推进"文化走出去"战略，推进社会主义核心价值观的国际认同，对于改变社会主义意识形态在国际上被污名化、妖魔化的被动地位，提升中华文化的影响力和感召力，占领世界意识形态斗争的制高点具有重要的战略意义和实践价值。再如，就国内而言，如何卓有成效地推进社会主义核心价值观在国民教育、精神文明建设、党的建设和社会建设全过程的融入和渗透？如何卓有成效地促进社会主义核心价值观贯穿到改革开放和社会主义现代化建设的各领域，并体现到精神文化产品创作生产传播的各方面？如何在落细、落小、落实上下功夫，使社会主义核心价值观的影响像空气一样无所不在、无时不有？……再者，仅就日常生活视域中社会主义核心价值观的日常化育而言，由于对现阶段我国转型期日常生活复杂性、日常认同机制、运行条件和日常化育规律的把握不够，加上这一问题本身的艰深，使得本书在研究深度与广度上存在一定欠缺，等等，这些问题有待进一步探索、深化和研究。

朱晨静
2018 年 5 月

目 录

导 论 ……………………………………………………………… 001

第一章 社会主义核心价值观日常生活化育的缘由 …………… 043
第一节 社会主义核心价值观日常生活化育的逻辑前提 ……… 043
第二节 社会主义核心价值观日常生活化育的可能性 ………… 052
第三节 社会主义核心价值观日常生活化育的必要性 ………… 062

第二章 社会主义核心价值观日常生活化育的理论支撑 ……… 068
第一节 社会主义核心价值观日常生活化育的理论基础 ……… 068
第二节 社会主义核心价值观日常生活化育的思想资源 ……… 084
第三节 日常生活批判理论与社会主义核心价值观培育 ……… 106

第三章 社会主义核心价值观日常生活化育的实践借鉴 ……… 114
第一节 我国传统核心价值观日常生活化育的启示 …………… 114
第二节 国外核心价值观日常生活化育的借鉴 ………………… 125

第四章 社会主义核心价值观日常生活化育的现实课题 ……… 153
第一节 文化多元化与社会主义核心价值观日常生活化育 …… 153
第二节 信息网络化与社会主义核心价值观日常生活化育 …… 162
第三节 消费符号化与社会主义核心价值观日常生活化育 …… 169

第五章　社会主义核心价值观日常生活化育的实现条件 …………… 179
第一节　社会主义核心价值观日常生活化育的条件 …………… 179
第二节　社会主义核心价值观日常生活化育的必要条件 ……… 188

第六章　社会主义核心价值观日常生活化育的运行机制 …………… 221
第一节　社会主义核心价值观日常生活化育机制界说 ………… 221
第二节　社会主义核心价值观日常生活化育机制及其运行 …… 226

参考文献 …………………………………………………………………… 255

后　记 ……………………………………………………………………… 277

导 论

问题是时代的声音，每个时代都会提出自己的问题。回应这些问题，是每个时代的使命，也是时代中人进行理论思考、实践践履以及革新创造的起点和主要任务。2017年10月18日，习近平总书记在党的十九大报告中明确指出，"经过长期努力，中国特色社会主义进入了新时代，这是我国发展新的历史方位"[①]，并进一步提出了新时代中国特色社会主义思想和基本方略。其中，重要内容之一就是——坚持社会主义核心价值体系，培育和践行社会主义核心价值观。怎样回应这一时代命题，是新时代中国特色社会主义文化建设的突出问题。

一 问题的提出

自中华人民共和国成立尤其是改革开放以来，在思想道德建设领域，中国共产党一直高度重视社会主义核心价值的建设和研究。早在1981年，中共中央便提出开展"五讲四美"活动，加强社会主义精神文明建设的号召。1982年《中华人民共和国宪法》第二十四条明确规定：爱祖国、爱人民、爱劳动、爱科学、爱社会主义，是中国社会主义道德建设的基本要求。1996年10月，十四届六中全会通过了《中共中央关于加强社会主义精神文明建设若干重要问题的决议》（以下简称《决议》），第一次全面系统地论述了社会主义道德建设问题，《决议》指出：社会主义道德建设要以为人民服务为核心，以集体主义为原则，以爱祖国、爱人民、爱劳动、

---

① 习近平：《决胜全面建成小康社会 夺取新时代中国特色社会主义伟大胜利——在中国共产党第十九次全国代表大会上的报告》，人民出版社，2017，第10页。

爱科学、爱社会主义为基本要求，开展社会公德、职业道德、家庭美德教育，在全社会形成团结互助、平等友爱、共同前进的人际关系。2001年9月20日，中共中央正式印发了《公民道德建设实施纲要》，对公民道德建设的重要性、公民道德建设的指导思想和方针原则、公民道德建设的主要内容都做出了明确规定：公民基本道德规范——爱国守法、明礼诚信、团结友善、勤俭自强、敬业奉献；公民社会公德规范——文明礼貌、助人为乐、爱护公物、保护环境、遵纪守法；公民职业道德规范——爱岗敬业、诚实守信、办事公道、服务群众、奉献社会；公民家庭美德规范——尊老爱幼、男女平等、夫妻和睦、勤俭持家、邻里团结。这些不同层面的基本道德规范，既包含传统美德、革命道德的内容，又体现了时代精神与时代特色，是对社会主义道德精神的科学概括和高度凝练，也是我党在社会主义核心价值建设层面的初步探索。

2006年3月4日，胡锦涛总书记在第十届中国人民政治协商会议第四次会议上提出树立"八荣八耻"的社会主义荣辱观，强调广大干部群众特别是青少年要坚持：以热爱祖国为荣、以危害祖国为耻，以服务人民为荣、以背离人民为耻，以崇尚科学为荣、以愚昧无知为耻，以辛勤劳动为荣、以好逸恶劳为耻，以团结互助为荣、以损人利己为耻，以诚实守信为荣、以见利忘义为耻，以遵纪守法为荣、以违法乱纪为耻，以艰苦奋斗为荣、以骄奢淫逸为耻。社会主义荣辱观明确了社会主义社会里是非善恶、美丑荣辱的底线和基本原则，倡导社会主义基本道德规范，是我党对社会主义核心价值建设的进一步探索。同年10月，党的十六届六中全会第一次明确提出了"建设社会主义核心价值体系"的重大命题和战略任务，并明确提出了社会主义核心价值体系的基本内容——马克思主义指导思想、中国特色社会主义共同理想、以爱国主义为核心的民族精神和以改革创新为核心的时代精神、社会主义荣辱观。2007年，胡锦涛总书记在"6·25"重要讲话中强调，要大力建设社会主义核心价值体系，巩固全党全国人民团结奋斗的共同思想基础。社会主义核心价值体系是社会主义中国的精神旗帜，也是我党在价值领域第一次明确了社会主义核心价值建设的基本内容。

此后，关于"建设社会主义核心价值体系"的理论研究和宣传教育工作迅速开展并取得了重要成果，社会主义核心价值体系研究不断深入。

2007年10月，党的十七大进一步指出，"社会主义核心价值体系是社会主义意识形态的本质体现"，"建设社会主义核心价值体系，增强社会主义意识形态的吸引力和凝聚力"，强调了社会主义核心价值体系建设的重要性。2011年10月，党的十七届六中全会进一步强调，"社会主义核心价值体系是兴国之魂"，"是社会主义先进文化的精髓"，"决定着中国特色社会主义发展方向"，并把建设社会主义核心价值体系作为推动文化大发展大繁荣的根本任务，进一步凸显了社会主义核心价值体系的立国价值和建设社会主义核心价值体系的战略意义。自此，提炼和概括出简明扼要、便于传播践行的社会主义核心价值观，是社会主义核心价值体系研究的重要内容之一，对于建设社会主义核心价值体系具有重要意义。

直到2012年11月，党的十八大明确提出"三个倡导"，即"倡导富强、民主、文明、和谐，倡导自由、平等、公正、法治，倡导爱国、敬业、诚信、友善，积极培育社会主义核心价值观"①。这是对社会主义核心价值观的高度概括和凝练，也为培育和践行社会主义核心价值观明确了基本内容。2013年12月，中共中央办公厅印发《关于培育和践行社会主义核心价值观的意见》，意见明确了社会主义核心价值观与社会主义核心价值体系的关系，并对社会主义核心价值观建设工作进行总体部署，强调要把培育和践行社会主义核心价值观融入国民教育全过程、落实到经济发展实践和社会治理中，要加强社会主义核心价值观宣传教育、开展涵养社会主义核心价值观的实践活动、加强对培育和践行社会主义核心价值观的组织领导等，为培育和践行社会主义核心价值观提供了原则要求和具体遵循。2015年4月，中央宣传部、中央文明办联合印发《培育和践行社会主义核心价值观行动方案》，方案指出：培育和践行社会主义核心价值观，要坚持以理想信念教育为核心，要立足中华优秀传统文化，结合当今时代要求，进行创造性转化和创新性发展；要广泛进行宣传教育，广泛进行探索实践，在贯穿结合融入上下功夫，在落细落小落实上下功夫；要紧密联系群众生产生活实际，结合各行各业特点，把社会主义核心价值观的要求日常化、具体化、生活化，使社会主义核心价值观内化于心、外化于行，

---

① 胡锦涛：《坚定不移沿着中国特色社会主义道路前进 为全面建成小康社会而奋斗——在中国共产党第十八次全国代表大会上的报告》，人民出版社，2012，第31~32页。

成为全社会的群体意识和共同行动。该方案对进一步深化社会主义核心价值观建设步骤，推动社会主义核心价值观实践方案具体化系统化提出了明确要求。2016年12月，中共中央办公厅、国务院办公厅印发了《关于进一步把社会主义核心价值观融入法治建设的指导意见》，意见要求，把社会主义核心价值观融入法治国家、法治政府、法治社会建设全过程，融入科学立法、严格执法、公正司法、全民守法各环节，以法治体现道德理念、强化法律对道德建设的促进作用，推动社会主义核心价值观更加深入人心。该意见从推动社会主义核心价值观入法入规，强化社会治理的价值导向，弘扬社会主义法治精神等方面对培育和践行社会主义核心价值观提出了更高的要求。在此期间，习近平总书记也多次就培育和践行社会主义核心价值观作出重要论述，提出了许多新思想、新论断和新要求。对此，宣传教育部门、学术界、理论界也进行了较为全面深入的研究，取得了许多有价值的研究成果，社会主义核心价值观日益深入人心。

在此基础上，2017年10月18日，习近平总书记在党的十九大报告中进一步指出："社会主义核心价值观是当代中国精神的集中体现，凝结着全体人民共同的价值追求。要以培养担当民族复兴大任的时代新人为着眼点，强化教育引导、实践养成、制度保障，发挥社会主义核心价值观对国民教育、精神文明创建、精神文化产品创作生产传播的引领作用，把社会主义核心价值观融入社会发展各方面，转化为人们的情感认同和行为习惯。坚持全民行动、干部带头，从家庭做起，从娃娃抓起。深入挖掘中华优秀传统文化蕴含的思想观念、人文精神、道德规范，结合时代要求继承创新，让中华文化展现出永久魅力和时代风采。"[①] 这一重大论断回应了新时代培育和践行社会主义核心价值观面临的新形势、新任务和新要求。其中，中国特色社会主义进入新时代，是今后我们培育和践行社会主义核心价值观的立足点；"培养担当民族复兴大任的时代新人"，是新时代培育和践行社会主义核心价值观的着眼点；"强化教育引导、实践养成、制度保障"，强调了新时代培育和践行社会主义核心价值观的有效途径；发挥引领作用，"把社会主义核心价值观融入社会发展各方面，转化为人们的情

---

① 习近平：《决胜全面建成小康社会 夺取新时代中国特色社会主义伟大胜利——在中国共产党第十九次全国代表大会上的报告》，人民出版社，2017，第42页。

感认同和行为习惯",凸显了新时代社会主义核心价值观建设的新任务和新要求;"坚持全民行动、干部带头,从家庭做起,从娃娃抓起",明确了新时代培育和践行社会主义核心价值观的重要突破口;"深入挖掘中华优秀传统文化蕴含的思想观念、人文精神、道德规范,结合时代要求继承创新,让中华文化展现出永久魅力和时代风采",强调了新时代培育和践行社会主义核心价值观一定要充分发挥中国特色社会主义的文化优势,坚定文化自信。以上几点,为新时代社会主义核心价值观建设明确了立足点和着眼点,提出了新目标、新任务和新要求,是新时代培育和践行社会主义核心价值观的重要遵循。

2018年3月11日,第十三届全国人民代表大会第一次会议通过中华人民共和国宪法修正案,其中将宪法第一章《总纲》第二十四条第二款中"国家提倡爱祖国、爱人民、爱劳动、爱科学、爱社会主义的公德"修改为"国家倡导社会主义核心价值观,提倡爱祖国、爱人民、爱劳动、爱科学、爱社会主义的公德"。[①] 这次宪法修改,将社会主义核心价值观写入宪法,是贯彻落实2016年中共中央《关于进一步把社会主义核心价值观融入法治建设的指导意见》的具体举措,是从根本上提高我国文化软实力,实现国家治理现代化的重大战略。这一举措把党和国家对社会主义核心价值观的重视提到一个新的高度,对于提升社会主义核心价值观的当代价值,充分发挥社会主义核心价值观对思想文化的价值引领作用,在司法实践中贯彻落实、培育践行社会主义核心价值观具有重要意义,是新时代培育和践行社会主义核心价值观的重要法律保障和法治遵循。

综观这些年来社会主义核心价值观的发展演变,不难发现,关于社会主义核心价值观的建设和研究大致经历了从道德规范向理论体系,再从理论体系向观念形态,进而从观念形态向制度形态、实践形态转化的发展历程。目前,经过前期的理论研究、概括凝练、教育宣传、制度建构等全方位、多层面的努力推进,社会主义核心价值观建设发展到了向落细落小落实的自觉实践、情感认同和行为习惯转化的阶段。在这方面,如前所述,习近平总书记在党的十九大报告中提出了许多有效途径和新任务新要求,

---

① 《中华人民共和国宪法修正案》,新华网,http://www.xinhuanet.com/politics/2018lh/2018-03/11/c_1122521235.htm,2018年4月29日。

比如，主张通过"教育引导、实践养成、制度保障"等举措来推进社会主义核心价值观从观念形态向人们的"情感认同和行为习惯"转化。这些新任务新要求是新时代社会主义核心价值观建设的主要任务。

然而，实现一种价值观从观念形态向人们的情感认同、自觉意识和行为习惯转化，是一个极其复杂、漫长的推进过程，其实质是一个国家意识形态上的精神建构，旨在确立一种普遍性的思想形式或价值观念。而在现实生活中，人们的行为同时受个体意志、群体利益、价值观变迁、社会思潮等多种思想意识以及物质因素的影响，由此，不可避免地导致核心价值观建设与人们的行为之间存在一种张力。这一张力的化解，除了有赖于核心价值观自身的科学性、合理性、共享性等能最大限度地凝聚社会共识的特性之外，更需要一个化解、融通不同价值形式并借以涵养核心价值的现实土壤。日常生活作为个体生存、再生产的基本基地，人类温暖、熟悉的自在家园，无疑是社会主义核心价值观培育的最好土壤。作为当代中国精神的集中体现，社会主义核心价值观建设虽然本质上属于非日常生活的国家层面的精神建构，但其内容无不源于人们的日常生活，因此，新时代培育和践行社会主义核心价值观，仅限于非日常生活领域的理论探讨和宣教引领是远远不够的，只有回归日常生活，融入日常生活，才能将其价值立场、价值观念和价值规范贯彻、落实到日常生活中，转化为日常生活的现实，才能赢得人们的普遍认同和真心实践，从而实现社会主义核心价值观从观念形态向人们的自觉行为转化，由此，社会主义核心价值观建设才具有真切而实在的意义和价值。正是在此意义上，本书提出了社会主义核心价值观日常生活化育问题，希望对此进行尝试性探索与研究。

除此之外，以日常生活为研究视域和思维框架分析探讨社会主义核心价值观日常生活化育问题，还基于以下几方面的考虑。

第一，从人类历史发展和社会结构看，日常生活比非日常生活具有先在的本体性意义。在由日常生活与非日常生活构成的现实生活世界中，日常生活是非日常生活生成、建构的本原基础，非日常生活如"社会结构和国家总是从一定的个人的生活过程中产生的"[①]。由此，日常生活作为人类社会生活的基础和发源地，是无论处于何种领域、承担何种角色、从事何

---

① 《马克思恩格斯文集》第1卷，人民出版社，2009，第524页。

种活动的人都必须倚重的基本领域。社会主义核心价值观建设作为非日常生活的国家意识形态的自觉建构，亦不例外，同样需要以日常生活为现实根基。

第二，从人类自身的生产看，无论是自在存在的个体还是自为存在的个体，日常生活作为维持个体生存、再生产的基地，不仅是个体生命延续、发展的基本寓所，而且是人类的精神家园。日常生活为人们提供了熟识、安全、"在家"的感觉，是人们从事一切日常或非日常活动的基础，自然也是社会主义核心价值观培育与践行的最终归宿。而社会主义核心价值观作为当代中国精神的集中体现，凝结着全体中国人民共同的价值追求和精神夙愿，肩负着"不断增强意识形态领域主导权和话语权"、"推动社会主义文化繁荣兴盛"、"更好构筑中国精神、中国价值、中国力量，为人民提供精神指引"的使命和责任。这一使命和责任只有贯彻落实到人们的日常生活中，融入人们日常生活的具体实践中，才能实现社会主义核心价值观从观念形态向人们的日常意识和日常行为习惯转化，社会主义核心价值观肩负的使命和责任才能最终实现。

第三，从日常生活的基本图式看，日常生活具有自在性、重复性、实用性、模仿、类比、过分一般化等特性，这使其不仅具有抑制日常生活主体自觉性和创造性的倾向，而且具有侵蚀政治、经济、科学、艺术、主流意识形态等非日常生活领域的趋向。也就是说，在日常生活中，如果不优先建构具有统帅、引领作用的核心价值理念，那么，日常生活便会被传统、习惯、习俗、偏见、人情血缘等因素侵占和主导，甚至会被消极、落后、错误、腐朽的思想意识所影响和侵蚀。因此，迫切需要社会主义核心价值观培育和践行从非日常生活走向日常生活，一方面对日常生活加以纠偏和引领，另一方面为非日常活动的顺利开展提供价值引领与精神支撑。

二 研究意义

经由以上分析，日常生活不仅是社会主义核心价值观建设的本原基础和逻辑旨归，而且是培育和践行社会主义核心价值观不可或缺的重要场域。要想真正把社会主义核心价值观转化为人们的日用常行，就必须把植根于日常生活的社会主义核心价值观还原到日常生活中去。基于此，本书坚持以马克思主义唯物史观为指导，以日常生活为思维框架，分析探讨社会主义核心价值观日常生活化育问题，对于深化社会主义核心价值观建设的相关理论研究与实践探索无疑具有重要的理论意义和现实意义。

一方面，以日常生活为研究视域，分析探讨社会主义核心价值观的日常化育之道，对于新时代社会主义核心价值观的培育和践行而言，是一种区别于已有研究视角的独特尝试：其一，以日常生活为思维框架，在系统梳理中、西方日常生活批判理论的基础上，进一步挖掘马克思主义的日常生活思想，概括、提炼马克思主义日常生活理论，对于深化马克思主义社会历史理论的微观视域，拓展社会主义核心价值观日常生活化育研究的理论视界，具有重要的理论意义。其二，以日常生活为思维框架，主张社会主义核心价值观培育向日常生活转化，实际上是对人民主体性的凸显和强调。日常生活作为"人"最直接、最普遍的存在方式，是人民主体性得以彰显的直接领域。推动社会主义核心价值观建设向日常生活转化，体现了"大众化"的立场与方法，对于凸显人民群众在社会主义核心价值观培育中的主体性地位，进而实现对社会主义核心价值观的情感认同与自觉践行，具有重要的现实意义。其三，通过对日常生活基本结构和一般图式的分析探讨，从中揭示日常生活中价值观生成的一般机理，为社会主义核心价值观融入日常生活，进而向人的自觉意识和行为习惯转化谋求新的切入点，开辟新的研究方法和实践路径，对于培育和践行社会主义核心价值观具有重要的实践意义。

另一方面，面对新时代世界范围内思想文化交流交融交锋形势下，各国价值观较量日益激烈的新态势，以日常生活为研究视域和思维框架，"以培养担当民族复兴大任的时代新人"为着眼点，积极培育和践行社会主义核心价值观，推动社会主义核心价值观走向世界，对于弘扬中国精神、传播中国价值、凝聚中国力量，实现民族复兴的宏愿具有重要的现实意义和深远的历史意义；面对新时代国内思想意识领域多元多样多变的复杂现状，推进社会主义核心价值观日常生活化育，对于汇聚社会正能量、提振人民的精气神，打牢全党全国人民团结奋斗的共同思想基础，巩固马克思主义在意识形态领域的指导地位，具有重要的现实意义和深远的历史意义；面对新时代培育和践行社会主义核心价值观的新任务新要求，推动社会主义核心价值观日常化、法治化、行动化，对于推进国家治理体系和治理能力现代化，有效提升社会主义核心价值观整合社会意识的能力，对于掌握意识形态领域的主导权、主动权和话语权，增强全体人民的"四信"意识，具有重要的现实意义和深远的历史意义。

三 研究现状

（一）国内外核心价值观建设研究现状

1. 国内社会主义核心价值观建设研究现状

第一阶段，十八大以前关于社会主义核心价值体系与社会主义核心价值观的研究

自党的十六届六中全会首次提出"建设社会主义核心价值体系"这一重大命题以来，作为社会主义意识形态的本质体现和社会主义国家的"兴国之魂"，社会主义核心价值体系建设研究得到了国家和各级部门的大力支持，设立了很多专项研究课题。这些课题对社会主义核心价值体系进行了多维度、多层次、多视角的研究，取得了丰硕的成果。如韩震教授在《社会主义核心价值体系研究》中，从时代背景、形成发展、理论根据、结构体系等方面对社会主义核心价值体系进行了全面、深入的研究。侯惠勤教授在《马克思主义中国化理论创新30年》中，对马克思主义中国化的最新理论成果——社会主义核心价值体系的形成、发展过程进行了深入的阐释。梅荣政、杨军在《社会主义核心价值体系与社会思潮评析》中，对当代社会思潮以及社会主义核心价值体系如何引领当代社会思潮进行了分析和探讨。陈新汉、邱仁富在《警惕核心价值体系"边缘化危机"》《坚持核心价值体系的人民主体性——关于克服社会主义核心价值体系"边缘化危机"的思考》中，对当前社会主义核心价值体系研究与建设的现状、存在的主要问题及对策等进行了深入的分析和探讨。研究成果甚为丰硕，在此无法一一列举。除此之外，国内外学术界、理论界的学者们还发表了许多学习、研究社会主义核心价值体系的著作和文章。相关研究主要围绕五个方面展开。

其一，对社会主义核心价值体系的科学内容进行多视角解读。在这方面，近年来有代表性的专著主要有：潘维、玛雅等著《聚焦当代中国价值观》，谭培文、肖祥著《从底线伦理到终极关怀：社会主义和谐价值观研

究》、何锡蓉、曹泳鑫著《核心价值体系构建与价值观研究》，陈新汉著《社会主义核心价值体系价值论研究》等，这些著作围绕改革开放三十年来中国社会价值观多元化的现状、价值观的变迁，对社会主义核心价值体系的基本内涵、精神实质、主要特征、价值和意义等具体内容进行了深入解读。关于社会主义核心价值体系科学内容的解读，近年来有代表性的理论文章主要有：秋石在《论社会主义核心价值体系》中，全面分析了社会主义核心价值体系的科学内涵，认为马克思主义指导思想是社会主义核心价值体系的灵魂；中国特色社会主义共同理想是社会主义核心价值体系的主题；以爱国主义为核心的民族精神和以改革创新为核心的时代精神是社会主义核心价值体系的精髓；社会主义荣辱观是社会主义核心价值体系的基础。[①] 我国社会学知名学者郑杭生从社会学角度分析探讨了社会主义核心价值体系，认为在中国建设和谐文化，离不开"社会主义核心价值体系"这个根本；并认为要真正树立中国特色社会主义共同理想，必须搞清楚它是一种什么样的社会主义；中国特色社会主义是一种新型的社会主义。[②] 中国社科院李慎明教授认为，社会主义核心价值体系建设与增强社会主义意识形态吸引力和凝聚力是辩证统一的关系：一方面，社会主义核心价值体系是社会主义制度的内在精神和生命之魂，是社会主义意识形态大厦的基石。建设社会主义核心价值体系有利于增强社会主义意识形态吸引力和凝聚力。另一方面，以马克思主义为指导的社会主义意识形态是社会主义核心价值体系建设的核心内容，也决定着社会主义核心价值体系建设的性质和方向。[③] 陈新汉从价值哲学出发，认为社会主义核心价值体系必须体现社会转型中价值观念变化的基本特点，通过社会评价活动的"有机"和"无机"形式及其相互作用体现出来，社会主义核心价值体系必须内化为国民信仰。[④] 吴潜涛立足于社会主义经济基础之上，认为社会主义核心价值体系集中体现了社会主义意识形态的本质属性，是社会主义思想

---

① 秋石：《论社会主义核心价值体系》，《求是》2006年第24期。
② 郑杭生：《关于指导思想和共同理想的几点思考——从社会学视角分析社会主义核心价值体系》，《学术研究》2006年第12期。
③ 李慎明：《大力推进社会主义核心价值体系建设》，《中国监察》2008年第2期。
④ 陈新汉：《社会主义核心价值体系——从价值哲学的角度看》，《哲学研究》2007年第11期。

道德建设的指导方针，是激励全民族奋发向上的精神力量和维系全民族团结奋斗的精神纽带。① 总体上看，当前学术界主要从信仰、意识形态、价值哲学等不同角度对社会主义核心价值体系的内涵进行了多层面的解读，深化了关于社会主义核心价值体系基本内容、本质规定的认识，为深刻理解和建设社会主义核心价值体系奠定了理论基础。

其二，对社会主义核心价值体系四个方面内容的内在结构进行了分析探讨。在这方面，近年来有代表性的观点主要有：陈延斌等认为，社会主义核心价值体系是一个复杂的立体结构：横向结构由观念层面和行为层面构成，纵向结构由基础层次的社会主义价值观和高等层次的社会主义核心价值理念构成。社会主义核心价值理念应集中体现社会主义核心价值体系的精髓，体现中国特色社会主义制度的本质要求，扬弃并超越资本主义的核心价值理念。② 韩振峰对社会主义核心价值体系的内在逻辑结构进行了分析，认为四个方面内容既彼此区别，又相互联系、相互贯通、相互影响，共同构成一个逻辑严谨、层次分明的有机统一的科学体系。③ 田芝健认为，社会主义核心价值体系基本内容之间具有逻辑一贯性，从顶层马克思主义指导思想到底层社会主义荣辱观具有可推导性并排除逻辑矛盾。④ 吴潜涛认为，社会主义核心价值体系是个有机的统一整体。其中，马克思主义指导思想居于最高层面，只要坚持马克思主义的指导地位，就把握了社会主义核心价值体系的灵魂，把握了和谐文化建设的性质和方向。⑤ 总体上看，学者们普遍认为社会主义核心价值体系四个方面的内容，既各有其特有的涵义和实践要求，又相互联系、相互贯通、相互促进，是认识世界、改造世界的强大思想武器。

其三，对社会主义核心价值体系的功能进行延伸性探究。在这方面，近年来有代表性的观点主要有：方章东、侯惠勤等认为，社会主义核心价

---

① 吴潜涛：《社会主义核心价值体系的科学内涵》，《道德与文明》2007年第1期。
② 陈延斌、邹放鸣：《社会主义核心价值体系若干问题研究》，《南京师大学报》（社会科学版）2008年第4期。
③ 韩振峰：《略论社会主义核心价值体系的内在逻辑结构》，《山西高等学校社会科学学报》2007年第10期。
④ 田芝健、李支连、张庆华：《社会主义核心价值体系的逻辑结构及其力量的实现》，《毛泽东邓小平理论研究》2009年第4期。
⑤ 吴潜涛：《大力建设社会主义核心价值体系》，《思想理论教育导刊》2009年第5期。

值体系具有整合多元文化，引领社会思潮，在社会各层面产生"共振"的效应。①苏振芳认为，社会主义核心价值体系建设要适应时代潮流，占领网络文化阵地的制高点，引领网络文化建设。②陈桂蓉通过对福建省城市贫困群体的实际调查，认为应该从加快改善民生、继续从严治党和把握舆论导向等方面入手，能进一步增强低收入群体对党和政府的信心、增强社会主义核心价值体系的凝聚力；钱广荣的《社会主义核心价值体系指导下的大学生思想道德教育》（《思想理论教育导刊》2008 年第 12 期），佘双好、田贵华的《社会主义核心价值体系与社会主义思想道德建设》（《思想政治教育研究》2009 年第 1 期）等都强调了把社会主义核心价值体系建设融入思想政治教育全过程。总体上看，当前关于社会主义核心价值体系功能的分析主要集中在社会主义核心价值体系引领社会思潮、引领高校思想政治教育和大学生成长成才等方面。对于社会主义核心价值体系在其他领域的其他功能分析论证不足。

其四，对如何建设社会主义核心价值体系进行了多方面探索。在这方面，近年来有代表性的主要观点有：门忠民、杨新庚对当前建设社会主义核心价值体系的几种思路进行了总结和评析，他们认为：当前理论界和学术界关于建立社会主义核心价值体系的思路概括起来有以下四种：思想教育思路、利益驱动思路、制度设计思路、创新模式思路。他们认为建立社会主义核心价值体系要走发展心智之路，以传统或习惯服人、以信仰服人、以事实服人、以道理服人，使民众相信，进而践行它。③李慎明认为，建设社会主义核心价值体系领导干部是关键，领导干部带头实践社会主义核心价值体系对广大民众具有率先垂范的作用。④李崇富认为建设社会主义核心价值体系，关键和核心是社会主义和共产主义的理想信念教育。王东虓、张宜海认为，建设社会主义核心价值体系需要通过强化知行统一，确立公民道德行为的基本准则，奠定实现中国特色社会主义共同理想的思

---

① 方章东、侯惠勤：《文化整合与社会主义核心价值观》，《安徽大学学报》（哲学社会科学版）2009 年第 3 期。
② 苏振芳：《用社会主义核心价值体系引领网络文化建设》，《中共福建省委党校学报》2009 年第 2 期。
③ 门忠民、杨新庚：《试论理性视野下社会主义核心价值体系的建立》，《山西师大学报》（社会科学版）2008 年第 2 期。
④ 李慎明：《大力推进社会主义核心价值体系建设》，《中国监察》2008 年第 2 期。

想基础。① 胡凯、夏继春等提出了社会主义核心价值体系的心理建设思路，并探讨了运用社会主义核心价值体系创新思想政治教育、创新心理健康教育与心理咨询的内容与方法、完善人文关怀和心理疏导机制及优化客观环境以促进心理和谐的途径等问题。② 从宏观上看，对社会主义核心价值体系建设的路径分析主要集中在思想政治教育思路、制度设计思路、创新模式思路等方面，研究成果多停留于口号式的理念或者形式化的实践途径，可操作性和可行性的建设思路十分少见，这说明对社会主义核心价值体系建设实践的探索还有待深入。

其五，对提炼社会主义核心价值观进行了研究和探索。在这方面，学者们的观点不尽相同，存在一定分歧。如侯惠勤认为，社会主义核心价值观包括"劳动优先""人民至上""共同富裕""公平正义""每个人的自由全面发展"；田心铭将中国社会主义核心价值观概括为"以人为本、实事求是、独立自主"③；焦国成提出以"人本""公忠""和谐"为社会主义的核心价值理念；还有学者把"发展""富裕""民主""文明""公平""正义""友爱""互助""安定""和谐"等，作为中国特色社会主义的核心价值来研究。④ 复旦大学谢遐龄教授认为，社会主义核心价值观应该包括五个方面：（1）社会主义核心价值体系必须是有生命力的，即活生生地在民众的日常生活中发挥作用的；（2）它应该是大众性的，核心价值必须是普通民众人人奉行的，而且通常是不知不觉地奉行，即所谓"百姓日用而不知"；（3）它是日常性的，核心价值必须是普通民众时时奉行的；（4）具有崇高性，核心价值必须在人们心目中具有高于一切的地位；（5）具有社会主义性质。⑤ 梅荣政认为，提炼社会主义核心价值观应该包括"坚持科学理论，凝聚共同理想，弘扬民族精神，明辨荣辱是非，崇尚集体主义，服务人民群众"等内容；李德顺认为，凝练社会主义核心价值

---

① 王东虓、张宜海：《建设社会主义核心价值体系的思路探析》，《郑州大学学报》（哲学社会科学版）2009年第5期。
② 胡凯、夏继春：《社会主义核心价值体系的心理建设思路探析》，《伦理学研究》2009年第4期。
③ 田心铭：《中国社会主义核心价值观》，《马克思主义研究》2011年第11期。
④ 以上三位学者的观点参见张志丹《国内关于社会主义核心价值体系研究综述》，《马克思主义研究》2009年第11期。
⑤ 钱宇波：《"社会主义核心价值体系理论研讨会"综述》，《探索与争鸣》2010年第9期。

体系应该坚持"五宜五不宜"：主体宜显不宜隐、层次宜高不宜低、内容宜实不宜虚、形式宜简不宜繁、用语宜熟不宜生等原则。[①] 总体上看，由学者们的分歧可见该问题的难度，所以，党的十八大召开之前，没有形成统一的被普遍认同的社会主义核心价值观。

总览上述研究，党的十八大召开之前，国内专家学者对社会主义核心价值体系与核心价值观的相关研究已取得了重要的研究成果，然而有些问题还需要进一步深入探讨：其一，在理论上，关于社会主义核心价值体系与社会主义核心价值观的关系问题存在一定的模糊认知，有的学者将二者直接等同，对此问题有待进一步明晰和厘清。其二，从研究视角看，已有的研究成果多集中在理论解释层面，对实现社会主义核心价值体系认同的实际成效不大。其三，已有研究涉及的领域多集中在非日常生活层面，联系日常生活实际推进社会主义核心价值体系认同的研究不多。其四，在制度层面，对国家如何掌控主流意识形态在全社会的影响，对国家、政府如何采取强有力的法规、政策进行全面系统的教育和渗透社会主义核心价值体系的相关研究不足。其五，对于如何将社会主义核心价值体系的相关学术研究成果转化为广大人民群众喜闻乐见、易懂、易记、易接受的普及教育之相关研究尚显不足；对社会主义核心价值体系如何按照知、情、意、信、行规律，从自觉的或不自觉的认知转化为内心认同，真正成为人民群众自觉行为的内在机制研究不足。这些问题有待以后进一步探索和研究。

第二阶段，十八大以来至十九大召开前，关于社会主义核心价值观的研究

党的十八大对社会主义核心价值观作出了高度概括和凝练，即三个倡导——倡导富强、民主、文明、和谐，倡导自由、平等、公正、法治，倡导爱国、敬业、诚信、友善，这三个倡导为培育和践行社会主义核心价值观明确了基本内容。此后，党中央又联合相关部门印发了一系列指导意见和行动方案，具体包括：2013年12月，中共中央办公厅印发《关于培育和践行社会主义核心价值观的意见》；2015年4月，中央宣传部、中央文明办印发《培育和践行社会主义核心价值观行动方案》；

[①] 以上两位学者观点参见邱仁富《"全国社会主义核心价值体系高层学术研讨会"综述》，《哲学动态》2010年第12期。

2016年12月，中共中央办公厅、国务院办公厅印发了《关于进一步把社会主义核心价值观融入法治建设的指导意见》；2017年5月，中共中央办公厅、国务院办公厅印发《国家"十三五"时期文化发展改革规划纲要》，其中也专门对培育和践行社会主义核心价值观提出了具体的指导原则和意见。这些文件对社会主义核心价值观建设工作提出了明确要求，进行了总体部署，制定了具体的建设原则与行动方案。在此期间，习近平总书记也多次就培育和践行社会主义核心价值观作出重要论述，提出了许多新思想、新论断和新要求。对此，宣传教育部门、学术界理论界也进行了较为全面深入的研究，取得了许多有价值的研究成果，人们对社会主义核心价值观的认知与认同显著提高。总体上看，这些研究成果主要围绕以下几点展开。

其一，内涵解读。在这方面，近年来有代表性的著作主要有：郭广银、杨明等主编了《社会主义核心价值观研究丛书》，该丛书对12个核心价值观念的基本内涵、理论渊源等进行了深度挖掘和全景解读；杨耕、吴向东等主编了《社会主义核心价值观：理论与方法》（上中下），对社会主义核心价值观的理论基础、基本内容、形成过程及其与中国传统文化、西方现代思潮的关系等内容进行了系统梳理和研究；此外，还有各种《社会主义核心价值观学习读本》《社会主义核心价值观绘本》《社会主义核心价值观教育读本》《社会主义核心价值观青少年读本》等通俗化的读物纷纷面世，这些著作和读本为深刻理解社会主义核心价值观的基本内涵提供了理论支撑。在这方面，近年来有代表性的理论文章主要有：刘云山在《着力培育和践行社会主义核心价值观》一文中，重点分析了核心价值观与核心价值体系的关系及其把握的原则与侧重点。[1] 刘奇葆在《在全社会大力培育和践行社会主义核心价值观》中，从价值目标、价值取向、价值原则等不同角度对核心价值观的基本内容进行了深刻解读。[2] 梅荣政、郑永廷、黄蓉生等学者对社会主义核心价值观的性质与特色进行了挖掘与阐释，学者们普遍认为，社会主义核心价值观必须凸显其社会主义属性这一根本性

---

[1] 刘云山：《着力培育和践行社会主义核心价值观》，《求是》2014年第1期。
[2] 刘奇葆：《在全社会大力培育和践行社会主义核心价值观》，《人民日报》2014年3月5日。

质以及民族性、时代性、先进性等具体性质。① 总体上看，当前学界主要围绕国家层面、社会层面、公民个人层面对社会主义核心价值观的基本内容及其内在逻辑、本质属性等问题进行了深刻阐释与解读，为深化人们对社会主义核心价值观的理解提供了学理依据。

其二，价值意义，即培育和践行社会主义核心价值观的重要性和必要性。这一点学术界、理论界基本上是围绕习近平总书记关于培育和践行社会主义核心价值观的一系列重要论述展开。2014年5月4日习近平总书记在北京大学师生座谈会上的讲话中指出："人类社会发展的历史表明，对一个民族、一个国家来说，最持久、最深层的力量是全社会共同认可的核心价值观。核心价值观，承载着一个民族、一个国家的精神追求，体现着一个社会评判是非曲直的价值标准"；"如果一个民族、一个国家没有共同的核心价值观，莫衷一是，行无依归，那这个民族、这个国家就无法前进。这样的情形，在我国历史上，在当今世界上，都屡见不鲜"；"我国是一个有着13亿多人口、56个民族的大国，确立反映全国各族人民共同认同的价值观'最大公约数'，使全体人民同心同德、团结奋进，关乎国家前途命运，关乎人民幸福安康"。② 总书记这几段话从我国历史、基本国情等方面论述了培育和践行社会主义核心价值观的重要性，一个国家的核心价值观建设直接关系着国家的长治久安、民族的持续健康发展以及社会的和谐稳定。此外，2014年2月，习近平总书记在中共中央政治局第十三次集体学习时还指出："把培育和弘扬社会主义核心价值观作为凝魂聚气、强基固本的基础工程。"③ 这一论述强调了社会主义核心价值观建设的重要地位。围绕上述几点，学术界、理论界展开了深入解读和研究。刘奇葆在《在全社会大力培育和践行社会主义核心价值观》中，从适应国内国际大局深刻变化、推进国家治理体系和治理能力现代化、提升民族和人民的精神境界、实现民族复兴中国梦的宏伟目标等方面深刻论述了培育和践行社会主义核心价值观的现实必要。吉林大学陈秉公认为，培育和践行社会主义核心价值观是引领和整合多样化社会思潮的需要，是应对西方价值观冲

---

① 参见刘函池《2015年社会主义核心价值观研究综述》，《社会主义核心价值观研究》2016年第3期。
② 习近平：《习近平谈治国理政》，外文出版社，2014，第168页。
③ 习近平：《习近平谈治国理政》，外文出版社，2014，第163页。

击和挑战的需要。① 清华大学吴潜涛认为，培育和践行社会主义核心价值观，有助于夯实社会主义核心价值体系的建设基础，有助于维护我国意识形态安全，是实现全面建成小康社会奋斗目标、坚持和发展中国特色社会主义的内在要求。② 此外，学者们还从和谐社会、中国梦、民族凝聚力、党的建设、人类文明等不同角度论述了转型期社会主义核心价值观建设的重要性和必要性，为人们自觉认同并践行社会主义核心价值观提供了思想基础。

其三，基本原则。没有规矩不成方圆。培育和践行社会主义核心价值观需要遵循一定的原则，否则，容易误入歧途，失去正确方向。习近平总书记指出："一个民族、一个国家，必须知道自己是谁，是从哪里来的，要到哪里去，想明白了、想对了，就要坚定不移朝着目标前进。"③ 这一论述实际上为培育和践行社会主义核心价值观确立了三个基本原则：第一，"知道自己是谁"，即明确核心价值观的性质，是社会主义的核心价值观，而不是什么其他主义的核心价值观，所以，要确保核心价值观的社会主义性质，就一定要以马克思主义为指导。第二，"知道从哪里来"，即明确核心价值观的来源。习近平总书记曾指出："中华文明绵延数千年，有其独特的价值体系。中华优秀传统文化已经成为中华民族的基因，根植于中国人内心，潜移默化影响着中国人的思想方式和行为方式"④；"今天，我们提倡和弘扬社会主义核心价值观，必须从中汲取丰富营养，否则就不会有生命力和影响力"⑤；"要认真汲取中华优秀传统文化的思想精华和道德精髓，大力弘扬以爱国主义为核心的民族精神和以改革创新为核心的时代精神，深入挖掘和阐发中华优秀传统文化讲仁爱、重民本、守诚信、崇正义、尚和合、求大同的时代价值，使中华优秀传统文化成为涵养社会主义核心价值观的重要源泉"⑥。总书记的这些论述清楚地表明，培育和践行社

---

① 陈秉公：《论支撑中华民族伟大复兴的铸魂工程——解读十八大报告提出的"积极培育和践行社会主义核心价值观"》，《中国高等教育》2013年第2期。
② 吴潜涛：《深刻理解社会主义核心价值观的内涵和意义》，《人民日报》2013年5月22日。
③ 习近平：《习近平谈治国理政》，外文出版社，2014，第171页。
④ 习近平：《习近平谈治国理政》，外文出版社，2014，第170页。
⑤ 习近平：《习近平谈治国理政》，外文出版社，2014，第170页。
⑥ 习近平：《习近平谈治国理政》，外文出版社，2014，第164页。

会主义核心价值观必须植根于中华优秀传统文化,唯其如此,方能展现核心价值观的中国特色及其独特魅力。第三,"要到哪里去",即明确核心价值观的发展方向。对此,习近平总书记明确指出:"一个民族、一个国家的核心价值观必须同这个民族、这个国家的历史文化相契合,同这个民族、这个国家的人民正在进行的奋斗相结合,同这个民族、这个国家需要解决的时代问题相适应。"① 在此基础上,又进一步强调:"人类生活在不同文化、种族、肤色、宗教和不同社会制度所组成的世界里,各国人民形成了你中有我、我中有你的命运共同体。"② 这一方面说明培育和践行社会主义核心价值观要立足中国当下的实际发展状况,另一方面又内含了文明的多样性、丰富性、包容性和开放性,不同文明、不同价值观只有交流互鉴,从不同文明中汲取丰富营养,才能源远流长,不断发展壮大。围绕以上原则,学者们展开一系列研究和讨论,主要观点有:坚持以理想信念为核心;坚持理论联系实际,区分层次和对象,分类展开;坚持改进创新,用群众喜闻乐见的方式,搭建群众便于参与的平台,打通群众乐于参与的渠道等。这些原则为培育和践行社会主义核心价值观提供了方向上的指引。

其四,重点群体。归根结底,培育和践行社会主义核心价值观一定要落实到主体。对此,习近平总书记提出了抓关键、抓重点的方法。首先是少年儿童。2014 年 5 月,总书记在北京市海淀区民族小学主持召开座谈会上强调:"任何一个思想观念,要在全社会树立起来并长期发挥作用,就要从少年儿童抓起"③;"为了中华民族的今天和明天,我们要教育引导广大少年儿童树立远大志向、培育美好心灵,让少年儿童成长得更好"④;"少年儿童如何培育和践行社会主义核心价值观呢?应该同成年人不一样,要适应少年儿童的年龄和特点。我看,主要是要做到记住要求、心有榜样、从小做起、接受帮助"⑤。上述论述说明,培育和践行社会主义核心价值观要从小抓起,从娃娃抓起。做好了这一点,就等于打好了培育和践行

---

① 习近平:《习近平谈治国理政》,外文出版社,2014,第 171 页。
② 习近平:《习近平谈治国理政》,外文出版社,2014,第 261 页。
③ 习近平:《习近平谈治国理政》,外文出版社,2014,第 181 页。
④ 习近平:《习近平谈治国理政》,外文出版社,2014,第 182 页。
⑤ 习近平:《习近平谈治国理政》,外文出版社,2014,第 182 页。

社会主义核心价值观的基础。其次是广大青年，尤其是青年大学生。2014年5月4日，习近平总书记在北京大学师生座谈会上对广大青年提出明确要求："青年要从现在做起、从自己做起，使社会主义核心价值观成为自己的基本遵循，并身体力行大力将其推广到全社会去。"① 具体而言，就是要做到：勤学、修德、明辨、笃实。再次是广大党员干部。在我国，广大党员是人民的先锋队，党政干部更是中国特色社会主义事业的中流砥柱，自然应该是践行社会主义核心价值观的表率。抓好了党政干部这个表率，就等于抓住了培育和践行社会主义核心价值观的关键。所以，习近平总书记在主持十八届中央政治局第十三次集体学习时强调："榜样的力量是无穷的，广大党员、干部必须带头学习和弘扬社会主义核心价值观，用自己的模范行为和高尚人格感召群众、带动群众。"② 并指出："我们党历来重视抓全党特别是领导干部的学习，这是推动党和人民事业发展的一条成功经验。"③ 广大党员干部应该自觉学习和践行社会主义核心价值观，增强积极性和主动性，充分发挥模范带头作用。最后是先进模范。先进模范是现实生活最鲜活的展示和最生动的教材，最容易成为人们学习效仿的典范。抓好了先进模范的带动作用，就等于抓住了培育和践行社会主义核心价值观的现实标杆。所以，总书记强调，要"多宣传报道人民群众中涌现出来的先进典型和感人事迹，丰富人民精神世界，增强人民精神力量，满足人民精神需求"④；"要自觉践行社会主义核心价值观，发扬我国工人阶级的伟大品格，用先进思想、模范行动影响和带动全社会，不断为中国精神注入新能量，始终做弘扬中国精神的楷模"⑤。广大先进模范要身体力行、传播社会正能量，做自觉践行社会主义核心价值观的代言人。综合以上几点，总书记主要从青少年、青年大学生、党员干部、先进模范等几个关键群体出发，强调了这几个主要群体培育和践行社会主义核心价值观的原则与要求。在这方面，学术界、理论界也主要围绕以上几点展开，要求具体群体具体分析，区别对待，在此不再赘述。

---

① 习近平：《习近平谈治国理政》，外文出版社，2014，第172页。
② 习近平：《习近平谈治国理政》，外文出版社，2014，第164页。
③ 习近平：《习近平谈治国理政》，外文出版社，2014，第401页。
④ 习近平：《习近平谈治国理政》，外文出版社，2014，第154页。
⑤ 习近平：《习近平谈治国理政》，外文出版社，2014，第45页。

其五，方法途径。社会主义核心价值观从理论体系转化为观念形态历经多年培育和发展，而今要从观念形态向人们的自觉意识和行为习惯转化，可能需要更长的时间与实践，其中必然离不开行之有效的方法举措，让核心价值观先落地，再入脑入心。在这方面，习近平总书记多次论及，学术界、理论界也进行了深入的研究。综合已有研究成果，主要体现为以下几点。

第一，教育引导占首位。主要包括家庭教育、学校教育、国民教育、职业教育、社会教育等方面。十八大以来，习近平多次强调家风家教的重要性：2016 年 1 月 12 日，习近平在十八届中央纪委六次全会上强调，"每一位领导干部都要把家风建设摆在重要位置，廉洁修身、廉洁齐家，在管好自己的同时，严格要求配偶、子女和身边工作人员"；十八届六中全会审议通过的《关于新形势下党内政治生活的若干准则》《中国共产党党内监督条例》，均对领导干部的家风问题提出了要求，将家风建设提到制度高度；2016 年 12 月 12 日，习近平在会见第一届全国文明家庭代表时，盛赞代表们的事迹"温暖了人心，诠释了文明，传播了正能量，为全社会树立了榜样"。[1] 2014 年 5 月，在北京市海淀区民族小学主持召开的座谈会上习近平总书记也强调："家庭是孩子的第一个课堂，父母是孩子的第一个老师。家长要时时处处给孩子做榜样，用正确行动、正确思想、正确方法教育引导孩子。要善于从点滴小事中教会孩子欣赏真善美、远离假恶丑。要注意观察孩子的思想动态和行为变化，随时做好教育引导工作。"[2] 重视家风家教对核心价值观的涵育作用，是十八大以来社会主义核心价值观培育与践行的一个突出亮点。其次是将核心价值观教育融入国民教育全过程。在这方面，学者们提出了许多有建设性的方法和建议：原教育部部长袁贵仁提出，构建融课堂教学、社会实践、校园文化于一体的新型多位一体育人平台[3]；李建华提出"分层施教"，根据不同特点探寻不同方法[4]；

---

[1] 参见《十八大以来，习近平这样谈"家风"》，新华网，http://www.xinhuanet.com/politics/2017-03/29/c_1120713863.htm，2018 年 4 月 30 日。
[2] 习近平：《习近平谈治国理政》，外文出版社，2014，第 184 页。
[3] 袁贵仁：《坚持立德树人加强社会主义核心价值观教育——深入学习贯彻习近平同志在北京大学师生座谈会上的重要讲话精神》，《中国农村教育》2014 年第 6 期。
[4] 李建华：《分层次培育社会主义核心价值观》，《光明日报》2013 年 1 月 26 日。

陆树程、杨倩提出了理性认同、情感认同、利益调节、自律转化、榜样示范等多种认同机制①。总体上看,把社会主义核心价值观纳入国民教育的总体规划中,贯穿到教育的各个环节,形成家、校、社综合教育网络,才能充分发挥教育的合力作用,在这方面还有待进一步深化研究。

第二,宣传舆论要抓好。习近平多次强调:"我们正在进行具有许多新的历史特点的伟大斗争,面临的挑战和困难前所未有,必须坚持巩固壮大主流思想舆论,弘扬主旋律,传播正能量,激发全社会团结奋进的强大力量。"② 宣传思想阵地,我们不去占领,人家就会去占领。所以,必须抓好舆论宣传阵地,引导好舆论风向,这也是培育和践行社会主义核心价值观的重要条件。对此,学界主要从三个层面展开研究:一是充分发挥主流媒体传播的主渠道作用。比如王慧在《我国主流媒体社会主义核心价值观舆论场建设研究》一书中,通过深度访谈和实地调研的方式,对我国主流媒体传播社会主义核心价值观舆论场的建设,从内容、方式、效用等方面进行了深入研究。二是系统建构社会主义核心价值观网上传播阵地。在这方面比较有代表性的研究成果是郑洁的《网络媒体传播社会主义核心价值观研究》,该书立足网络媒体传播社会主义核心价值观的现状,分析探讨了网络媒体传播社会主义核心价值观的基本原则、具体方式、有效机制和加强网络媒体建设和管理的途径等问题。三是充分发挥精神文化产品育人化人的重要功能。在这方面,《国学与社会主义核心价值观》《社会主义核心价值观文化读本》《中华优秀传统文化与社会主义核心价值观读本》等一系列文本,集思想性、通俗性、艺术性于一体,满足了不同群体的阅读需求,是传播社会主义核心价值观的重要载体。

第三,实践养成是关键。实践,只有实践才能搭建起沟通思想与行为的桥梁。习近平总书记多次强调:"一种价值观要真正发挥作用,必须融入社会生活,让人们在实践中感知它、领悟它。要注意把我们所提倡的与人们日常生活紧密联系起来,在落细、落小、落实上下功夫。"③ 社会主义核心价值观要落地、落细、落小、落实,必须转化为具体的生活实践,让

---

① 陆树程、杨倩:《论培育和践行社会主义核心价值观的内在机制》,《毛泽东邓小平理论研究》2014年第8期。
② 习近平:《习近平谈治国理政》,外文出版社,2014,第155页。
③ 习近平:《习近平谈治国理政》,外文出版社,2014,第165页。

人们在生活实践中去感知它、领悟它、认同它、践行它。因此，非常有必要把社会主义核心价值观的价值诉求以具体实践的方式融入人们的日常生活实践中。在这方面，已有的研究成果相对较少。辛世俊在《论社会主义核心价值观教育融入生活》一文中指出："将社会主义核心价值观融入生活，就要全面理解生活，把握人民群众对价值观的需求与期待；就要利用各种时机和场合，形成有利于弘扬社会主义核心价值观的生活情景和社会氛围，使核心价值观的影响像空气一样无所不在、无时不有；就要在生活过程中持续不断地强化价值观的影响，不仅注重人生不同阶段的价值观教育的特殊性，而且要认识到价值观教育只有进行时，没有完成时；必须将价值观教育与解决群众生活中的实际问题结合起来，群众越有获得感，价值观教育就越有成效。"① 吴静、颜吾佴在《把社会主义核心价值观日常化、具体化、形象化、生活化》一文中提出："把社会主义核心价值观日常化、具体化、形象化、生活化须把握好如下三个原则：第一，通俗性原则；第二，普及性原则；第三，长效性原则。"② 总体上看，在这方面，已有研究成果理论分析居多，具体可行的实践操作方案和实践活动相对较少，有待进一步深化研究。

第四，制度建设是保障。制度总是由人制定的，而制度的制定也总是为了引导人或规范人。人又总是价值的负载者。所以，制度与价值总是不可分割的。制度总是承载着一定的价值观念，价值的实现也总是离不开制度的保障。同理，培育和践行社会主义核心价值观同样离不开制度的设置及保障。习近平总书记曾指出："要按照社会主义核心价值观的基本要求，健全各行各业规章制度，完善市民公约、乡规民约、学生守则等行为准则，使社会主义核心价值观成为人们日常工作生活的基本遵循"；"要建立和规范一些礼仪制度，组织开展形式多样的纪念庆典活动，传播主流价值，增强人们的认同感和归属感"；"要发挥政策导向作用，使经济、政治、文化、社会等方方面面政策都有利于社会主义核心价值观的培育。要用法律来推动核心价值观建设。各种社会管理要承担起倡导社会主义核心

---

① 辛世俊：《论社会主义核心价值观教育融入生活》，《社会主义核心价值观研究》2017年第2期。
② 吴静、颜吾佴：《把社会主义核心价值观日常化、具体化、形象化、生活化》，《红旗文稿》2017年第7期。

价值观的责任，注重在日常管理中体现价值导向，使符合核心价值观的行为得到鼓励、违背核心价值观的行为受到制约"。① 在中共中央办公厅印发的《关于培育和践行社会主义核心价值观的意见》《关于进一步把社会主义核心价值观融入法治建设的指导意见》等文件中，对社会主义核心价值观的制度化、法治化建设提出了明确要求，从制度的制定、运行、管理等方面为社会主义核心价值观建设提供了强有力的保障，对此，相关研究有待深化。

综合上述内容，十八大以来至十九大召开前，习近平总书记关于培育和践行社会主义核心价值观的系列重要论述，以及学术界、理论界围绕这些讲话展开的一系列研究，从理论内涵、价值意义、基本原则、践行路径、教育引导、舆论宣传、文化熏陶、实践养成、制度保障等方面，系统回答了"什么是社会主义核心价值观"、"为什么要培育和践行社会主义核心价值观"以及"如何培育和践行社会主义核心价值观"等问题，构建了一个多层面、立体化的"培育和践行社会主义核心价值观"的知识图谱，为下一阶段深化社会主义核心价值观建设研究提供了经验和指导。

第三阶段，十九大以来，关于社会主义核心价值观的研究

在党的十九大报告中，关于社会主义核心价值观的论述主要有两处，一是在"新时代中国特色社会主义思想和基本方略"中提到，把"坚持社会主义核心价值体系"作为构成新时代坚持和发展中国特色社会主义的基本方略之一来看待，并强调"文化自信是一个国家、一个民族发展中更基本、更深沉、更持久的力量。必须坚持马克思主义，牢固树立共产主义远大理想和中国特色社会主义共同理想，培育和践行社会主义核心价值观，不断增强意识形态领域主导权和话语权，推动中华优秀传统文化创造性转化、创新性发展，继承革命文化，发展社会主义先进文化，不忘本来、吸收外来、面向未来，更好构筑中国精神、中国价值、中国力量，为人民提供精神指引"②。二是在"坚定文化自信，推动社会主义文化繁荣兴盛"中提到，把培育和践行社会主义核心价值观作为中国特色社会主义文化建设

---

① 习近平：《习近平谈治国理政》，外文出版社，2014，第165页。
② 习近平：《决胜全面建成小康社会 夺取新时代中国特色社会主义伟大胜利——在中国共产党第十九次全国代表大会上的报告》，人民出版社，2017，第23页。

的重要方面来强调:"社会主义核心价值观是当代中国精神的集中体现,凝结着全体人民共同的价值追求。要以培养担当民族复兴大任的时代新人为着眼点,强化教育引导、实践养成、制度保障,发挥社会主义核心价值观对国民教育、精神文明创建、精神文化产品创作生产传播的引领作用,把社会主义核心价值观融入社会发展各方面,转化为人们的情感认同和行为习惯。坚持全民行动、干部带头,从家庭做起,从娃娃抓起。深入挖掘中华优秀传统文化蕴含的思想观念、人文精神、道德规范,结合时代要求继承创新,让中华文化展现出永久魅力和时代风采。"① 这些论述为新时代培育和践行社会主义核心价值观指明了方向,是新时代社会主义核心价值观建设的指导思想和重要遵循。

2018 年"两会"期间,习近平总书记多次谈到核心价值观建设:"社会主义核心价值观决定着各民族共有精神家园的发展方向,必须在各民族中大力培育和践行";"以社会主义核心价值观为引领,深入挖掘优秀传统农耕文化蕴含的思想观念、人文精神、道德规范";"引导全社会积极培育和践行社会主义核心价值观,树立良好道德风尚"。② "两会"上,社会主义核心价值观又被写入国家根本大法。十九大以来关于社会主义核心价值观的新论述、新举措引起学术界、理论界的广泛关注。吴潜涛认为,"社会主义核心价值观是当代中国精神的集中体现"这一新论断,是中国共产党依据培育和践行社会主义核心价值观的实践经验,集结广大人民群众的智慧,对社会主义核心价值观精神实质的新概括,标志着中国共产党对社会主义核心价值观的认识提升到了一个新的高度。③ 戴木才指出,"培养担当民族复兴大任的时代新人,是新时代社会主义核心价值观培育和践行的主要任务"④。王学俭认为,"当前,培育和践

---

① 习近平:《决胜全面建成小康社会 夺取新时代中国特色社会主义伟大胜利——在中国共产党第十九次全国代表大会上的报告》,人民出版社,2017,第 42 页。
② 参见《扬起团结奋进的精神风帆——落实两会精神积极培育和践行社会主义核心价值观》,新华网,http://www.xinhuanet.com/photo/2018-03/24/c_1122584986_2.htm,2018 年 4 月 30 日。
③ 吴潜涛:《社会主义核心价值观是当代中国精神的集中体现》,《光明日报》2018 年 3 月 26 日。
④ 戴木才:《培养担当民族复兴大任的时代新人——党的十九大报告关于社会主义核心价值观》,《道德与文明》2017 年第 6 期。

行社会主义核心价值观,必须立足于中国特色社会主义进入新时代这一客观事实与宏观环境。新时代培育和践行社会主义核心价值观,可以从明确立足点、突出着眼点、强化聚焦点、找准关键点、紧抓推进点和发挥优势点六个层面进行分析和把握"[①]。从已有研究成果看,学者们主要是从学习十九大精神出发,对十九大报告中提出的新论断进行了分析与解读,相关研究有待进一步深化。

总体看来,中国特色社会主义进入新时代,社会主义核心价值观建设面临新形势、新任务和新问题。党的十九大报告对培育和践行社会主义核心价值观也提出了许多新论断、新要求,这些构成新时代培育和践行社会主义核心价值观的根本指针,为新时代培育和践行社会主义核心价值观提供了重要遵循,对此进行深入研究和分析,是当前社会主义核心价值观建设面临的重要任务。

2. 国外关于社会主义核心价值观的研究现状

第一阶段,十八大以前国外关于社会主义核心价值观的研究

十八大以前,国外关于社会主义核心价值观或中国价值观的直接研究成果较少,但其关于价值、价值观、核心价值观等价值论或价值哲学的研究起步较早,积累了丰富的研究成果。比如:美国学者罗克奇把价值观分为"终极性价值观"与"工具性价值观",并按照重要程度进行排序,设计了"价值观调查量表",为人们进行价值观调查提供了重要依据。美国另一学者宾克莱在《理想的冲突——西方社会变化着的价值观念》一书中对20世纪西方世界的价值观进行了总结,提炼出大致20种对西方社会有重要影响的价值观。还有学者如 Parsons、斯普朗格、斯沃茨等对价值观进行了不同视角的分类,并提出或制作了新的价值测量表,这些研究成果为人们测查或研究价值观提供了借鉴和参考,具有重要价值。

然而,或许受意识形态的影响,关于社会主义核心价值观的直接研究不多。从目前的检索看,这一阶段与社会主义核心价值观(socialist core values)直接一致的国外研究还甚为有限。通过 Google、Yahoo 英文搜索引擎,Elsevier 英文期刊数据库等检索平台,以 *socialist core values* 为题,仅搜索到一篇中国学者介绍社会主义核心价值体系建设的文章 *Build up the*

[①] 王学俭:《新时代如何培育和践行社会主义核心价值观》,《人民论坛》2017年第12期。

system of socialist core values①。除此之外，国外关于社会主义核心价值观的研究主要渗透在中国模式、社会主义价值观评价以及对社会主义核心价值体系具体内容的评价等相关领域当中。我国学者陈力祥提出，要了解国外学者对社会主义核心价值观的研究现状，"一方面可以通过西方学者对社会主义意识形态的评价、社会主义道德文化、社会主义的价值观评判视角去了解和把握；另一方面也可以通过对社会主义核心价值观所包含的三个层面的内容去把握，即通过外国学者对马克思主义在中国的指导地位的把握，对中国特色社会主义、中国的民族精神和时代精神、社会主义荣辱观等关键词去掌握国外学术界对核心价值体系的理解和把握"②。这的确不失为一个了解国外关于社会主义核心价值观研究状况的好办法。

总体上看，这一阶段国外涉及社会主义核心价值的研究主要体现在以下几个方面。

其一，关于"中国模式"的争论和探讨延伸到对"中国模式"背后所内含的中国价值及其核心价值理念的探索。英国剑桥大学高级研究员斯蒂芬·哈尔珀指出，"中国模式"的成功，与西方的不同之处，在价值观层面上主要是"中国并没有充当一个布道者的角色，并没有把自己的价值观强加于其他国家之上。正是这种自身的'不作为'反而使其具有了吸引力，其承载了自身独特意识形态的发展模式正在被很多国家学习和效仿"；还有学者认为，中国模式的成功是"马克思主义的国家主义与儒家开明官僚的独特结合"。③ 新加坡学者郑永年认为，关于"中国模式"的讨论，已远远超出了学术探讨的范围而夹杂了更多的意识形态性和道德偏见，"总体上看，在这场已经持续多时的争论中，人们的关注对象并不在于客观存在的'中国模式'，而是变成了要不要、该不该有'中国模式'的问题。毋庸置疑，争论已经过于政治化，甚至道德化"④。英国《金融时报》有文章指出，"中国的成功恰恰是没有什么模式，如果真有一条经验，那就是

---

① Yuan Guerin. *Build up the system of socialist core values*, Social Sciences in China, March, 2008.
② 陈力祥：《社会主义核心价值体系研究的国外学术维度》，《探求》2009 年第 2 期。
③ 参见谢永宽、刘志礼《国外中国模式研究新趋势及其启示》，《理论探索》2011 年第 2 期。
④ 〔新〕郑永年：《为什么要提"中国模式"》，《联合早报》2010 年 5 月 4 日。

对改革开放和实事求是的态度"①。美国哈佛大学商学院里金钠·艾布拉米对中国模式的价值和意义进行了总结，认为无论中国模式是否适合其他国家，中国"独立自主、和平发展"等核心价值理念指导下的中国模式的成功都是对"公有制企业没有效率、新兴的大国必是好战和富有侵略性国家以及经济发展必将导致西方式民主"等传统理论的颠覆。② 总体上看，国外关于"中国模式"的讨论和评价是近年来的热点话题，虽然一直是褒贬不一，但从发展趋势看，已逐渐从关于中国模式是否存在、内涵特征等表面问题向其所包含和负载的社会主义核心价值方面延伸，这在一定程度上为我们实施"文化走出去"战略，向国外传播社会主义核心价值体系提供了契机。

其二，关于社会主义意识形态的评价。众所周知，冷战结束后，在国际舞台上，占主导地位的意识形态话语一直是西方的民主、自由思想。从亨廷顿的"文明冲突论"，到弗朗西斯·福山的"历史的终结"，西方资产阶级意识形态一直不遗余力地宣扬资本主义民主、自由等价值观念的普世性和合法性，认为西方的自由民主制度是最好的、最文明的社会制度，是历史的最终形态，以此来整合、终结社会主义意识形态，因此，对社会主义意识形态，国外一直持漠视甚至敌视的态度。对中国社会主义建设取得的成绩，也认为是学习、实践西方普世价值的结果；对中国的宣传一直以负面报道为主；等等。这在很大程度上影响了国外学者对社会主义意识形态的评价。但是，另一方面，随着中国国际影响力的不断增强，国外学者对中国特色社会主义的认识和评价也日趋客观和科学。比如，关于中国特色社会主义实质问题的研究，美国学者阿里夫·德里克就不赞成传统意义上因中国发展市场经济而否认中国社会主义性质的观点，认为中国特色社会主义是一种"后社会主义"，是一种既借鉴资本主义经验又能克服资本主义发展弊端的社会主义。③ 德国学者托马斯·海贝勒指出："中国并非像西方很多人感觉的那样是一个纯粹的专制政权，并且近几十年没有发生变

---

① 〔英〕里奥·霍恩：《中国模式背后的真相》，英国《金融时报》2008年7月29日。
② 参见《"中国模式"挑战传统理论——外国专家评价"中国模式"之一》，人民网国际频道，http://world.people.com.cn/GB/1030/9259260.html，2018年4月30日。
③ 参见韩露《国外关于改革开放以来中国共产党意识形态建设与发展问题研究述评》，《社会主义研究》2010年第5期。

化。其实，中国正在迈向一个自治、法治和参与程度更高的开放社会。"① 西方学者对社会主义及其意识形态的相对客观的评价正在逐步改变着国际社会对社会主义的理解和认知，这为西方国家了解、认识社会主义核心价值体系提供了前提和条件。

其三，关于社会主义核心价值观具体内容的评价。社会主义核心价值观蕴含了丰富的传统文化意蕴。在这方面，国外学术界关于中国传统文化的关注相对较多。美国哈佛大学杜维明教授在纪念孔子诞辰 2545 周年的国际学术讨论会上指出，中国传统儒学中蕴含着丰富的有益于现代社会的资源，有待进一步挖掘；日本前首相中曾根康弘也曾强调，日本要把民主主义、自由主义的想法和孔子的教导调和起来。② 国外还有学者认为，中国佛教与道教文化中的戒律思想代表着人类行为的道德合法性，是人类行为的指南。此外，中国的爱国主义教育以及中国在抗震救灾、奥运精神中所体现出来的民族精神和爱国主义精神也得到西方众多媒体的盛赞。"新加坡《联合早报》曾发表题为《四川地震与中国民族精神的再现》的文章，文章指出：感动世界的是中国人在面临灾难时所显现的民族精神，是赈灾过程中不同角色所写下的一个个有关人的故事。这些故事正在形成一个巨大无比的'人'字。正是这个'人'字，体现出了中华民族的精神核心；西班牙《世界报》也曾发表题为《一个摧不垮的民族》的文章，称赞中国拥有举国动员的能力、勇往直前的决心和强大的团结互助的精神，并说这种精神将使中国在前进的道路上坚不可摧。"③ 国外学术界和媒体对中国传统文化和社会主义核心价值理念的肯定，对于我们深化社会主义核心价值观研究具有积极价值。

除此之外，国内一些学者也开始了对国外核心价值观建设与认同的研究，这在一定意义上也反映了国外对核心价值体系认同的思考和实践。总体上看，这一阶段国外对社会主义核心价值体系的直接研究不多，而且它们对社会主义价值观的总体评价在某些方面也有失偏颇，但值得注意的

---

① 〔德〕托马斯·海贝勒：《关于中国模式若干问题的研究》，《当代世界与社会主义》2005年第 5 期。
② 参见陈力祥《社会主义核心价值体系研究的国外学术维度》，《探求》2009 年第 2 期。
③ 参见韩露《国外关于改革开放以来中国共产党意识形态建设与发展问题研究述评》，《社会主义研究》2010 年第 5 期。

是，在与社会主义核心价值观相关的其他研究领域也有许多肯定社会主义核心价值的方面。这对于社会主义核心价值观的推广和传播，以期增进国际认同，既存在机遇，也存在一定挑战。

第二阶段，十八大以来国外关于社会主义核心价值观的研究

党的十八大明确了"三个倡导"的社会主义核心价值观，不仅引起国内热议，也引起国际社会极大的关注。对此，在国内学者的一些国际调查中可以管窥一二。于丹教授主持发布的《外国人对中国文化认知调研（2015）》研究报告中说："通过全球在线调研机构 Survey Sampling International（SSI），调查了十个国家的青年群体对中国文化认知的现状、意愿和渠道，结果发现，从调查对象对中国文化整体认知程度来看，中国文化符号的接受度和熟悉度越来越被外国人认可；对于英法美这些发达国家来讲，浅表层次的旅游已经不能满足它们对中国文化的认知需求了，它们对中国的文化产品、文化哲学认知意愿很强，愿意从更抽象、更深刻、门槛更高的文化内容着手认识中国。"[1] 另外，根据华中科技大学国家传播战略协同创新中心组织的大型民调项目《中美公众的世界观念调查报告（2016）》，美国公众近年来在"世界大国观念、欧洲观念、亚太和邻国观念、国际关系观念"等方面对中国的国家形象、中国价值观念的认知程度越来越高。[2] 以上调查报告从侧面反映了国外公众对中国文化、中国价值的认知状况越来越好，认知需求日益增强。

这一阶段，海外学者们对社会主义核心价值观也非常关注。其关注点主要集中在三个方面：一是对当代中国核心价值观传统渊源的关注；二是对当代中国核心价值观与"普世价值"论战的关注；三是对当代中国核心价值观与中国共产党意识形态发展关系的关注，这几点在祝大勇的博士论文《海外学者视野中的当代中国核心价值观研究》与《核心价值观成为海外学者观察中国的新视角》等成果中进行了比较系统的研究。[3] 总体上看，

---

[1] 参见《外国人对中国文化认知调研报告（2015）》，百度文库，http://www.360doc.com/content/16/0627/05/32280333_571017190.shtml，2018年4月30日。

[2] 参见张昆、张明新《中美公众的世界观念调查报告（2016）》，《人民论坛·学术前沿》2017年第1期。

[3] 祝大勇：《核心价值观成为海外学者观察中国的新视角》，《马克思主义研究》2017年第8期。

十八大以来，国外关于社会主义核心价值观的研究不断增加，相关研究成果主要体现在文化符号、文化作品的传播与认知等方面，国外学者们的研究从另一方面为我们提供了一个反观自身的参照，具有重要的借鉴意义。

至此，统观国内外关于社会主义核心价值观培育和践行的研究状况，研究成果可谓硕果累累，甚为丰硕，其中不乏行之有效的真知灼见。总体看来，第一个阶段的研究，主要停留在理论探讨层面，为概括提炼社会主义核心价值观提供了理论支撑；第二个阶段的研究，明确了社会主义核心价值观的基本内容，实现了社会主义核心价值观从理论形态向观念形态的转化，并从教育引导、舆论宣传、制度建构、文化熏陶等方面对培育和践行社会主义核心价值观进行了充分的研究，为社会主义核心价值观从观念形态向现实形态转化提供了重要借鉴。然而，在所有这些研究中，还有一些问题有待进一步深化，比如关于社会主义核心价值观及其培育的研究主要集中在宣传教育、制度设计、文化熏陶等方面，其研究视角多集中在非日常生活领域，联系日常生活实际进行研究的相对较少；在实践探索上，强调了"社会主义核心价值观融入经济社会发展各领域、贯穿社会生活全过程"，但在具体的实践养成机制上，尤其是日常生活实践的常态化运行等方面，面向日常生活的、适用于人们日用常行的培育和践行方法的研究相对不足。说到底，社会主义核心价值观要真正发挥作用，关键看其与人们日常生活的契合程度。所以，培育和践行社会主义核心价值观，实现核心价值观向人们日用常行的转化，必须让核心价值观融入人们的日常生活中，与人们日常生活的具体情境相结合，与人们日常生活的具体问题相沟通，与人们日常生活的现实过程相衔接，化无形的核心价值观念于有形的生活实践之中，借"有形"来育"无形"，从而推动社会主义核心价值观从观念形态向人们的日常意识和日常行为转化。

（二）国内外日常生活理论研究现状

1. 国外日常生活理论研究现状

从国外看，对日常生活的关注和研究是20世纪西方哲学的一个重要转向。西方学者对日常生活的认识经历了一个从"发现其原初意义"到"确立其本体论地位"再到"彰显其意义和价值"的过程。首先，德国现象学家胡塞尔发现了日常生活的原初意义，认为"生活世界是自然科学的被遗忘了的意义基础"①，由此导致欧洲的科学危机。为消除这种危机，他提出了回到"日常生活世界"的解决方法，要求重新审视日常生活世界，并从中汲取营养。与胡塞尔把日常生活作为意义和价值的来源不同，存在主义创始人海德格尔把人们在日常生活中表现出来的"庸庸碌碌、平均状态、平整作用、公众意见、卸除存在之责与迎合"等日常共处同在的状态解释为日常生活或日常共在，并通过对此在与日常共在的深刻剖析，揭示了现代日常生活的存在方式（《存在与时间》）。与海德格尔的思想相近，西方马克思主义的杰出代表、日常生活批判之父、法国哲学家列菲伏尔对发达资本主义世界的日常生活进行了深刻的批判。在他看来，"只有在发生革命危机的时候，经济、政治问题才显得重要，除了这些时刻，日常生活就是第一位的问题"②。由此，日常生活的本体论地位开始彰显。在此基础上，面对被"物化"现象和"物化意识"包围的日常生活世界，晚年的卢卡奇开始了从社会存在的本体论上找寻出路的探索。在《关于社会存在的本体论》中，卢卡奇将更多的关注放在对日常生活的本体论考察上。他指出："如果不到人们的日常生活的最简单的事实当中去寻找对社会存在进行本体论考察的第一出发点，那就不可能进行这样的考察。"③ 在卢卡奇的研究中，日常生活的本体论地位逐渐确立。卢卡奇之后，他的继承者们对日常生活的结构和特征、价值和意义进行了进一步探索。捷克哲学家科西克在《具体辩证法》中把日常生活看作"伪具体性的世界"，即"充塞着人类生活平日环境和惯常氛围的现象集合，构成伪具体的世界。这些现象以其规则性、直接性和自发性渗透到行动着的个人的意识中，并获得了自主性和自然性的外表"④。在科西克看来，未显露本质的现象、人的拜物教实践、日常观念活动、异化的客体等都是伪具体性世界的组成部分，而建基于自在的功利主义实践和重复性思维基础上的日常生活最能体现伪具体

---

① 〔德〕胡塞尔：《欧洲科学危机和超验现象学》，张庆熊译，上海译文出版社，1988，第58页。
② 参见陈学明等编《让生活成为艺术品——列菲伏尔、赫勒论日常生活》，云南人民出版社，1998，前言第Ⅰ-Ⅱ页。
③ 〔匈〕卢卡奇：《关于社会存在的本体论》（上），白锡堃等译，重庆出版社，1993，第4页。
④ 〔捷〕卡莱尔·科西克：《具体的辩证法》，傅小平译，社会科学文献出版社，1989，第2页。

性世界的自在性本质。在这里,科西克实际上揭示了日常生活的重复性、自在性本质特征。在科西克日常生活理论基础上,布达佩斯学派的主要代表人物赫勒对日常生活进行了深入、全面的分析,明确把日常生活界定为"那些同时使社会再生产成为可能的个体再生产要素的集合"①,并详细阐述了日常生活的内在结构和基本图式,认为日常生活是一个自在的、未分化的、类自然的领域,重复性思维和重复性实践严重压抑着主体个性的发展,因此,要使日常生活向人道化方向发展,就必须扬弃日常生活的自在性质,使日常生活世界由"自在存在"变为"自为存在"和"为我们存在",使日常生活主体由传统走向现代。

综上所述,西方学者关于日常生活的理论研究主要从三个层面展开:一是在现象学上把日常生活看作前科学的、可经验的意义和价值的源泉,如胡塞尔;二是在存在论意义上对现实日常生活的全面异化进行了深刻揭示和批判,如海德格尔、列菲伏尔和卢卡奇;三是把日常生活看作一个自在的、未分化的、类自然的领域,并对这一自在领域的一般图式、基本结构和运行机制进行深刻剖析和揭示,如科西克和赫勒。西方学者对日常生活的关注和研究为我国学者展开日常生活讨论提供了重要的思想借鉴。

2. 国内日常生活理论研究现状

在国内,对日常生活的关注和研究主要集中在社会学和哲学领域。在社会学领域内,研究成果主要有:吴亮、高云等主编的《日常中国——50年代老百姓的日常生活》《日常中国——60年代老百姓的日常生活》《日常中国——80年代老百姓的日常生活》《日常中国——90年代老百姓的日常生活》等系列丛书(江苏美术出版社,1999年版),该丛书从现象学角度对中华人民共和国成立后50年间中国老百姓的日常生活进行了翔实的调查与分析,详细描写了50年来我国人民衣、食、住、用、行等日常生活的历史变迁。此外,还有费勇著《先兆:中国人日常生活趋势》,从文化学视角对我国日常生活变迁中的一些新兴现象进行了描写和分析,等等。这些著作对日常生活的现象学考察为我们了解日常生活提供了感性的、直观的认知。然而,对日常生活的分析不能仅仅停留在感性描述层面,日常生活不仅仅是衣食住行和柴米油盐,还是一个严格的理性研究和学术探讨课

---

① 〔匈〕阿格妮丝·赫勒:《日常生活》,衣俊卿译,重庆出版社,2010,第3页。

题，需要对其进行哲学的理性观照和价值评判。

在我国，哲学对日常生活的关注始于20世纪80年代，最初只是散见于一些哲学史料的介绍中，如陈学明的《西方马克思主义教程》中关于西方日常生活批判理论的介绍。后来，随着对西方学者日常生活理论的翻译和评价的增多，国内哲学界对日常生活的关注和研究逐渐增多，如刘怀玉在《现代性的平庸与神奇》一书中对列菲伏尔的日常生活批判哲学进行了文本学解读；吴宁在《日常生活批判》中，对列菲伏尔的异化理论、日常生活批判理论、国家理论、美学理论、现代性理论和空间理论进行了专题研究；赵司空在《中介与日常生活批判》中，对卢卡奇的文化哲学理论进行了深入研究；等等。在国内众多研究者中，黑龙江大学的学者们开创了中国日常生活批判理论的先河。比如比较有代表性的《现代化与日常生活批判》《回归生活世界的文化哲学》《社会历史理论的微观视域》等著作，从日常生活的内涵、图式、历史演进，中国传统日常生活结构等诸多方面，对我国现代化进程中日常生活图景进行了系统的分析与批判；《日常交往与非日常交往》一书，对日常交往与非日常交往的概念与类型、结构与运行、历史演进、价值及其困境等内容进行了分析和研究；在《日常思维与非日常思维》中，王国有对日常思维与非日常思维的概念、形成基础、结构与特性、运行机制和历史演进等进行了深入分析；杨威在《中国传统日常生活世界的文化透视》中，从日常生活批判的角度对中国的日常生活世界及其社会历史演进进行了历史与现实的文化哲学批判；李小娟在《走向中国的日常生活批判》中，详细记录了世纪之交中国日常生活批判理论的形成轨迹。从以上研究成果看，国内关于日常生活世界的关注和研究主要集中在两个方面，一是对西方学者日常生活批判理论的翻译、研究和评价，并从中汲取有益于中国日常生活改造与重建的积极成分；二是初步形成、构建了中国的日常生活批判理论，开拓了文化哲学研究的新领地。

综上所述，国内外专家、学者关于日常生活理论的相关研究已取得了重要的理论成果，这些成果表明回归日常生活世界已是20世纪以来哲学、社会科学研究的不争事实和发展趋向之一。然而，就我国当前日常生活世界的现实境遇和文化背景而言，还有一些问题需要进一步深化和细化。

其一，对现阶段我国日常生活的定性与分析。当前我国正处在由传统社会向现代社会转型的过渡过程中，社会转型必然导致日常生活的转型，这使得我国现阶段的日常生活世界兼具传统日常生活与现代日常生活的复杂特质。转型期日常生活的复杂性、双重性等特性深刻影响了社会主义核心价值观的培育与践行，因此，迫切需要对现阶段我国日常生活的基本特质和活动图式进行深入剖析和研究，以准确把握现阶段我国日常生活的演变机理。然而，关于这方面的研究几乎是个空白，鲜有人涉及。如前所述，在已有的研究成果中，西方日常生活批判理论针对的是发达工业社会中现代日常生活的全面异化，中国的日常生活批判理论主要是围绕以重复性、人情性、血缘性为特质的传统日常生活而展开，基于此，迫切需要对当前正处在转型过程中的我国日常生活进行深入研究和分析，以提高社会主义核心价值体系认同的针对性和有效性。

其二，对马克思主义日常生活理论有待系统研究和深入挖掘。长期以来，受传统教科书体系和研究视角的影响，人们对马克思主义的理解和研究多停留在"马克思主义是工人阶级的世界观，是无产阶级争取阶级解放和人类解放的科学理论，是揭示自然、社会、思维发展规律的科学理论，是推翻资产阶级统治、建构无产阶级国家机器的科学理论"等宏大叙事上，对马克思主义关于日常生活等微观视域的研究相对不足，以致人们产生了马克思主义缺乏日常生活向度或日常生活不在马克思主义研究视野的误读，从而阻滞了人们对马克思主义日常生活理论的关注和研究。而仔细研读文本不难发现，以宏大叙事为表现形态的马克思主义理论成果的形成无不是建立在对个体及其日常生活等微观活动的研究基础上。如马克思通过对资本主义日常生活尤其是工人阶级日常生活的深刻洞察和批判，揭示了资本主义的劳动异化、资本异化和剩余价值的生成，从而有了《1844年经济学哲学手稿》《资本论》等著作的产生；再如，马克思通过对以日常生活为基础的现实生活世界的历史考察和辩证分析，最终形成了历史唯物主义；等等。对此，学界相对关注不够，研究不足。从已有的研究成果看，仅有个别学者有所涉猎。在杨楹等著的《马克思生活哲学引论》中，有一节谈到了马克思哲学的日常生活向度问题；学者王福民在《历史唯物主义对日常生活的关注》《论日常生活的内在价值》《马克思哲学的日常生活维度及其当代价值》等文章中，对马克思主义的日常生活理论进行了一定程度的挖掘和探究。总体上看，马克思主义其实蕴含了丰厚的日常生活意蕴，对此需要进一步深化和研究。

（三）国内外化育思想研究现状

1. 国内关于"化育"的研究

化育，是中国古代传统育人、化民的重要方式之一，也可以说是中国古代社会的专有名词。在中国传统文化中，化育主要有两个方面的内涵：一是化生长育的意思。这一点集中体现在中国古代典籍《礼记·中庸》中，《礼记·中庸》有以下几处记载：其一，"唯天下至诚为能尽其性。能尽其性，则能尽人之性。能尽人之性，则能尽物之性。能尽物之性，则可以赞天地之化育。可以赞天地之化育，则可以与天地参矣"[①]。其中的"化育"即化生和养育之意，意思是说，只有天下极端真诚的人才能充分发挥他的本性；能充分发挥他的本性，就能充分发挥众人的本性；能充分发挥众人的本性，就能充分发挥万物的本性；能充分发挥万物的本性，就可以帮助天地养育生命；能帮助天地养育生命，就可以与天地并列为三了。其二，"唯天下至诚，为能经纶天下之大经，立天下之大本，知天地之化育。夫焉有所倚？"[②] 意思是，只有对天下的百姓真诚，才能成为治理天下的崇高典范，才能树立天下的根本法则，掌握天地化育万物的深刻道理，这需要什么依靠呢！其三，"仲尼祖述尧舜，宪章文武，上律天时，下袭水土。辟如天地之无不持载，无不覆帱；辟如四时之错行，如日月之代明。万物并育而不相害，道并行而不相悖。小德川流，大德敦化，此天地之所以为大也"[③]。意指孔子遵循尧、舜的传统，模仿文王、武王。上遵从天时变化，下符合地理位置，好像天地没有什么不能负载，没有什么不能覆盖的，又好像四季的更替运行，日月交替光明，万物同时生长发育互不伤害，天地的道同时运行而互不违背。小德如江河流行，大德敦厚化育，这就是天地之所以为大的原因。其四，"喜怒哀乐之未发，谓之中；发而皆中节，谓之和。中也者，天下之大本也；和也者，天下之达道也。致中和，天地位焉，万物育焉"[④]。意在强调，无论是个人行为还是处理社会关系，都要适中，这是天地万物的生长发育之道啊。以上几点系统论述了

[①] 《礼记·中庸》第二十二章。
[②] 《礼记·中庸》第三十二章。
[③] 参见《习近平用典》，人民日报出版社，2015，第188页。
[④] 参见《习近平用典》，人民日报出版社，2015，第188页。

《礼记·中庸》的"参赞化育"思想,这一思想被后世广为传承,如宋代苏轼曾曰:"天地之化育,有可以指而言者,有不可以求而得之者。"① 清朝郑燮也主张:"夫天地生物,化育劬劳,一蚁一虫,皆本阴阳五行之气絪缊而出。"② 等等。皆是强调人要合理地与自然相处,尊重自然万物的化生发育之道。

化育的另一内涵是教化培育之意。中国历代统治者十分注重"化民"思想与"化民"实践,因此,积累了一定的化育理论和化育经验。《礼记》中记载:"发虑宪,求善良,足以谀闻,不足以动众。就贤体远,足以动众,不足以化民。君子如欲化民成俗,其必由学乎!"③ 意思是说,执政者在发布法律命令的时候,如果能够认真研究思考,发布实施,同时,广求品德高尚、有悲悯忧思的人来辅佐自己,那么,是可以产生一定影响的;但是,不足以激发全体民众的向善愿望。执政者如果能够亲近贤德的君子,关爱贫贱出身的寒士,那么,就足够激发起全体民众的向善愿望;但是,仍然不足以教育好全体民众。执政者如果想让全体民众都能接受教育并且形成良好的社会风尚,那么,就只有走兴办学校、施行全民教育这条路了。北宋曾巩也有言:"夫心无蔽,故施之于己则身治而家齐,推之于人则官修而政举,其流及远,则化民成俗,常必繇之。"④ 曾国藩也曾留书:"前哲化民成俗之道,礼乐并重。"⑤ 孙中山在《兴中会章程》中明确倡导:"切实讲求富国强兵之学,化民成俗之经。"陈毅有诗:"我只望你的遗风长存,化育无数后继之英材。"⑥ 上述言论说明,我国先人们非常重视"化民"思想与实践,主张通过化民成俗的生活实践来教化、涵养民众,以达到维护现有社会秩序或培育新的精神秩序的目的。

时代发展到今天,我们已不常用"化育"这一范畴,而是用"教化""培育"等概念来代替,但如果细究下来,二者还是有细微区别的。化育,"既包括具有特定主观目标的'教化'和'培育'的含义,又有自然生

---

① 《御试重巽申命论》。
② 《潍县署中与舍弟墨第二书》。
③ 《礼记·学记》。
④ 《劝学诏》。
⑤ 《复刘霞仙中丞书》。
⑥ 《哭叶军长希夷同志》。

成、缓慢演进、不知不觉变化、氤氲化生的含义"①。后者是"教化""培育"等概念无法涵盖的。本书用"化育"而不是"培育"来特指社会主义核心价值观在日常生活中的生成,也恰恰意在于此。

2. 国外关于化育的研究

中国古代的"化育"思想,实际强调了一个动态的历史生成过程。国外虽然没有直接的化育思想表达,但同样重视"过程"研究。古希腊早期哲学中就有过对"过程论"思想的朴素表达。比如我们所熟知的赫拉克利特的名言——"无物常在,一切皆流""世界是一团永恒的活火""人不能两次踏入同一条河流"等——这些流传至今的名言清楚地表达了世界万物永恒运动、变化发展的朴素真理。马克思主义经典作家也非常重视对"过程"的研究。马克思曾批判过那种孤立地、静止地看问题的思维和习惯:"这种做法也给我们留下一种习惯:把自然界中的各种事物和各种过程孤立起来,撇开宏大的总的联系去进行考察,因此,就不是从运动的状态,而是从静止的状态去考察;不是把它们看作本质上变化的东西,而是看作永恒不变的东西;不是从活的状态,而是从死的状态去考察。"② 实际上,马克思主义实践观强调的就是主观见之于客观的过程;唯物史观主张人类社会本身就是一个漫长的历史生成过程;更不用说马克思主义的唯物辩证法思想了,过程思维的实质就是历史唯物主义的辩证思维。

在国外,真正把"过程"作为研究对象的是现代西方的一个哲学流派,即过程哲学。过程哲学是一种主张世界即是过程,以机体概念取代物质概念的哲学学说,其创始人是英国数学家、逻辑学家、哲学家 A. N. 怀特海。怀特海认为,世界上的一切都处于不断的变化过程之中,各种事件的综合统一体构成机体,从原子到星云、从社会到人都是处于不同等级的机体。机体有自己的个性、结构、自我创造能力,机体的根本特征是活动,活动表现为过程。因而,过程就是机体各个因子之间有内在联系的、持续的创造活动,它表现为一个机体可以转化为另一个机体,因而整个世界就表现为一种活动的过程。作为一种崭新的方法论,怀特海"过程哲

---

① 冯秀军:《教化·规约·生成——古代中华民族精神化育研究》,中国社会科学出版社,2009,第56页。
② 《马克思恩格斯选集》第3卷,人民出版社,1995,第360页。

学"的核心在于"以动力学过程描述代替了那种形态学描述"①。这一系统论的过程分析与现象学的具体描述方法,与中国古代的化育思想,有异曲同工之妙:都强调了把事物的生成看作一个动态的发生发展过程来进行剖析的系统思维。以此为切入点,把培育和践行社会主义核心价值观作为一个动态的发展过程来推进,这一思维方法与中国古代的化育思想无疑是不谋而合的,都为今天社会主义核心价值观的日常化育提供了重要的方法论借鉴。

四 研究思路

目标决定思路。党的十九大报告明确指出:"必须坚持马克思主义,牢固树立共产主义远大理想和中国特色社会主义共同理想,培育和践行社会主义核心价值观,不断增强意识形态领域主导权和话语权,推动中华优秀传统文化创造性转化、创新性发展,继承革命文化,发展社会主义先进文化,不忘本来、吸收外来、面向未来,更好构筑中国精神、中国价值、中国力量,为人民提供精神指引。"② 显然,社会主义核心价值观建设的主要目的,即巩固社会主义意识形态的主导地位,不断增强社会主义意识形态的主导权和话语权,进而为传播中华文化,弘扬中国精神、中国价值、中国力量提供助力,为人民生活提供价值支撑和精神指引。这一目的直接决定着本书研究的目标和思路,即为社会主义核心价值观的日常生活化育寻求切实可行的方法和路径。

为此,在理论上,需要深入探究社会主义核心价值观日常生活化育的基础、实质及条件等基本问题,系统梳理、挖掘马克思的日常生活批判理论和中西方日常生活批判思想,深刻阐述社会主义核心价值观与日常生活的内在逻辑关系,为本源于日常生活的社会主义核心价值观最终回归日常生活、融入日常生活,实现全社会的自觉、普遍认同进行理论确证;在实践上,以日常生活为思维框架,研究借鉴中国古代和国外核心价值观建设与日常生活相融通或背离的经验和教训,在深刻洞悉日常生活内在结构和

---

① 〔英〕怀特海:《过程与实在》,杨富斌译,中国城市出版社,2003,第11页。
② 习近平:《决胜全面建成小康社会 夺取新时代中国特色社会主义伟大胜利——在中国共产党第十九次全国代表大会上的报告》,人民出版社,2017,第23页。

一般图式的基础上，探索、创设推进社会主义核心价值观日常生活化育的条件和机制。

为实现上述目标，本书的主要研究思路是：

第一，从理论与现实两方面说明社会主义核心价值观日常生活化育的缘由。首先，通过对社会主义核心价值观科学性、真理性及其与人的内在需求的价值契合性的价值论分析，确立社会主义核心价值观日常化育的逻辑前提。其次，通过对社会主义核心价值观日常化育的探究，说明社会主义核心价值观建设不同于一般的价值认同，其实质是意识形态认同。意识形态认同的权威模式决定了社会主义核心价值观建设的理想状况是由理论形态向大众日常意识和行为实践转化。最后，通过日常生活中社会主义核心价值观培育差异性的凸显，说明实现培育社会主义核心价值观必须向日常生活转化，日常生活是研究、推进社会主义核心价值观日常化育的重要视域和基础场域。

第二，在理论上，为社会主义核心价值观日常生活化育寻求理论支撑。通过对马克思主义日常生活理论以及中、西方日常生活批判思想的梳理和挖掘，一方面，为推进社会主义核心价值观培育向日常生活转化提供必要的学理依据；另一方面，通过对上述理论的梳理、研究，从中揭示日常生活的本体性地位及其对社会主义核心价值观培育的本体论意义。

第三，在实践上，为社会主义核心价值观日常生活化育提供实践借鉴。通过对我国古代传统核心价值观培育以及美国、新加坡、苏联等国家核心价值观建设成功经验和失败教训的比较分析，从中揭示出古今中外大凡成功的核心价值观建设都非常重视核心价值在日常生活的渗透和转化，而失败的核心价值观建设也与其对日常生活的遮蔽和忽视密切相关。以往的成功经验和失败教训为社会主义核心价值观日常生活化育提供了重要借鉴。

第四，通过对经济全球化、社会信息化、文化多元化时代背景下日常生活中出现的文化多元化、信息网络化、消费符号化的辩证分析，探究上述现象为社会主义核心价值观日常生活化育带来的机遇和挑战，为社会主义核心价值观日常生活化育确立现实依据。

第五，以社会主义核心价值观建设的一般条件和特殊条件的分析为前提和依据，研究探讨面向日常生活的社会主义核心价值观培育的实现条件：提升主体文化自觉,以增进社会主义核心价值观培育的积极性和主动性;以满足人的内在需求为价值支撑,以符合人们日常认知特点的大众话语体系的创制为基本条件,尽量缩小社会主义核心价值观与日常生活的间距;以经济、政治、文化、社会"四位一体"社会条件的创设、化民成俗的生活实践为基本保障,为实现社会主义核心价值观日常生活化育提供必要支撑。

第六,推进社会主义核心价值观日常化育是一项长期性、持久性的工作,不可能一蹴而就、自然生成,因此,要使上述条件有机整合、协调运转,离不开机制的有效运作。利益激励机制、态势激发机制、传媒引导机制、常识转化机制、制度保障机制等诸机制的协同运转、有机配合是面向日常生活的社会主义核心价值观培育的重要机制保障。

五 研究内容与研究方法

(一) 主要研究内容

培育和践行社会主义核心价值观,是我党近年来提出的一个重大命题和重大战略任务。目前,社会主义核心价值观建设已取得大量有价值的研究成果,社会主义核心价值观正日益深入人心,基本实现了社会主义核心价值观从理论形态向观念形态的转化。然而,要达到习近平总书记所要求的"让核心价值观融入社会生活,成为人们的日用常行",还需要推动社会主义核心价值观从观念形态向制度形态、日常形态转化。这一转化能否实现,关键在于社会主义核心价值观能否顺利实现与大众日常生活的对接和融渗,能否被人民大众真心认同并自觉践行。社会主义核心价值观只有融入日常生活,并成为广大民众人人奉行、时时奉行但其自身并不自知的日用常行,才能称得上是社会的"核心"价值观,才能真正实现作为"兴国之魂"的立国价值。基于此,本书以日常生活为研究视域和思维框架,通过对社会主义核心价值观日常生活化育的缘由、理论支撑、实践基础、现实课题、实现条件及运行机制的多维分析,对培育和践行社会主义核心价值观进行了尝试性探究。

其一,分析探讨了新时代社会主义核心价值观日常生活化育的缘由。社会主义核心价值观作为社会主义意识形态的本质体现,其合法性基础源于人民群众的根本认同,而人民群众是否认同社会主义核心价值观关键看其是否符合人的内在需求及其价值许诺能否及时有效兑现,这决定了社会主义核心价值观培育不能仅仅停留在理论研究和宣教层面,而是必须向人们的日常生活转化。然而,社会主义核心价值观虽然根植于日常生活,但毕竟不是自发形成的社会心理或大众意识,而是社会主义意识形态自觉建构的必然,这使其不可避免地与日常生活存在一定间距,这一间距很大程度上阻碍了人们对社会主义核心价值观的培育与践行。基于此,培育社会主义核心价值观必须实现社会主义核心价值观从观念形态向日常生活实践转化。

其二,系统梳理、概括了新时代社会主义核心价值观培育向日常生活转化的理论依据和实践基础。在理论上,无论是马克思主义日常生活理论,还是中、西方不同境遇中的日常生活批判思想,都强调和凸显了日常生活的本体性地位和作用,为社会主义核心价值观日常生活化育研究提供了必要的学理支撑;在实践上,通过对不同国家核心价值观培育的成功经验与失败教训的比较分析,说明核心价值观培育与其在日常生活的渗透和转化密切相关,由此,为社会主义核心价值观日常生活化育研究提供了重要的实践借鉴。

其三,分析探究了新时代社会主义核心价值观日常生活化育面临的现实课题。在经济全球化、文化多元化、社会信息化、文明多样化的时代背景下,随着我国改革开放和社会主义市场经济的深入发展,人们的日常生活世界正在经历从传统向现代转型的历史性变迁。在此过程中,文化多元化、信息网络化、消费符号化对社会主义核心价值观培育带来重大影响,是当前社会主义核心价值观日常生活化育面临的重要现实课题。

其四,在理论研究、经验借鉴、现实分析的基础上,进一步探究了新时代社会主义核心价值观日常生活化育的实现条件和运行机制。在社会主义核心价值观的价值诉求尚未真实展现之前,社会主义核心价值观日常生活化育不是一个自然而然的过程,而是一个需要不断发挥人的主体性力量创设各种条件以促使其实现的过程。其中,提升人的文化自觉,缩小社会主义核心价值观与日常生活的间距,创设经济、政治、文化、社会"四位一体"社会条件,大力开展化民易俗的生活实践,是实现社会主义核心价值观日常生活化育的必要条件。而如何将这些条件有机整合起来使之协调运转,则离不开机制的有效运行。利益激励机制、态势激发机制、传媒引导机制、常识转化机制、制度保障机制等化育机制的协同运作、有机配合是提高社会主义核心价值观日常生活化育的重要制度保障。

(二) 研究方法

宏观上讲，本书坚持历史与逻辑相一致、理论与实践相统一的基本原则，综合运用马克思主义具体问题具体分析的方法、整体与系统方法、阶级与阶层分析方法等科学方法，对社会主义核心价值观日常生活化育进行深入研究。具体的研究方法有以下几点。

其一，文献资料研究与社会调查研究相结合的方法。以马克思主义理论为指导，同时结合大量的实证研究，把理性认识与感性认识有机结合起来，对不同阶层、不同群体的社会主义核心价值观的建设状况、日常生活的历史变迁及转型期日常生活的复杂变化等问题进行全面、系统的理论梳理和现象学研究。

其二，历史考察与逻辑分析相统一的方法。恩格斯曾指出，在理论思维中，"逻辑的方式是唯一适用的方式。但是，实际上这种方式无非是历史的方式，不过摆脱了历史的形式以及起扰乱作用的偶然性而已"[1]。说明逻辑的方法不过是历史的反映，进行理论研究应该坚持历史与逻辑相统一的方法。本书通过对古今中外几种不同核心价值观培育的历史考察和逻辑分析，从其成功与失败的经验、教训中抽象出普遍性、规律性的东西，为社会主义核心价值观建设提供借鉴。

其三，宏观研究与微观考察相结合的方法。通过对全球化、信息化、多元化等时代背景下意识形态变化的宏观把握和日常生活层面日常消费、日常交往、日常观念等具体领域的微观考察，对社会主义核心价值观日常生活化育的时代课题进行系统分析和具体探究，从而使研究更加全面，更具针对性和实效性。

其四，多学科综合研究方法。社会主义核心价值观日常生活化育研究涉及个体与社会、国内与国外、日常生活与非日常生活、政治、经济、文化、社会等多种因素，因此，需要坚持多学科综合研究方法，在研究过程中综合运用马克思主义、哲学、政治学、教育学、社会学、经济学、历史学等学科知识进行系统研究。

---

[1] 《马克思恩格斯文集》第 2 卷，人民出版社，2009，第 603 页。

第一章
社会主义核心价值观日常生活化育的缘由

社会主义核心价值观是社会主义意识形态的本质体现。这意味着社会主义核心价值观不是自发形成的社会心理或大众意识,而是社会主义意识形态自觉建构的必然。由于意识形态的合法性基础源于人民群众的根本认同,这一认同的逻辑前提是社会主义核心价值观自身的真理性、科学性及其与人的内在需求的价值契合性,其实质是对以马克思主义为主导的社会主义意识形态的认同。意识形态认同的权威模式以及日常生活层面社会主义核心价值观培育与践行面临的差异性的凸显,决定了培育和践行社会主义核心价值观必须以社会主义核心价值观由理论形态、观念形态向大众日常生活转化为必要选择。尤其是,中国特色社会主义进入新时代,社会主义核心价值观肩负着"不断增强意识形态领域主导权和话语权","更好构筑中国精神、中国价值、中国力量,为人民提供精神指引"的时代使命,要完成这一时代使命,同样需要社会主义核心价值观由理论形态、观念形态向人们日常生活的自觉意识和行为习惯转化。

第一节 社会主义核心价值观日常生活化育的逻辑前提

一般而言,一个能够被社会普遍认同的核心价值观,首先需要获得知识系统、价值系统的逻辑论证和理论支持。所以,社会主义核心价值观日常生活化育的逻辑前提无疑是价值哲学中关于价值、核心价值化育等问题的界定与分析。

一 从价值到核心价值体系的一般概念分析

(一) 价值

价值范畴是价值哲学的理论基础和逻辑出发点,同时也是价值论争论中颇具争议的核心问题之一。关于价值的本质,不仅存在多种价值界说,还存在价值能否定义的争论。如学者韩东屏和赖金良都曾认为,价值范畴太过综合,因而很难严格、确切地加以定义。[①] 对此,学界多数学者持相反意见,并从不同视角对价值进行了不同的界定。国内较早从事价值哲学研究的学者王玉樑对学界关于价值的定义进行了分类,认为国内学者关于价值的界定主要分为六种类型:其一,用意义界定价值,即价值是客体对主体所具有的或积极或消极的意义;其二,用需要界定价值,即价值是客体对主体需要的满足;其三,以合目的性界定价值,认为价值是符合系统目的,有助于实现系统目的的东西;其四,以有用性界定价值,认为价值是客体对主体的有用性或效用性,不是客体固有的属性;其五,以人界定价值,认为价值是人,人是万物之灵,具有最高价值,是最有价值的;其六,以效应界定价值,认为价值存在于主客体的相互作用中,是客体对主体的效应。[②] 综观这六种关于价值的界定,尽管视角各不相同,内容或有交叉,但足以说明价值本质研究的复杂性和艰难性。对此,学者李德顺认为:"关于价值的本质和定义问题……由于在学科层面上尚未形成足够的共识作为基础,就使得这里说法虽然很多,却大多停留于意向表达或话语之争,至多是学说层面上的自话自说,并未提出新的实质性问题,因此也难以形成实质性的对话,难以推动研究的深入。"[③] 由此进一步凸显了价值界定的复杂性和艰难性。

鉴于价值范畴的模糊性和复杂性,本书无意纠结于关于价值定义的各种争论,更没有能力提出一个对价值本质的完整定义,但认为从各种不同的价值界定中寻求其共通的东西作为达成共识的基础,可能是增进人们对价值本质理解的正确选择。根据马克思主义的观点和当今价值哲学的基本

[①] 参见邬焜、李建群《价值哲学问题研究》,中国社会科学出版社,2002,第14页。
[②] 王玉樑:《当代中国价值哲学》,人民出版社,2004,第266~271页。
[③] 李德顺:《学科与学说:价值研究的层面》,《哲学动态》2002年第10期。

成果，人们主要是从主—客体之间的相互关系来界定价值的。马克思认为，价值概念"是从人们对待满足他们需要的外界物的关系中产生的"[①]；我国哲学界知名学者刘奔认为，"价值是事物满足人的需要的属性，是事物与主体（人）的需要之间的关系。这关系是肯定与否定关系，即利害关系"[②]；王玉樑也认为，"价值"是一个关系范畴，"价值存在于主体与客体的相互作用中"[③]；袁贵仁也认为："价值是主体和客体之间的一种基本关系。"[④] 可见，价值是一种关系范畴，表征着客体对主体的意义关系，是客体属性对主体需要的一种意义关系或效应关系。

（二）价值观

价值观不同于价值。价值观是人们对客观事物的意义、重要性等基本价值问题的根本观点和看法，或者说是客观存在的价值关系在人们头脑中的反映。价值观包括哲学价值观和世俗价值观。哲学价值观是一种系统化、理论化的价值观点或价值学说；世俗价值观是人们对世俗生活的意义和价值的根本观点和看法。通常我们所称的价值观一般都是指世俗价值观。从内容上看，价值观包括人生价值观、道德价值观、科学价值观等。作为对客观事物是否具有价值、有多大价值的根本观点和看法，价值观还是人应该具有何种价值的信仰、信念、认知、情感以及意志的总称，决定着主体的价值选择和价值取向。

从价值观的上述分析看价值观与价值的关系，二者既有联系又有区别：一方面，价值观是主观的，价值是客观的，价值观以价值为基础，二者是反映与被反映的关系；另一方面，二者的作用方向不同，价值观作用的方向是由主体到客体，而价值的作用方向则是由客体到主体。

（三）价值观念

价值观由具体的价值观念构成。价值观念是人的观念的一种。观念作为人们对客观事物的总的看法和理解，是多种多样的。其中，既有价值观念也有非价值观念或事实观念。价值观念是人们对某类客观事物的意义或

---

① 《马克思恩格斯全集》第 19 卷，人民出版社，1965，第 406 页。
② 刘奔：《当代思潮反思录》，河北大学出版社，2005，第 2 页。
③ 王玉樑：《当代中国价值哲学》，人民出版社，2004，第 169 页。
④ 袁贵仁：《价值观的理论与实践》，北京师范大学出版社，2006，第 3 页。

价值状况的看法，反映了主体对客体的一种态度。学者晏辉认为："价值观念是个人与组织在特定环境下形成的关于对象有无价值、有多大价值的认识，这种认识既决定于对象又决定于此时的心境，具有领域性和阶段性。"[①] 随着人们认识能力的不断提高和对事物认知程度的加深，原有的价值观念也会有所变化。通常人们总是把"价值观"和"价值观念"作为同一概念使用。但严格讲来，二者是有区别的。价值观本质上是关于价值的根本理论、观点和方法，它是各种价值观念的抽象和概括，比价值观念更为根本，是人们各种价值观念的核心和基础；价值观念则是价值观在相关问题上的体现和具体化。对于个人或社会而言，价值观可能只有一个，但价值观念则可能有许多。

（四）价值体系

价值体系是一定的价值观念按其内在结构所形成的一种系统化的存在体系，即"在一定社会生产方式的制约下由价值观念所构建的体系"[②]。作为一定社会的内在精神力量，价值体系制约、主导着人们创造、实现价值追求的社会意识和社会行为。陈新汉认为，价值体系有广义和狭义之分，广义的价值体系是指具有一定结构的价值形态的世界体系；狭义的价值体系是指"竖立在经济结构之上的'法律的和政治的上层建筑'和与现实基础相适应的'一定的社会意识形式'"[③]，具体包括政治上层建筑的物质价值体系和思想上层建筑的精神价值体系。以上从宏观方面分析了与一定社会生产方式相适应的价值体系的存在形态。事实上，不仅一个国家或社会在长期的共同实践过程中会必然形成一定的有别于他国的价值体系，一个人在认识、改造世界的过程中也必然会形成一定的价值体系。从大的范围看，一个国家或民族总是由不同的个体和群体构成，自然相应地存在各种不同的价值体系，其中，总有一些相对基本的、稳定的、共识性的价值观念会逐渐沉淀下来，成为社会的核心价值体系。

（五）核心价值体系

核心价值体系是指在各种社会价值体系中居于支配地位，起主导和统

---

① 晏辉：《现代性语境下的价值与价值观》，北京师范大学出版社，2009，第33页。
② 李从军：《价值体系的历史选择》，人民出版社，2008，第2页。
③ 陈新汉：《论核心价值体系》，《马克思主义研究》2008年第10期。

摄作用的价值体系。它是相对于非主流意识形态的价值体系而言的。一个民族或国家在长期的历史发展过程中,必然会形成居主导地位、起引领作用的核心价值体系,同时,也会存在各种非主流意识形态的价值观念或价值体系。多元价值体系的并存与冲突是社会价值体系存在、发展的常态。而社会的稳定、发展需要多元价值体系的良序运行。多元价值体系的有序离不开核心价值体系的有效引领。一定意义上,核心价值体系是社会系统正常运转、社会秩序有效维系、各种非核心价值观念有序发展的主要精神依托。因此,任何国家和社会都必须拥有自己的核心价值体系,以作为引领社会思潮、推动社会前进的精神动力和旗帜,进而为巩固发展一定社会的基本政治、经济制度服务。

(六) 社会主义核心价值体系

社会主义核心价值体系就是在社会主义价值体系中处于核心地位、起统帅作用的主导价值体系,是社会主义意识形态的本质体现,是中华民族奋发向上的不竭动力和团结和睦的精神纽带,是社会主义先进文化的精髓,决定着中国特色社会主义的发展方向。社会主义核心价值体系的提出和发展,是中国共产党国家意识形态建设的自觉。党的十六届六中全会明确提出了"建设社会主义核心价值体系"的重大命题,并从"马克思主义指导思想、中国特色社会主义共同理想、以爱国主义为核心的民族精神和以改革创新为核心的时代精神、社会主义荣辱观"[1] 等方面规定了社会主义核心价值体系的基本内容。党的十七大进一步指出"社会主义核心价值体系是社会主义意识形态的本质体现","建设社会主义核心价值体系,增强社会主义意识形态的吸引力和凝聚力"。[2] 党的十七届六中全会更进一步突出强调"社会主义核心价值体系是兴国之魂"、"是社会主义先进文化的精髓"、"决定着中国特色社会主义发展方向"。[3] 这一系列论断,反映了我们党对社会主义核心价值体系的认识不断深化和发展,体现了党对社会主义意识形态的反思和自觉。尤其是十七届六中全会将社会主义核心价值体系规定为"兴国之魂"、"先进文化的精髓"、"决定中国特色社会主义发

---

[1] 《十六大以来重要文献选编》(下),中央文献出版社,2008,第661页。
[2] 《十七大以来重要文献选编》(上),中央文献出版社,2009,第26页。
[3] 《中共十七届六中全会在京举行》,《人民日报》2011年10月19日。

展方向",是我们党继提出"四项基本原则是立国之本"、"改革开放是强国之路"等论断之后,所提出的又一具有深远影响和重大战略意义的著名论断,可以说,自社会主义核心价值体系提出以来,其定位之高、立意之远是前所未有的,进一步凸显了社会主义核心价值体系的重要地位和作用。

社会主义核心价值体系作为社会主义意识形态的本质体现,意味着社会主义核心价值体系不是自发形成的社会心理或大众意识,而是社会主义意识形态自觉建构的必然。作为中国共产党提出的一项重大命题和战略任务,它首先是党和国家意志的集中体现,属于政治上层建筑的官方意识形态。(当然,不可否认,在我国中国共产党是人民意志和利益的集中代表,进而,社会主义核心价值体系也是广大人民根本意志、利益、价值取向的集中体现。)社会主义核心价值体系要由官方意识形态或政治上的倡导真正成为广大民众的自觉追求,其必不可少的条件之一便是赢得广大民众的普遍认同,否则,即便借助国家强制力加以维系,也难以成为社会多元价值体系中起支配和统摄作用的核心价值体系。历史与现实反复证明,一个国家和社会,如果没有被普遍认同的核心价值体系,这个社会就没有赖以维系的精神纽带,这个国家就难以形成统一意志和共同行动。正是在这个意义上,我们确立"社会主义核心价值体系是兴国之魂",这不仅是对社会主义核心价值体系重要地位和作用的强调,更进一步凸显了社会主义核心价值体系的立国价值和实现社会主义核心价值体系认同的战略意义。

二 解析社会主义核心价值观的日常生活化育

(一)社会主义核心价值观

核心价值观,是指在一个民族、一个国家多元思想文化或价值体系中处于支配地位,发挥主导作用的价值观念。通常一个民族或国家的核心价值观集中体现着该国、该民族的社会性质,承载着该国、该民族的精神追求,体现和规定着该国、该民族社会发展的基本方向,是一个国家或民族最持久、最深层的发展力量。

社会主义核心价值观,是在世界范围内思想文化交流交融交锋日益激烈,国内思想意识日益多元多样多变的时代背景下,应中国特色社会主义发展要求而提出来的。从本质上讲，社会主义核心价值观与中国特色社会主义制度相一致，体现了社会主义的本质要求，反映了中国特色社会主义的根本性质和基本特征，是当代中国精神的集中体现，是全体人民共同的价值追求。在社会主义核心价值体系建设基础上，2012年党的十八大明确提出，"倡导富强、民主、文明、和谐，倡导自由、平等、公正、法治，倡导爱国、敬业、诚信、友善"，积极培育和践行社会主义核心价值观。这三个倡导、24个字从国家、社会、公民三个层面规定了中国特色社会主义的发展目标，回答了"我们要建设什么样的国家、建设什么样的社会、培育什么样的公民"等重大问题，是社会主义核心价值观的基本内容。

其中，"富强、民主、文明、和谐"从国家层面规定了社会主义现代化建设的目标，反映了人民群众在经济、政治、文化、社会等方面对中国特色社会主义的发展诉求和价值期许，这一价值追求实际上回答了我们要"建设什么样的国家"的重大问题。在社会主义核心价值观中，"富强、民主、文明、和谐"居于最高层次，对其他层次的价值理念具有统领作用。富强即国富民强，是中国特色社会主义经济发展的核心价值诉求，也是国家繁荣昌盛、人民幸福安康的物质基础。民主，即人民当家作主，是社会主义政治发展的核心诉求，也是人类社会长期以来的美好夙愿。社会主义民主的本质和核心即人民当家作主，它是中国特色社会主义的生命，也是人民当家作主创造美好生活的政治保障。文明是社会发展进步的重要标志，也是社会主义文化建设的题中应有之义。弘扬中华优秀传统文化，推动社会主义文化大发展大繁荣是新时代中国特色社会主义建设的重要方略之一，也是实现中华民族伟大复兴的重要支撑。和谐是中国特色社会主义在社会建设领域的核心价值诉求，也是人类对美好社会的价值追求。构建"学有所教、劳有所得、病有所医、老有所养、住有所居"的社会主义和谐社会，是实现中华民族伟大复兴的重要保证。

"自由、平等、公正、法治"从社会层面规定了中国特色社会主义的核心价值追求，反映了人们对美好生活的向往，也是中国特色社会主义的本质属性和我们党长期追求的实践目标，这一价值追求实际上回答了我们要"建设什么样的社会"的重大问题。自由，是社会主义的价值目标，主要包括人的意志自由和存在发展的自由等方面内容。实现每个人的自由而全面发展是马克思主义的最终价值指向，社会主义制度的建立与发展为实现这一终极目标提供了社会基础与制度保障。平等，是社会主义的重要价值追求，也是人类长期以来孜孜以求的奋斗目标。平等不是抽象的概念，其实现是一个过程。目前，平等主要是指公民在法律面前一律平等，其最终价值指向是不断实现实质平等。公正，是社会制度的题中应有之义，更是社会主义的本质要求。中国特色社会主义建设最终就是要实现人的自由平等发展与社会的公平正义。法治是治国理政的基本方式，也是社会主义民主政治的基本要求。将社会主义核心价值观写入宪法，以法治推动社会主义核心价值观建设，是实现国家治理体系与治理能力现代化的要求，也体现了社会主义社会的价值原则和价值取向。

"爱国、敬业、诚信、友善"从个人层面规定了社会主义的核心价值追求，是每个公民都应当遵守的道德规范，也是评价公民道德行为选择的基本价值标准。这一价值追求回答了我们要"培育什么样的公民"这一重大问题，内容涵盖了社会公德、职业道德、家庭美德、个人品德等各个方面，是公民必须恪守的基本道德准则。爱国，是中华民族的优良传统，也是个人层面核心价值观的首要价值，是调节个人与祖国关系的行为准则。爱国与爱社会主义、爱党是内在一致的，它要求人们以振兴中华为己任，促进民族团结、维护祖国统一、自觉报效祖国。敬业，是公民职业道德的基本准则，具有很强的实践意义。它要求公民忠于职守，克己奉公，服务人民，服务社会，在实际工作中践行核心价值观。诚信，是中华民族的传统美德，也是社会主义道德建设的重点内容。它强调诚实劳动、信守承诺、诚恳待人。友善，是处理人与人、人与群体、人与社会等关系时应遵循的基本原则，它强调的是公民之间应互相尊重、互相关心、互相帮助，和睦友好，努力形成社会和谐、环境友好、人与人之间真诚友善的社会主义新型人际关系。

十八大以来，中共中央办公厅陆续颁布了一系列指导意见和行动方案：2013年12月中共中央办公厅印发《关于培育和践行社会主义核心价值观的意见》，2015年4月中央宣传部、中央文明办联合印发《培育和践行社会主义核心价值观行动方案》，2016年12月中共中央办公厅、国务院办公厅印发了《关于进一步把社会主义核心价值观融入法治建设的指导意见》，强调要把"培育和践行社会主义核心价值观融入国民教育全过程、落实到经济发展实践和社会治理中"，"强调在贯穿结合融入上下功夫，在落细落小落实上下功夫；要紧密联系群众生产生活实际，结合各行各业特点，把社会主义核心价值观的要求日常化、具体化、生活化"。2017年10月18日，习近平同志在十九大报告中指出，培育和践行社会主义核心价值观。要以培养担当民族复兴大任的时代新人为着眼点，强化教育引导、实践养成、制度保障，发挥社会主义核心价值观对国民教育、精神文明创建、精神文化产品创作生产传播的引领作用，把社会主义核心价值观融入社会发展各方面，转化为人们的情感认同和行为习惯。这些意见方案以及十九大报告为培育和践行社会主义核心价值观确立的指导原则和具体要求，为社会主义核心价值观日常生活化育提供了具体遵循。

（二）社会主义核心价值观的日常生活化育

化育，即教化、培育之意。作为中国传统社会"化民育人"的独有之道，化育之重在于"化"。化，在中国传统文化中具有非常丰富的内涵：一是"化生"，即从无到有的变化。"物生谓之化，物极谓之变"①，即万物之生是从化而来，物之极由变而来。也就是说，新事物产生的过程，就是"化"的过程；而旧事物由小到大发展到盛极的过程，即"变"的过程。这一点实际上蕴含了道家的哲学思想，体现了道家对事物发生发展规律"生—化—极—变"的认识。二是"化物"，即使物发生变化，强调的是化的过程。如"和故百物化焉""因时而化""若欲其化也""终不能化"等，都蕴含了使事物发生变化的意思。具体可表现为：化心——使心性发生变化；化治——使治理发生变化；化时——使四时发生变化；等等。三是"教化"之意。如"以礼乐合天地之化，百物之产，以事鬼神，以谐万民，以致百物"②，意思是说，用礼乐来教化天地万物，来祭祀鬼神，和谐万民。四是"化除"，即消除、去掉，也就是去旧、除旧、立新的意思。如韩非子曾曰："上古之世，人民少而禽兽众，人民不胜禽兽虫蛇。有圣人作，构木为巢以避群害，而民悦之，使王天下，号曰有巢氏。民食果蓏蚌蛤，腥臊恶臭而伤害腹胃，民多疾病。有圣人作，钻燧取火以化腥臊，而民说之，使王天下，号之曰燧人氏。"③ 从以上几点不难看出，

---

① 《素问·天元纪大论》。
② 《周礼·春官宗伯·大宗伯》。
③ 《韩非子·五蠹》。

"化"字内涵非常丰富，可以化无，亦可以化有；可以化有形于无形，也可以化无形于有形。

化育之"育"字，相对简单，培育、孕育之意。总之，化育，强调的是在化中育，继而在育中完成化的一个辩证统一过程。社会主义核心价值观之化育，具体可以将社会主义核心价值观化于声、化于行、化于物、化于气[①]、化于德、化于作、化于俗[②]、化于流[③]、化于风[④]、化于雨[⑤]、化于感、化于诲等，让其如春夜喜雨，随风潜入人们的日常生活之中，逐渐化为人们的人伦日用，时时处处氤氲浸润在核心价值的观照下，自在而不觉，久而久之，自然就转化为人们的"日用常行"了。

作为当代中国精神的集中体现，社会主义核心价值观凝结着全体人民共同的价值追求，是当代中国发展进步的精神指引。社会主义核心价值观之化育，即社会主义核心价值观的教化与培育过程，其实质是一个民族、国家以寻求生存与发展的价值指引或精神动力为目的、以社会主导价值观念为核心的精神秩序的建构与整合过程。这一过程体现在两个方面：一是国家主导价值观这一有机系统各构成要素之间的建构与整合过程，它包含各构成要素随着社会实践的检验与选择而不断扬弃、生成和重组，从而使核心价值理念在该系统内逐渐取得主导地位并不断加强和维护等诸多环节；二是国家主导核心价值观的内化与外现过程，它包括国家核心价值内化为每个成员个体精神秩序中的构成要素，进而外现为各个成员具体的思维方式、情感方式、行为方式的过程。这就是本书强调社会主义核心价值观日常生活化育的主旨所在。

第二节 社会主义核心价值观日常生活化育的可能性

社会主义核心价值观日常生活化育何以可能呢？这一可能性源于其历

---

① 即化于社会风气。
② 即化于社会风俗、习俗。
③ 即化于社会之流行。
④ 即化于社会之风尚。
⑤ 即春风化雨般的力量。

史合理性与现实契合性的统一。追根究底,实现社会主义核心价值观日常生活化育,关键看其是否与人的内在需求相契合,只有符合人的内在需求的核心价值,才可能被人们认可和接受,从而为社会主义核心价值观建设提供道义上的诠释和支持。从现实实践看,社会主义核心价值观源于日常生活,源于人的现实需求,并且经过了中国革命和社会主义建设实践的检验。历史与现实充分说明,社会主义核心价值观是符合人的内在需求的核心价值观,是应该而且能够赢得人们普遍认同并自觉践行的核心价值观。

一 社会主义核心价值观源于日常生活

社会主义核心价值观之所以能够向日常生活转化,关键在于社会主义核心价值观根植于日常生活。只有根植于日常生活的社会主义核心价值观才具备向日常生活转化并融入日常生活的理论特质。

其一,如前所述,社会主义核心价值观根植于人的内在需求,这在很大程度上决定了社会主义核心价值观是源于日常生活的。因为需求不仅是日常生活的基本内容,而且是千百年来日常生活得以延续发展的内在动力。美国心理学家马斯洛曾把人的内在需求分为生理性需求、安全性需求、归属与爱的需求、尊重需求、知的需求、美的需求、自我实现的需求等七个层次。这七个层次的需求实际上表现了人类日常生活中七个不同方面的内容。马克思也认为,不仅"任何个人都是各种需要的整体"[1],而且,人的需要不断从低级向高级发展。"人们为了能够'创造历史',必须能够生活。但是为了生活,首先就需要吃喝住穿以及其他一些东西"[2],这是人类最基本的生存需求,也是日常生活存在发展的基本动力。需求的丰富、发展程度及其满足状况反映了人的发展程度,同时也体现了日常生活的丰富和发展状况。换言之,需求构成了人及其日常生活的核心问题。正是在此意义上,我们由社会主义核心价值观根植于人的内在需求,进而推论,社会主义核心价值观是源于日常生活的。

其二,社会主义核心价值观根植于日常生活还在于作为社会主义核心价值观的灵魂与主导的马克思主义本质上是源于日常生活的。首先,从马

---

[1] 《马克思恩格斯文集》第1卷,人民出版社,2009,第236页。
[2] 《马克思恩格斯文集》第1卷,人民出版社,2009,第531页。

克思主义的理论旨趣看，马克思、恩格斯创立马克思主义的初衷绝不是建立一整套精细完整的理论体系，而是鼓励无产阶级通过革命谋取自我解放，实现生活自由、幸福。所以，与传统思辨哲学遮蔽生活、遗忘生活不同，源于生活、回归生活、批判生活、改造生活，不仅是马克思主义的重要立场，也是马克思主义与以往一切旧哲学相区别的根本所在。其次，从马克思主义的价值旨归看，实现人的解放、自由、全面发展是马克思主义的终极价值诉求。马克思曾用诗意的笔调将其描述为："代替那存在着阶级和阶级对立的资产阶级旧社会的，将是这样一个联合体，在那里，每个人的自由发展是一切人的自由发展的条件。"① 在这样的联合体中，任何人都没有固定的职业分工和拘囿，而是可以凭自己的兴趣在任何部门内发展，可以"上午打猎，下午捕鱼，傍晚从事畜牧，晚饭后从事批判"，但并不因此成为猎人、渔夫、牧人或批判者。也就是说，在这样的联合体中，日常生活与非日常生活的界分将不存在，现实生活世界将是一个以日常生活为主要架构的自由而全面发展的世界。要实现人类这一终极梦想，就必须破除、推翻一切奴役、压迫、束缚、桎梏人的生存与发展的社会关系，就必须消灭分工，消除私有制以及由私有制导致的各种"虚幻的共同体"形式，建立新型的非日常生活关系。然而，仅有非日常生活领域的变革是远远不够的。"当人们还不能使自己的吃喝住穿在质和量方面得到充分保证的时候，人们就根本不能获得解放"②，只有当各种非日常生活的革命或变革贯彻、落实到日常生活中，并转化为日常生活的现实；只有当现实日常生活中各种压迫、束缚、桎梏人的社会关系彻底解决，并表现为人与人、人与自然之间极为合理而明白的关系的时候，人才能实现真正的解放，人的自由全面发展才能真正成为现实。由此，马克思主义源于日常生活的价值意蕴和实践旨向再次鲜明展现。

其三，马克思主义作为社会主义核心价值观的灵魂和主导，统摄着社会主义核心价值观的基本内容。马克思主义源于日常生活的理论旨趣和价值旨归决定了社会主义核心价值观的内容本质上也是根植于日常生活的。社会主义核心价值观虽然是理论上的抽象和概括，但其形成和提炼是在马

---

① 《马克思恩格斯文集》第2卷，人民出版社，2009，第53页。
② 《马克思恩格斯文集》第1卷，人民出版社，2009，第527页。

克思主义指导下，根据社会主义初级阶段的基本国情世情和广大民众日常生活的基本需求提出来的。其中，"富强、民主、文明、和谐"，是中国特色社会主义现代化建设的目标，也是人民群众梦寐以求的美好夙愿，反映了广大民众对中国特色社会主义经济、政治、社会发展进步的价值诉求；"自由、平等、公正、法治"，是社会主义核心价值观在社会层面的集中表达，也是以人民利益为核心的中国共产党矢志不渝、长期奋斗的价值目标，反映了人们对美好社会的向往和追求；"爱国、敬业、诚信、友善"，是每个公民应该恪守的基本道德规范，也是评价公民道德行为的基本价值准则，反映了公民对人与人之间、人与社会之间、人与国家之间美好关系的价值期许。由此看来，社会主义核心价值观虽然在价值观层面上是理论的高度抽象与凝练，但在现实生活层面上，确是与人们的日常生活密切相关的，本质上是源于日常生活的，反映了日常生活主体对国家、社会、政治、经济、文化等诸多层面的愿望和诉求，同时，也是党和国家对广大民众基本诉求的逻辑应答。

经由上述分析，社会主义核心价值观源于生活、回归生活、批判生活、改造生活的理论旨趣和价值旨归无疑说明，社会主义核心价值观培育不仅不能离开日常生活世界，而且必须转向日常生活，从而实现改造、提升日常生活的目的。

二 社会主义核心价值观日常生活化育具有内在合理性

（一）社会主义核心价值观的历史合理性[①]

社会主义核心价值观日常生活化育的可能性，还在于它符合历史发展规律，是迄今为止符合并满足最大多数人内在需求的核心价值观。根据马克思的三大社会形态理论，人类社会将经历"人役""物役""自由个性"三个阶段。其中，"人的依赖关系（起初完全是自然发生的），是最初的社会形式，在这种形式下，人的生产能力只是在狭小的范围内和孤立的地点上发展着。以物的依赖性为基础的人的独立性，是第二大形式，在这种形式下，才形成普遍的社会物质变换、全面的关系、多方面的需要以及全面

[①] 参见朱晨静《社会主义核心价值体系认同与人的内在需求》，《云南农业大学学报》2011年第4期。

的能力的体系。建立在个人全面发展和他们共同的、社会的生产能力成为从属于他们的社会财富这一基础上的自由个性，是第三个阶段"①。不同的社会形态形成了不同的核心价值观。不同的核心价值观对人的内在需求存在不同程度的满足。

在以"人的依赖关系"为基础的社会形态中，形成了整体主义至上的核心价值观。这一核心价值观产生于以自然经济为基础的前资本主义社会，维护的是奴隶主和封建贵族的利益和需求，被统治阶级的需要在统治阶级看来是微不足道的。古希腊著名思想家亚里士多德就明确宣扬这种思想："有些人天生即是自由的，有些人天生就是奴隶，对于后者来说，被奴役不仅有益而且是公正的。"② 这种观点显然是为奴隶主阶级服务的。在以"物的依赖"为基础的社会形态中，形成了个人主义或利己主义的核心价值观。追求个人需要的满足和个人利益是这一社会形态的核心价值诉求。然而，在资本主义生产方式下，个人需求的满足程度直接取决于主体对资本的掌握。"拥有资本的人支配'只拥有'自己的生命、技能、活力以及创造性生产力的人"③，同时也支配着他们的需求。在资本的支配下，无产者的需要不可能真正满足。资本家满足劳动者的仅仅是维持其生存，即劳动力生产和再生产的需求。

人的自由全面发展的核心价值追求，只有到了未来共产主义社会才可能真正实现。马克思、恩格斯所设想的未来社会形态是："代替那存在着阶级和阶级对立的资产阶级旧社会的，将是这样一个联合体，在那里，每个人的自由发展是一切人的自由发展的条件。"④ 这一设想内含了未来社会的三个基本条件：一是私有制、阶级的消亡，人真正成为自由、自主发展的个体；二是生产力高度发达，社会产品极大丰富，真正消除人的异化；三是自由人联合体的形成，每个人的自由发展真正成为一切人自由发展的条件。只有具备这三个条件，人的自由全面发展的最高价值追求才有可能实现。

现阶段，我们显然不具备这三个条件，因而，迄今为止最能满足大多

---

① 《马克思恩格斯全集》第 30 卷，人民出版社，1995，第 107～108 页。
② 〔古希腊〕亚里士多德：《政治学》，中国人民大学出版社，1965，第 10 页。
③ 〔美〕弗洛姆：《健全的社会》，贵州人民出版社，1994，第 75 页。
④ 《马克思恩格斯文集》第 2 卷，人民出版社，2009，第 53 页。

数人内在需求的是社会主义核心价值观。社会主义核心价值观坚持以共产主义核心价值为理想向度，否定超越了以"人的依赖"为基础的整体主义核心价值和以"物的依赖"为基础的资本主义核心价值，实现了人类核心价值的根本变革。尽管我国目前仍处在以"物的依赖"为基础的人的独立性不断发展的阶段，但社会主义的本质——解放生产力，发展生产力，消灭剥削，消除两极分化，最终实现共同富裕——决定了社会主义生产方式能够从根本上消除价值剥夺，消除人役、物役，从而最大限度地满足人的物质、文化、精神等多方面的需求。正是在这个意义上，我们认为，社会主义核心价值观是迄今为止符合并满足最大多数人内在需求的核心价值观。

（二）社会主义核心价值观日常生活化育的现实可能性[①]

社会主义核心价值观日常生活化育的现实可能性主要源于两个方面：其一，从其内容看，社会主义核心价值观虽然由中国共产党第一次明确提出，但其基本理念——倡导富强、民主、文明、和谐，倡导自由、平等、公正、法治，倡导爱国、敬业、诚信、友善——均源于人的内在需求，并且这一根基经过了革命与建设实践的考量和验证，从而客观上具备了实现社会主义核心价值观日常生活化育的根本条件。其二，从其现实性看，社会主义核心价值观集中体现了当前我国广大人民群众的根本需求，是对当前我国社会矛盾及问题的逻辑应答。

其一，从本质上看，社会主义核心价值观与人的内在需求的契合，实质是以马克思主义为主导的社会主义意识形态与人的内在需求的价值契合问题。这一点是由社会主义核心价值体系的本质规定的。"社会主义核心价值体系是社会主义意识形态的本质体现"，而我国社会主义意识形态无疑是以马克思主义为主导的，这决定了社会主义核心价值观的基本内容均由马克思主义统摄。马克思主义是否源于并符合人的内在需求，从根本上规定着社会主义核心价值观与人的内在需求的契合。

毋庸置疑，马克思主义是与人的内在需求相契合的科学理论。这一点主要由其价值立场和价值目标决定。从价值立场看，马克思主义与其他理

[①] 参见陆树程、朱晨静《社会主义核心价值体系与人的内在需求》，《毛泽东邓小平理论研究》2011年第2期。

论体系的不同之处在于,它始终坚持为大多数人谋利益的根本立场。为大多数人谋利益实质上意味着为满足大多数人的内在需求服务。马克思主义的奠基人在青年时期就立下了为无产阶级解放和大多数人的内在需求服务的志向:"如果我们选择了最能为人类福利而劳动的职业,那么,重担就不能把我们压倒,因为这是为大家而献身;那时我们所感到的就不是可怜的、有限的、自私的乐趣,我们的幸福将属于千百万人,我们的事业将默默地,但是永恒发挥作用地存在下去。"① 为此,马克思清贫一生,放弃了可能拥有的富足生活。毛泽东更是强调:"人民,只有人民,才是创造世界历史的动力。"② 人民群众作为历史的创造者,其动力源自人的内在需求的满足。继承这一根本立场,改革开放之初,邓小平提出了"共同富裕"的价值目标。在新的历史条件下,党中央确立了以人为本的科学发展观。坚持以人为本,实现共同富裕,最根本的就是坚持以最广大人民的根本利益为本,以满足最广大人民的内在需求为本。从马克思主义的产生发展看,为绝大多数人的利益和需求服务是其一以贯之的根本立场和坚定信念。价值立场决定价值目标。立场不同,价值选择和价值目标则迥异。马克思主义为人的内在需求服务的价值立场决定其最终目标是实现人的自由而全面发展。从人的历史发展看,自由、全面发展是人类发展进步的内在价值诉求。人类产生之初,人的内在需求被限定在狭小的范围内,人的发展虽不全面但是相对自由。然而,"当分工一出现之后,每个人就有了自己一定的特殊的活动范围,这个范围是强加于他的,他不能超出这个范围:他是一个猎人、渔夫或牧人,或者是一个批判的批判者,只要他不想失去生活资料,他就始终应该是这样的人"。③ 这说明,自有分工以来,人类一直处于片面的不自由发展的社会状态中,分工迫使人为了满足生存发展的基本需求只能发展某一方面的才能。这一点在资本主义社会得到集中体现。电影《摩登时代》、马尔库塞的《单向度的人》都是对资本主义制度下人只能片面发展的深刻揭示,同时,也表达了人自由、全面发展的内在需求。马克思主义通过对资本主义必然灭亡、社会主义必然胜利的历史

---

① 《马克思恩格斯全集》第 40 卷,人民出版社,1982,第 7 页。
② 《毛泽东选集》第 3 卷,人民出版社,1991,第 1031 页。
③ 《马克思恩格斯文集》第 1 卷,人民出版社,2009,第 537 页。

必然性的深刻揭示,确立了人自由全面发展的价值追求:"代替那存在着阶级和阶级对立的资产阶级旧社会的,将是这样一个联合体,在那里,每个人的自由发展是一切人的自由发展的条件。"① 在这样的社会里,"任何人都没有特殊的活动范围,而是都可以在任何部门内发展,社会调节着整个生产,因而使我有可能随自己的兴趣今天干这事,明天干那事,上午打猎,下午捕鱼,傍晚从事畜牧,晚饭后从事批判,这样就不会使我老是一个猎人、渔夫、牧人或批判者"。② 由此,马克思主义的价值立场和价值目标表明,它是为满足大多数人的内在需求和人的自由全面发展服务的,理所当然是与人的内在需求相契合的。

马克思主义是社会主义核心价值体系的灵魂,统摄着社会主义核心价值体系的其他内容。马克思主义与人的内在需求的根本契合,决定了社会主义核心价值观的基本内容本质上也是与人的内在需求相契合的。中国特色社会主义共同理想是在马克思主义指导下,根据社会主义初级阶段的基本国情和广大人民群众的内在价值诉求提出来的,把我国建设成为富强、民主、文明、和谐的社会主义现代化国家,集中体现了我国各阶层、各群体在经济、政治、文化、社会生活等不同领域的共同利益和内在需求。以爱国主义为核心的民族精神和以改革创新为核心的时代精神是社会主义核心价值体系的精髓。其中,以爱国主义为核心的民族精神,本质上是与马克思主义、社会主义紧密结合的,是人民群众维护民族独立、国家统一的内在需求;当今时代精神的本质即创新。创新是社会主义兴旺发达的不竭动力,也是个体自由全面发展的内在价值诉求。以"八荣八耻"为主要内容的社会主义荣辱观,崇尚热爱祖国、服务人民、遵纪守法等基本价值规范,反对危害祖国、背离人民、违法乱纪等言行,其本质与马克思主义的人民立场和集体主义价值观念相一致,是对当前社会道德失范、荣辱观错位等思想道德问题的逻辑应答。可见,中国特色社会主义共同理想、民族精神、时代精神、社会主义荣辱观均由马克思主义统摄,集中体现了人们在理性信念、精神诉求、价值规范等方面的内在需求。

此外,社会主义核心价值观源于人的内在需求,是经过中国革命和建

---

① 《马克思恩格斯文集》第 2 卷,人民出版社,2009,第 53 页。
② 《马克思恩格斯文集》第 1 卷,人民出版社,2009,第 537 页。

设实践检验,并曾经赢得人们广泛认同的。马克思主义是中国革命和建设的强大思想武器。中国共产党自成立之始,就把马克思主义作为立党之本,并坚持在实践中不断发展马克思主义。以毛泽东为代表的中国共产党人,坚持用马克思主义的立场、观点和方法来研究中国革命和建设的具体实际,最终取得新民主主义革命和社会主义革命的伟大胜利。我们党之所以能在非常艰难的社会条件下带领广大人民群众依靠"小米加步枪"赶走侵略者,打败国民党反动军队,很大程度上依赖于人民群众对马克思主义的坚定信仰和高度认同。邓小平也始终强调:"对马克思主义的信仰,是中国革命胜利的一种精神动力。"[1] 他坚持把马克思主义基本原理与中国改革开放的具体实际相结合,确立了解放、发展生产力,消灭剥削,消除两极分化,最终实现共同富裕的崇高理想。这一理想随着人们物质生活水平的不断提高,在改革开放初期也得到人们广泛认同。以爱国主义为核心的民族精神是中华民族生生不息、不断发展壮大的强大精神支柱,自然是被人们普遍认同的。时代精神是民族精神在各个不同时期的具体体现和延续。中国共产党在领导中国革命和建设过程中,非常重视民族精神与时代特征和具体实践的结合,在革命时期形成了井冈山精神、西柏坡精神、延安精神、抗美援朝精神等革命精神,在和平建设时期形成发展了大庆精神、"两弹一星"精神、九八抗洪精神、奥运精神、抗震救灾精神等以改革创新为核心的时代精神,为中国革命和建设提供了强大的精神支撑,得到了广大人民群众的普遍认同。中国共产党历来重视荣辱观建设。毛泽东认为,无产阶级荣辱观的核心是全心全意为人民服务,"共产党员无论何时何地都不应以个人利益放在第一位,而应以个人利益服从于民族的和人民群众的利益"[2]。邓小平强调,中国人应"以热爱祖国、贡献全部力量建设社会主义祖国为最大光荣,以损害社会主义祖国利益、尊严和荣誉为最大耻辱"[3]。以毛泽东、邓小平、周恩来等为代表的老一辈无产阶级革命家,倾其毕生精力身体力行着为人民服务的荣辱观念。新时期涌现出来的以王进喜、焦裕禄、雷锋、孔繁森、牛玉儒、任长霞等为代表的共产党

---

[1] 《邓小平文选》第3卷,人民出版社,1993,第63页。
[2] 《毛泽东选集》第2卷,人民出版社,1991,第522页。
[3] 《邓小平文选》第3卷,人民出版社,1993,第3页。

人,既是全心全意为人民服务的先进典型,又是自觉认同并践行无产阶级荣辱观的模范代表。

其二,从社会主义核心价值观培育的现实基础看,社会主义核心价值观集中体现了当前我国广大人民群众的根本需求。现阶段,我国人民的根本需求归根结底是解决新时代中国特色社会主义的主要矛盾及其衍生出来的种种矛盾与问题。党的十九大明确指出:"中国特色社会主义进入新时代,我国社会主要矛盾已经转化为人民日益增长的美好生活需要和不平衡不充分的发展之间的矛盾。我国稳定解决了十几亿人的温饱问题,总体上实现小康,不久将全面建成小康社会,人民美好生活需要日益广泛,不仅对物质文化生活提出了更高要求,而且在民主、法治、公平、正义、安全、环境等方面的要求日益增长。同时,我国社会生产力水平总体上显著提高,社会生产能力在很多方面进入世界前列,更加突出的问题是发展不平衡不充分,这已经成为满足人民日益增长的美好生活需要的主要制约因素。"当前及今后很长一段时间内,这一主要矛盾不解决,会直接影响社会主义核心价值观培育与践行的现实基础。

社会主义核心价值观正是对我国社会主要矛盾及问题的逻辑应答。马克思主义是关于无产阶级解放的学说,它不仅为无产阶级利益和需要服务,还为人们明辨价值立场,澄清思想迷误,坚定社会主义发展方向提供了根本立场、观点和方法。中国特色社会主义共同理想体现了当代中国最广大人民群众的根本利益和根本需求。它是在马克思主义指导下,根据我国社会主义初级阶段的基本国情和主要矛盾提出来的,代表了我国最广大人民群众共同的利益和愿望,是社会各阶层、各群体团结一致、共谋发展的强大精神动力。以爱国主义为核心的民族精神和以改革创新为核心的时代精神是实现中国特色社会主义共同理想的动力之源,是新世纪新阶段增强民族凝聚力、向心力,有效应对日益激烈的国际竞争和西方敌对势力"西化""分化"挑战的重要精神支撑。以"八荣八耻"为主要内容的社会主义荣辱观,涵盖了个人与他人、个人与集体、个人与国家之间的相互关系,不仅为人们的存在、交往提供了判断是非、善恶、美丑的基本价值尺度,而且旗帜鲜明地确立了应该坚持什么、反对什么、倡导什么、抵制什么的行为准则,为我国社会转型时期的道德建设确立了新的标杆。由此不难看出,社会主义核心价值体系与核心价值观在思想、信念、精神、行为等不同方面集中反映和体现了我国广大人民群众的根本利益和需求。

上述分析说明，社会主义核心价值观本质上源于人的内在需求，并且经过历史与中国长期革命和建设实践的检验，是符合人的内在需求的核心价值观。因此，从理论上讲，社会主义核心价值观日常生活化育是应该而且能够得到社会的广泛认同的。

第三节　社会主义核心价值观日常生活化育的必要性

马克思曾言："批判的武器当然不能代替武器的批判。"[①] 社会主义核心价值观的科学性、合理性并不能直接带来人民群众的普遍认同与自觉践行。在现实的日常生活层面，社会主义核心价值观与日常生活还存在一定间距。这一间距的凸显说明，社会主义核心价值观日常生活化育不能仅仅停留在理论研究和占领宣传阵地等非日常生活领域，而是必须向人们的日常生活转化。

一　社会主义核心价值观与日常生活存在一定间距[②]

如前所述，社会主义核心价值观根植于日常生活，但作为一种抽象、凝练的非日常生活的产物，又是高于日常生活的。同时，社会主义核心价值观在宣教过程中不同程度地存在着疏离日常生活的"文本化""教条化"倾向，这使其不可避免地与日常生活存在一定间距，影响着社会主义核心价值观的培育，所以，培育和践行社会主义核心价值观，必须促使其向大众日常生活转化。

其一，社会主义核心价值观作为一种高度概括、凝练的社会主义意识形态的本质体现，属于非日常生活领域，因而不可避免地与人们的日常生活存在一定张力。虽然我们强调社会主义核心价值观源于日常生活，但这并不是说社会主义核心价值观就是日常生活直接的、自发的产物。日常生

---

① 《马克思恩格斯全集》第 3 卷，人民出版社，2002，第 207 页。
② 参见朱晨静《论马克思主义对日常生活的介入——理解马克思主义大众化的重要视角》，《甘肃社会科学》2012 年第 1 期。

活作为社会主义核心价值生成的始基本质上所彰显并贯彻社会主义核心价值培育始终的是其直面生活底质的思维方式,中国共产党人正是运用这一思维方式,通过对纷繁复杂的自然、社会以及人类思维的种种现象进行高度抽象和提炼,最终创立了社会主义核心价值观。作为一种高度凝练的思维的产物,社会主义核心价值观是源于生活但又高于生活的,这使其不可避免地与日常生活存在一定间距。

其二,中华人民共和国成立后至改革开放前的一个时期内,我国非日常生活世界在计划经济体制下得到极大发展,相对遮蔽、挤压了人们的日常生活空间,由此导致的负面影响在一定程度上加大了社会主义核心价值观与日常生活的间距。当然,不可否认,自中华人民共和国成立至20世纪70年代末,以马克思主义为主导的社会主义意识形态确曾为进入日常生活做出巨大努力,而且一度与人们的日常生活相融合,成功地影响着人们的日常行为和日常意识。这一点在中华人民共和国成立初的流行话语中可见一斑——"没有共产党就没有新中国""大跃进""大炼钢铁""多快好省建设社会主义"等——这一串串熟悉的话语,是当时人民群众日常生活集体无意识的流露,表明社会主义价值观念已深入人心,马克思主义"意识形态观念与人们的日常生活之间达到了水乳交融"[①]。在十年"文革"期间,国家通过"斗私批修""上山下乡""红卫兵运动"等一系列政治斗争和群众运动的方式将社会主义意识形态强行介入日常生活,使日常生活成为政治运动的一部分,人们的日常行为、日常交往也被政治化的日常生活所同化,个体日常生活空间被挤压并最终消融在政治化的日常生活中。这一结果表面上看实现了社会主义意识形态与日常生活的高度同构,但其实质是政治意识形态对日常生活的遮蔽,根本背离了社会主义意识形态介入日常生活的精神意旨,导致社会主义意识形态与日常生活的间距不断凸显:第一,从社会主义意识形态介入日常生活的目的看,作为国家主导意识形态的马克思主义并不是基于马克思本原意义上解放人、发展人、提升人的价值诉求,而主要是将其作为一种控制人的政治工具,将个人禁锢在非日常生活的链条上,由此造成的政治危害和社会文化影响至今仍潜伏在

[①] 吴学琴:《日常生活化的意识形态与新中国流行语的变迁》,《马克思主义研究》2010年第3期。

大众的日常生活中，一定程度上导致马克思主义与日常生活的内在紧张。第二，从社会主义意识形态介入日常生活的方式看，行政命令是其主要手段。行政干预不仅直接控制着日常生活的生产和个人的衣食住行，就连人与人之间的日常交往也发展到用阶级斗争方式来处理的境地，个人的日常生活完全陷入文化强权的围城之中，由此导致马克思主义意识形态一维化与人们日常生活自由、自觉发展诉求之间存在明显张力。第三，从社会主义意识形态介入日常生活的后果看，表面上，社会主义意识形态实现了与日常生活的高度融合和同构，但实质上马克思主义并未真正走进大众的日常生活，或者说，在当时历史场域，进入大众日常生活的并非真正的马克思主义，而是被剥离精神实质的马克思主义的宣传口号。马克思主义介入日常生活的理论旨趣在于对大众日常生活现实诉求的关注。而当时的社会主义意识形态却一度无视这一点，无视大众日常生活的现实困境和发展遭遇，无视日常生活与非日常生活的不同发展旨向，企图以非日常生活来取代和挤压日常生活，结果导致社会主义意识形态越是致力于掌握和武装大众及大众的日常生活，人民大众就越是唯恐避之不及，越是拒绝被其掌握和武装，由此引发的逆反和抵触情绪至今仍是阻碍社会主义核心价值融入日常生活的重要缘由。

其三，改革开放以来，作为对前改革时期社会主义意识形态通过行政命令干预日常生活的反叛，社会主义意识形态在理论研究和宣传教育过程中存在一定的规避政治与日常生活的"文本化""书斋化""教条化"的研究趋向。虽然在党的历史上，实事求是、理论联系实际一直是我党的一贯优良传统，但是，不可否认，党在马克思主义理论研究和实际传播过程中也存在一定的疏离日常生活的倾向。这集中体现在：一方面，以"回到"、"回归"或"走进"马克思为代表，以解释学为主要研究方法的文本主义研究范式；另一方面，通过译介、研究西方哲学或西方马克思主义的相关研究成果，以现代性或后现代性的分析方法为中介来解构或改造马克思主义的研究理路。二者的共同之处在于，皆以追求纯学术性研究为理论旨趣。是以，"'政治（思想）淡出，学术凸显'已成为近年来学术界心照不宣的流行话语"[①]。受此影响，马克思主义在传播教育过程中也存在

---

① 陈曙光：《马克思主义的"贫困"与学者的责任》，《江海学刊》2011年第1期。

一定程度的形式主义或教条主义的病症,"要么以独断的政治话语展开说教,要么仅仅把马克思主义当做一种知识体系,这种脱离大众现实生活和大众旨趣的理论,不仅指导不了群众,而且还会因严重脱离群众而遭到反感"①。于是,在改革开放、市场经济引发的急剧变动的日常生活面前,社会主义意识形态对大众日常生活的"无语"甚至"失语",导致大众对社会主义核心价值观的冷淡和漠然,使得社会主义核心价值观与日常生活的间距愈加凸显。

基于此,在经济市场化、文化世俗化、思想多元化的时代背景下,在马克思主义话语权逐渐式微而各种"低俗、庸俗、媚俗"的文化乱象强势充斥大众日常生活空间,混淆大众视听,引发大众价值取向、审美标准混乱的现实生活面前,我们迫切需要消除社会主义核心价值观与日常生活的间距,需要社会主义核心价值观与日常生活的和谐融构,需要社会主义核心价值观对社会转型导致的精神迷失现象给予正确引导和积极观照,以增强社会主义意识形态的吸引力和凝聚力。为此,必须实现社会主义核心价值观培育与践行向日常生活转化。

二 当代中国日常生活世界深刻转型的迫切需要

改革开放以来,随着西方文化的涌入和市场经济的发展,日常生活世界发生了深刻转型,人们的生活方式、价值观念也随之发生了很大改变,这在一定程度上阻滞了社会主义核心价值观向日常生活的融渗。而日常生活也并非一个价值无涉之地,相反,它是各种意识形态的聚居之所,传统的、现代的、西方的、本土的、积极的、消极的……可谓鱼龙混杂、五花八门。这使得社会主义核心价值观建设面临着日常生活世界深刻转型带来的复杂影响和挑战,而日常生活世界的深刻转型也迫切需要社会主义核心价值观建设向日常生活转向并给予现实观照。

首先,从历史上看,直到近代以前的中国数千年历史上,以衣食住行、婚丧嫁娶、饮食男女等日常活动为主要内容的传统日常生活基本上是一以贯之、几无巨大变迁。在这一传统日常生活世界中,"以重复性思维

---

① 刘维兰、吴远:《马克思主义大众化之"生活化"问题思考》,《甘肃社会科学》2011年第3期。

与重复性实践为主的自在的活动方式;以传统、习惯、常识、经验等为基本要素的经验主义的活动图式;以本能、血缘、天然情感为核心的自然主义的立根基础;以家庭、道德、宗教为主要组织者和调节者的自发的调控系统"①,作为我国传统日常生活世界基本结构和活动图式,顽强执着地规范、调整着人们的生活方式、生活习惯和生活观念,从而形成一个充满保守性、重复性和惰性的生活世界。直到今天,根基于中国古老乡土社会的自在自发的传统日常生活结构仍然是我国现代化建设和人的现代化发展的强大文化阻滞力。一方面,从个体发展看,传统日常生活的保守性、惰性等特点具有压抑人的主体性和创造性的倾向,对于人从"自在、自发"状态走向"自由、自觉"状态具有很大的消极阻碍作用;另一方面,从社会发展看,日常生活的结构和图式还具有侵蚀和影响政治、经济、法治等制度性领域以及哲学、艺术、科学等自觉的类本质活动领域的趋向,使社会发展缺乏足够的动力和活力,影响着社会的发展和进步。除此之外,就我国而言,充斥在日常生活层面的各种封建迷信思想、腐朽落后的文化观念以及邪教等种种非理性文化思潮短期内难以彻底根除,至今仍影响着人们理想信仰和价值观念的提升,因而,迫切需要社会主义核心价值观对此加以整合和引领。

其次,近代以来,随着西方文化的引入、中国社会一系列革命运动、政治经济变革的开展,尤其是20世纪80年代以来改革开放和市场经济的深入发展,大大助推了我国传统日常生活向现代日常生活的深刻转型。依据衣俊卿的划分,人类迄今为止的日常生活主要分为三个阶段,即"与原始文明相对应的原始日常生活、与农业文明相对应的传统日常生活、与工业文明相对应的现代日常生活"②。据此,当下我国的日常生活既不同于传统日常生活,亦不同于发达工业社会的现代日常生活,而是处于二者之间的一个过渡期或转型期。这使得我国的日常生活世界既与传统日常生活和现代日常生活相区别,又同时兼具二者的双重特性和复杂性。一方面,如前所述,传统日常生活的结构和图式如以重复性思维、重复性实践为主的自在的活动方式,以天然情感、血缘关系为基础的自然主义的立根基础以

---

① 衣俊卿:《现代化与日常生活批判》,人民出版社,2005,第32页。
② 衣俊卿:《回归生活世界的文化哲学》,黑龙江人民出版社,2000,第288页。

及自发的家庭、伦理的调节系统，作为根深蒂固的传统文化因子，仍然在顽强地影响着个体和社会的发展。另一方面，改革开放和市场经济的发展加速了我国的现代化进程，虽然我国的现代化程度不及西方发达国家，但在西方社会蔓延的技术异化、消费异化、人的异化等现代性问题和日常生活的异化现象，在我国也不同程度地出现。尤其是伴随现代化进程的深入发展，在我国日常生活转型过程中，各种世俗化的社会思潮如拜金主义、个人主义、物质主义不断盛行，人也逐渐变得物欲化、庸俗化、终极价值虚无化，最终导致大众日常精神世界的空寂荒芜，人也随之失去了理想和超越的维度。面对这样的生存际遇，推动社会主义核心价值观培育向日常生活转向无疑是非常重要和必要的。

最后，大众传媒与移动互联时代的来临，一些"低俗、庸俗、媚俗"的文化现象裹挟着人们的日常生活，并以强势的文化影响力充斥个体的日常生活空间，混淆大众的视听，不仅引发大众价值取向、审美标准的混乱，而且为人们道德迷失、信仰缺失推波助澜。就我国当前的社会信仰状况而言，主要表现为人们对共产主义信仰和传统儒家道德信仰的怀疑或彷徨。儒家传统道德信仰的动摇，使得一些优良的传统美德在日常生活中面临"无语"或"失语"，甚至逐渐丧失其规范和调节功能；共产主义信仰的危机，一定程度上受宗教信仰和封建迷信、邪教的影响，同时也助长了宗教信仰和封建迷信、邪教的气焰，加剧了社会转型期人们的精神迷失状况。

面对现代化进程中日常生活世界转型带来的上述问题和现象，在新时代，要坚定文化自信，推动社会主义文化繁荣兴盛，充分发挥先进文化对日常生活的引领作用，迫切需要社会主义核心价值观的培育与践行向日常生活转向，迫切需要社会主义核心价值观与日常生活进行深度融合，迫切需要社会主义核心价值观以恰当的方式内化于日常生活的各个领域、各个方面，对中国的现代化发展以及日常生活的深刻转型提供有效的价值引领，对日常生活主体进行积极的精神观照，对个别的文化乱象给予有效的纠偏和遏制，以有效应对新时代中国特色社会主义快速发展带来的诸多挑战。

第二章
社会主义核心价值观日常生活化育的理论支撑

社会主义核心价值观培育向日常生活转化不仅是必要的，而且有着充足的学理支撑。马克思的日常生活批判理论、西方现代日常生活批判理论以及中国传统日常生活批判理论为实现社会主义核心价值培育的日常生活转向提供了必要的学理依据。三者虽然针对不同的日常生活境遇，但有着相同的理论研究旨趣，即都强调了日常生活的本体性地位和作用。日常生活作为维持个体生存、再生产的基本寓所，同时也是社会结构、国家制度、价值体系等非日常生活生成、建构的本原基础。日常生活的基础性地位构成了社会主义核心价值观培育转向日常生活的本体论依据。

第一节 社会主义核心价值观日常生活化育的理论基础

长期以来，传统马克思主义关注的中心一直停留在社会革命、生产关系变革、政权更替等宏大叙事上，以致人们产生了马克思主义没有或缺乏日常生活等微观视域的误解。表面上看，马克思主义阐明了自然、人类社会和思维发展的一般规律，揭示了资本主义生产方式的固有的矛盾和资本主义社会的特殊运动规律，证明了资本主义必然崩溃、共产主义必然胜利的社会发展趋势，这些理论成果确实停留在对人类历史和社会革命、变革等宏观层面。但是，深入研究不难发现，马克思主义经典作家对于无产阶级历史使命、资本主义矛盾和人类历史发展规律等宏观理论的揭示无不是建立在对个体及其日常生活等微观活动的分析基础上。虽然马克思、恩格斯没有对日常生活加以专门的系统研究，而且在他们的理论中"生活"范畴确实在多重意义上使用，如类生活、生产生活、物化生活、社会生活、政治生活、精神生活等，但是，不可否认，不管是哪一种生活无不以日常生活为基础底蕴，关注生活、批判生活、消除人类生活的不合理现象，是马克思主义始终如一的理论旨趣。换言之，在马克思主义理论中，对生活尤其是日常生活的关注所表明的不仅仅是一种价值立场和态度，而且是作为一种直面生活底质的思维方式贯穿于马克思主义理论探讨的始终。马克思主义经典作家对日常生活的关注，中国化马克思主义对日常生活主体与生活本体的高度重视，直接构成社会主义核心价值观建设转向日常生活的理论基础。

一 马克思主义经典作家对日常生活的关注

马克思主义经典作家对日常生活的关注集中体现在马克思对资本主义日常生活的批判以及历史唯物主义对日常生活的观照上。

（一）马克思对资本主义日常生活的批判

马克思对资本主义政治、经济的分析、批判皆是建立在对资本主义日常生活尤其是工人阶级日常生活的深刻洞察和批判之上。在《1844年经济学哲学手稿》《资本论》等著作中，马克思从资本主义社会日常生活中最常见的商品和日常生活的基本内容——劳动出发，通过对资本主义日常生活的劳动异化、需求异化、人的类本质的异化等的分析，揭示了资本主义日常生活异化的本质，即劳动的异化和资本的异化，进而指明人类社会的最终发展趋势是积极扬弃各种异化的共产主义。在这里，值得注意的是，马克思对资本主义日常生活异化本质的揭示并不是预设的，而是源于对资本主义社会日常生活的现实考察。

其一，从日常生活作为个体生存、再生产的基本条件看，劳动既是日常生活的基本内容，也是日常生活得以维系的重要条件。日常生活主体通过劳动来占有生产资料，以维持个体的生存和再生产。然而，马克思通过对资本主义条件下工人阶级劳动状况的调查发现了这样的日常生活现实："工人越是通过自己的劳动占有外部世界、感性自然界，他就越是在两个方面失去生活资料：第一，感性的外部世界越来越不成为属于他的劳动的对象，不成为他的劳动的生活资料；第二，感性的外部世界越来越不给他提供直接意义的生活资料，即维持工人的肉体生存的手段。"① 结果导致："工人生产得越多，他能够消费的越少；他创造的价值越多，他自己越没有价值、越低贱；工人的产品越完美，工人自己越畸形；工人创造的对象越文明，工人自己越野蛮；劳动越有力量，工人越无力；劳动越机巧，工人越愚笨，越成为自然界的奴隶。"② 从工人的劳动产品看更是如此："劳动为富人生产了奇迹般的东西，但是为工人生产了赤贫。劳动生产了宫殿，但是给工人生产了棚舍。劳动生产了美，但是使工人变成畸形。劳动用机器代替了手工劳动，但是使一部分工人回到野蛮的劳动，并使另一部分工人变成机器。劳动生产了智慧，但是给工人生产了愚钝和痴呆。"③ 由此，劳动作为日常生活的内容和生活方式，在资本主义社会演化为不得不为之的斗争，可以想象，如果没有肉体的或生存的强制，人们定会像躲避瘟疫一样逃避劳动。

其二，日常生活作为人生存发展的基础，并非人生活的全部，人之为人的本质在于通过自由自觉的创造性活动追求高层次的非日常生活的价值实现。一旦人的类本质的对象化活动被迫蜕化为谋生的本能时，人则随之降低到动物的水准。马克思在考察资本主义社会工人阶级的日常生活条件时发现："人（工人）只有在运用自己的动物机能——吃、喝、生殖，至多还有居住、修饰等等——的时候，才觉得自己在自由活动，而在运用人的机能时，觉得自己只不过是动物。动物的东西成为人的东西，而人的东西成为动物的东西。"④ 面对这样的日常生活状况，马克思一针见血地指出："吃、喝、生殖等等，固然也是真正的人的机能。但是，如果加以抽象，使这些机能脱离了人的其他活动领域并成为最后的和唯一的终极目的，那它们就是动物的机能。"⑤ 问题是，人缘何沦为动物一族（人虽然是动物的一种，但人毕竟是比一般动物高级的物种）？人之为人的本质到哪里去了？

---

① 《马克思恩格斯文集》第 1 卷，人民出版社，2009，第 158 页。
② 《马克思恩格斯文集》第 1 卷，人民出版社，2009，第 158 页。
③ 《马克思恩格斯文集》第 1 卷，人民出版社，2009，第 158~159 页。
④ 《马克思恩格斯文集》第 1 卷，人民出版社，2009，第 160 页。
⑤ 《马克思恩格斯文集》第 1 卷，人民出版社，2009，第 160 页。

其三，在马克思看来，在社会主义条件下，人之需要的丰富性是人的本质力量的表征和人的本质的新的充实。然而，在资本主义条件下，这一切却具有相反的意义，需要的异化是资本主义日常生活异化的最突出表现：一方面，资本主义条件下，需要和满足需要的资料更加多样和精致化。这一点在客观方面表现为"对货币的需要是国民经济学所产生的真正需要，并且是它所产生的唯一需要"①，在主观方面表现在"产品和需要的范围的扩大，要机敏地而且总是精打细算地屈从于非人的、精致的、非自然的和幻想出来的欲望。私有制不懂得要把粗陋的需要变为人的需要"②。另一方面，却产生着"需要的牲畜般的野蛮化和彻底的、粗糙的、抽象的简单化"③。这一点主要体现在工人阶级身上。他们甚至连对新鲜空气的需要、光、动物的爱清洁的需要，都不能再称其为需要了。"肮脏，人的这种堕落、腐化，文明的阴沟（就这个词的本义而言），成了工人的生活要素。完全违反自然的荒芜，日益腐败的自然界，成了他的生活要素。"④ 为什么在资本主义条件下会出现这样的需要悖谬？即需要和满足需要的资料的丰富和增长为何又造成需要和满足需要的资料的丧失呢？对此，国民经济学家和资本家是这样论证的：他们把工人的需要仅仅限定在维持最必需的、最可怜的肉体生活的需要上，并按照尽可能贫乏的生活标准，要求工人阶级在日常生活中遵循这样的教条——"自我节制，对生活乃至人的一切需要都加以节制。你越是少吃，少喝，少买书，少去剧院，少赴舞会，少上餐馆，少思考，少爱，少谈理论，少唱，少画，少击剑，等等，你积攒的就越多。……你的存在越微不足道，你表现自己的生命越少，你拥有的就越多，你的外化的生命就越大。"⑤ 在这样的生活中，人的任何一种感觉不仅不再以人的方式存在，而且人还失去了人的需要，甚至失去了作为动物本能的需要，而沦为非人。

马克思通过对资本主义日常生活的现象学考察，揭示了资本主义条件下日常生活的全面异化：劳动本身与劳动对象的异化、劳动者与其劳动产

---

① 《马克思恩格斯文集》第1卷，人民出版社，2009，第224页。
② 《马克思恩格斯文集》第1卷，人民出版社，2009，第224页。
③ 《马克思恩格斯文集》第1卷，人民出版社，2009，第225页。
④ 《马克思恩格斯文集》第1卷，人民出版社，2009，第225页。
⑤ 《马克思恩格斯文集》第1卷，人民出版社，2009，第227页。

品的异化、人的类本质的异化、人之需要的异化、人与人的异化等，其实质是劳动的异化。"异化劳动，由于（1）使自然界同人相异化，（2）使人本身，使他自己的活动机能，使他的生命活动同人相异化，因此，异化劳动也就使类同人相异化；对人来说，异化劳动把类生活变成维持个人生活的手段。第一，它使类生活和个人生活异化；第二，它把抽象形式的个人生活变成同样是抽象形式和异化形式的类生活的目的。"① 也就是说，异化劳动条件下，日常生活成为人生活的全部，作为体现人之本质的自由自觉的精神生活和非日常生活均被日常生活所遮蔽。通过异化劳动，工人不仅生产了异化的生活、异化的人，即片面的生活和片面的人，还生产了私有财产即"工人对自然界和对自身的外在关系的产物、结果和必然后果"②。私有财产在资本家那里转化为资本。这样，工人生产资本，资本生产工人。资本的存在规定着工人的存在和工人的生活。在此基础上，马克思认为，人类社会发展的最终阶段——共产主义"是对私有财产即人的自我异化的积极的扬弃"③。到那时，人将"以一种全面的方式，就是说，作为一个完整的人，占有自己的全面的本质"④；人们的日常生活如"吸烟、饮酒、吃饭等等在那里已经不再是联合的手段，不再是联系的手段。交往、联合以及仍然以交往为目的的叙谈，对他们来说是充分的；人与人之间的兄弟情谊在他们那里不是空话，而是真情，并且他们那由于劳动而变得坚实的形象向我们放射出人类崇高的精神之光"⑤。在这样的日常生活中，人的精神生活和非日常生活将得以全面发展，人自身也将实现真正的自由和解放。

（二）历史唯物主义对日常生活的关注

马克思对日常生活的关注不仅体现在对当下社会生活的考察上，而且扩展到对人类历史的分析之中。在马克思之前，"从历史观层面考察日常生活世界，探究其历史变迁的内在逻辑，这是以往历史哲学和观念论哲学

---

① 《马克思恩格斯文集》第1卷，人民出版社，2009，第161~162页。
② 《马克思恩格斯文集》第1卷，人民出版社，2009，第166页。
③ 《马克思恩格斯文集》第1卷，人民出版社，2009，第185页。
④ 《马克思恩格斯文集》第1卷，人民出版社，2009，第189页。
⑤ 《马克思恩格斯文集》第1卷，人民出版社，2009，第232页。

家从未做过并始终加以拒斥的事情"①。换言之，在传统历史观视野中，现实的日常生活世界往往是被置之度外或视而不见的。马克思则与此相反。在他看来，任何真正的哲学作为"时代精神的精华"，都必然建基于对每一时代以日常生活为基础的现实生活世界本质的深刻把握之上。

首先，从历史唯物主义的生成看，对以日常生活为基础的现实生活世界的关注和探索是唯物史观形成的根本前提，也是马克思主义哲学与以往一切旧哲学相区别的根本所在。在马克思看来，包括费尔巴哈在内的一切旧唯物主义的主要缺点是，"对对象、现实、感性，只是从客体的或者直观的形式去理解，而不是把它们当作感性的人的活动，当作实践去理解"②，所以，费尔巴哈看不到个体的活生生的实践活动（即劳动），看不到个体实践在人们日常生活中的能动作用。与旧唯物主义恰恰相反，唯心主义则把人的能动的方面抽象地发展了，只一味醉心于哲学的抽象思辨。像青年黑格尔派的"哲学家没有一个想到要提出关于德国哲学和德国现实之间的联系问题，关于他们所作的批判和他们自身的物质环境之间的联系问题"③，所以，德国哲学只能"在天空飞翔"，看不到哲学与现实生活的联系。而马克思则"只求深入全面地领悟在地面上遇到的日常事物"④，这样一来，哲学便从天国被拉回到人间，回到以劳动（实践）为主要内容和本真状态的日常生活中。由此，与传统思辨哲学遮蔽生活、遗忘生活不同，历史唯物主义的日常生活意蕴得以显露。

其次，从历史唯物主义的逻辑展开看，在马克思主义尤其是唯物史观确立过程中，日常生活不是一个可有可无的背景世界，而是人类生存发展乃至社会运行、历史变迁的不可或缺的现实根基。马克思、恩格斯在考察人类历史观时发现，人类生存发展的第一个前提，同时也是人类历史的第一个前提，即"人们为了能够'创造历史'，必须能够生活。但是为了生活，首先就需要吃喝住穿以及其他一些东西"⑤；"任何历史观的第一件事

---

① 王福民：《历史唯物主义对日常生活的关注》，《哲学研究》，2010 年第 8 期。
② 《马克思恩格斯文集》第 1 卷，人民出版社，2009，第 499 页。
③ 《马克思恩格斯文集》第 1 卷，人民出版社，2009，第 516 页。
④ 《马克思恩格斯全集》第 40 卷，人民出版社，1982，第 652 页。
⑤ 《马克思恩格斯文集》第 1 卷，人民出版社，2009，第 531 页。

情就是必须注意上述基本事实的全部意义和全部范围,并给予应有的重视。"① 在这里,马克思虽然没有明确提出日常生活范畴,但是,当他认识到人们为了生活、为了创造历史首先需要解决吃喝住穿等基本日常生活问题时,实际上已经把人类生存发展所必需的、不可一日中断的日常生活作为人类历史和社会发展的现实基础了。为此,他深刻批判了以往把日常生活排除在外的各种历史观:"迄今为止的一切历史观不是完全忽视了历史的这一现实基础,就是把它仅仅看成与历史进程没有任何联系的附带因素。因此,历史总是遵照在它之外的某种尺度来编写的;现实的生活生产被看成是某种非历史的东西,而历史的东西则被看成是某种脱离日常生活的东西,某种处于世界之外和超乎世界之上的东西。"② 马克思主义唯物史观则与此相反,认为全部人类历史的首要前提乃是以吃喝住穿等为基本内容的日常生活。恩格斯对此高度评价,认为"马克思发现了人类历史的发展规律,即历来为繁芜丛杂的意识形态所掩盖着的一个简单事实:人们首先必须吃、喝、住、穿,然后才能从事政治、科学、艺术、宗教等等"③。由此,日常生活的本体性和根基性在马克思主义唯物史观视域中进一步彰显。

最后,从历史唯物主义的价值旨归看,马克思主义经典作家创立历史唯物主义的初衷绝不是构建一整套精细完整的理论体系,而是鼓励无产阶级通过革命谋取自我解放,实现生活自由、幸福。为此,马克思认为,哲学家们的主要任务不是"解释世界",而是"改变世界"。通过对资本主义生产条件下异化劳动导致的人的异化和生活物化的深刻批判,马克思认识到,要实现生活自由、幸福,首先必须破除、推翻一切奴役、压迫、束缚、桎梏人的生存与发展的社会关系,消灭分工,消除私有制以及由私有制导致的各种"虚幻的共同体"形式,建立新型的非日常生活关系。然而,仅有非日常生活领域的革命和变革是远远不够的,"当人们还不能使自己的吃喝住穿在质和量方面得到充分保证的时候,人们就根本不能获得解放"④;"只有当实际日常生活的关系,在人们面前表现为人与人之间和

---

① 《马克思恩格斯文集》第 1 卷,人民出版社,2009,第 531 页。
② 《马克思恩格斯文集》第 1 卷,人民出版社,2009,第 545 页。
③ 《马克思恩格斯文集》第 3 卷,人民出版社,2009,第 601 页。
④ 《马克思恩格斯文集》第 1 卷,人民出版社,2009,第 527 页。

人与自然之间极明白而合理的关系的时候……只有当社会生活过程即物质生产过程的形态,作为自由联合的人的产物,处于人的有意识有计划的控制之下的时候"①,人才能实现真正的解放。换言之,只有当各种非日常生活的革命或变革贯彻、落实到日常生活中,并转化为日常生活现实的时候,现实生活世界才能成为一个真正以人为本的自由、幸福、全面发展的世界。在此,马克思主义关注日常生活的价值意蕴和实践旨向再次鲜明展现。

经由上述分析,马克思主义经典作家对日常生活的关注,让马克思主义源于生活、回归生活、批判生活、改造生活的理论旨趣和价值旨归得以充分彰显和说明,这不仅为中国化马克思主义深化对日常生活的研究奠定理论基础,而且决定了社会主义核心价值观建设不能离开人的日常生活世界。

二 中国化马克思主义对日常生活的重视

中国化马克思主义,亦即马克思主义中国化,就是将马克思主义基本原理同中国革命、建设和改革的具体实践相结合,不断形成具有中国特色的马克思主义理论成果的过程。在此过程中,马克思主义关注日常生活的理论旨趣同中国的具体实践相结合,开拓了马克思主义日常生活理论的新境界,为社会主义核心价值观日常生活化育提供了重要的理论指导。

(一) 毛泽东把关心群众生活作为一切工作的中心

以毛泽东为核心的第一代中央领导集体,把马克思主义的基本立场、原则、方法与中国革命相结合,形成了马克思主义中国化的第一个理论成果——毛泽东思想,其中蕴含了丰富的重视民众日常生活的思想,为社会主义核心价值观日常生活化育提供了重要的理论资源和方法论借鉴。

其一,提出了高度重视群众生活的问题。1934年毛泽东在《关心群众生活,注意工作方法》一文中指出,当前我们的中心任务是动员广大群众参加革命战争,打倒帝国主义和国民党反动派,把帝国主义赶出中国去。

---

① 《马克思恩格斯文集》第5卷,人民出版社,2009,第97页。

要完成这一中心任务，首要的问题就是关于群众生活的问题。这个问题一点也不能忽视，更不能看轻。"因为革命战争是群众的战争，只有动员群众才能进行战争，只有依靠群众才能进行战争"；"如果我们单单动员人民进行战争，一点别的工作也不做，能不能达到战胜敌人的目的呢？当然不能。我们要胜利，一定还要做很多的工作。领导农民的土地斗争，分土地给农民；提高农民的劳动热情，增加农业生产；保障工人的利益；建立合作社；发展对外贸易；解决群众的穿衣问题，吃饭问题，住房问题，柴米油盐问题，疾病卫生问题，婚姻问题。总之，一切群众的实际生活问题，都是我们应当注意的问题"；"我们应该深刻地注意群众生活的问题，从土地、劳动问题，到柴米油盐问题。妇女群众要学习犁耙，找什么人去教她们呢？小孩子要求读书，小学办起了没有呢？对面的木桥太小会跌倒行人，要不要修理一下呢？许多人生疮害病，想个什么办法呢？一切这些群众生活上的问题，都应该把它提到自己的议事日程上。应该讨论，应该决定，应该实行，应该检查"；"要得到群众的拥护吗？要群众拿出他们的全力放到战线上去吗？那末，就得和群众在一起，就得去发动群众的积极性，就得关心群众的痛痒，就得真心实意地为群众谋利益，解决群众的生产和生活的问题，盐的问题，米的问题，房子的问题，衣的问题，生小孩子的问题，解决群众的一切问题"①，等等。在这些论述中，我们可以清楚地看到毛泽东对群众生活的高度重视，并将其作为一切工作的重中之重来看待。群众生活无小事。"穿衣吃饭问题、住房婚姻问题、柴米油盐问题、疾病卫生问题、孩子上学问题"等等，这些看似不起眼的小事，恰恰是人们日常生活的大事。在日常生活世界里，我们日复一日、年复一年反复循环、始终关注的不就是柴米油盐、衣食住行等庸常琐事吗？而正是这些庸常琐事直接影响着人们研究、创作以及各种非日常工作的展开。由此看来，毛泽东对群众生活的重视，其实是对日常生活本体地位的看重，旨在说明，我们革命的中心任务不是为革命而革命，而是为改善群众的日常生活而革命。生活不仅是未来的，更是当下的，所以要关心群众当下的生活问题，改善和提升群众日常生活状况。如果革命者只是许诺未来蓝图，而对群众生活中的困难视而不见，置若罔闻，人民群众凭什么相信未来蓝图

---

① 《毛泽东选集》第 1 卷，人民出版社，1991，第 138~139 页。

会兑现，又怎么可能获得群众的认可和支持呢？这一点与马克思主义经典作家关注日常生活的理论旨趣是相一致的，对社会主义核心价值观日常生活化育的方式方法无疑具有重要的方法论意义。

其二，提出了群众路线。群众路线，就是一切为了群众，一切依靠群众，从群众中来，到群众中去，把党的正确主张变为群众的自觉行动。群众路线是毛泽东思想的重要内容之一，被誉为毛泽东思想的三个活灵魂之一。从本质上讲，群众路线是马克思主义关于"人民群众是历史创造者"这一基本原理在我们党的工作和活动中的运用和发展，与马克思主义"从实践中来，到实践中去"的认识论路线是一脉相承的。毛泽东指出："真正的铜墙铁壁是什么？是群众，是千百万真心实意地拥护革命的群众。这是真正的铜墙铁壁，什么力量也打不破的，完全打不破的"[1]；"群众是真正的英雄，而我们自己则往往是幼稚可笑的，不了解这一点，就不能得到起码的知识"[2]；"依靠民众则一切困难能够克服，任何强敌能够战胜，离开民众则将一事无成"[3]；"一切空话都是无用的，必须给人民以看得见的物质福利……我们的第一个方面的工作并不是向人民要东西，而是给人民以东西。我们有什么东西可以给予人民呢？就目前陕甘宁边区的条件说来，就是组织人民、领导人民、帮助人民发展生产，增加他们的物质福利，并在这个基础上一步一步地提高他们的政治觉悟与文化程度。为着这个，我们应该不惜风霜劳苦，夜以继日，勤勤恳恳，切切实实地去研究人民中间的生活问题，生产问题，耕牛、农具、种子、肥料、水利、牧草、农贷、移民、开荒、改良农作法、妇女劳动、二流子劳动、按家计划、合作社、变工队、运输队、纺织业、畜牧业、盐业等等重要问题，并帮助人民具体地而不是讲空话地去解决这些问题"[4]，等等。这些论述强调了人民群众的主体性地位和作用；坚持群众路线，就要坚持人民是推动历史发展的根本力量；坚持群众路线，就要坚持全心全意为人民服务的根本宗旨；坚持群众路线，就要保持党同人民群众的血肉联系。党的一切工作的成效，最终要以最广大人民根本利益为最高标准。

---

[1] 《毛泽东选集》第1卷，人民出版社，1991，第139页。
[2] 《毛泽东选集》第3卷，人民出版社，1991，第790页。
[3] 《毛泽东军事文集》第2卷，中央文献出版社，1993，第381页。
[4] 《毛泽东文集》第2卷，人民出版社，1993，第467页。

要把群众观点、群众路线深深植根于全党同志的思想中,真正落实到每个党员的行动上。"在我党的一切实际工作中,凡属正确的领导,必须是从群众中来,到群众中去。这就是说,将群众的意见(分散的无系统的意见)集中起来(经过研究,化为集中的系统的意见),又到群众中去作宣传解释,化为群众的意见,使群众坚持下去,见之于行动,并在群众行动中考验这些意见是否正确。然后再从群众中集中起来,再到群众中坚持下去。如此无限循环,一次比一次地更正确、更生动、更丰富。这就是马克思主义的认识论"[1]。这种关心群众生活、坚持群众路线的立场、原则和方法,说明培育和践行社会主义核心价值观也要深入群众日常生活,想群众所想,急群众所急,从问题出发,从群众关心的切身利益出发,调动最广大人民的积极性、主动性、创造性,充分发挥人民群众在践行社会主义核心价值观中的主导作用,是毛泽东思想留给我们培育和践行社会主义核心价值观的重要方法论。

(二)邓小平把切实提高人民生活水平作为判断一切工作是非得失的标准

"什么是社会主义、怎样建设社会主义",是以邓小平为代表的中国共产党人在领导改革开放和现代化建设过程中,首先需要确认和回答的基本理论问题。邓小平根据马克思主义的基本原理和社会主义的实践经验与历史教训,对这个问题进行了不懈探索,科学地、创造性地揭示了社会主义本质,提出了著名的"贫穷不是社会主义,社会主义要消灭贫穷,不发展生产力,不提高人民的生活水平,不能说是符合社会主义要求的"的科学论断。在谈到改革开放时,邓小平强调:"不坚持社会主义,不改革开放,不发展经济,不改善人民生活,只能是死路一条。"[2]在谈到社会主义本质时明确提出:"社会主义的本质,是解放生产力,发展生产力,消灭剥削,消除两极分化,最终达到共同富裕。"[3] 在谈到经济工作或市场经济时,总是反复强调要体现到"人民的生活水平上"。在此基础上,最终形成了"三个有利于"标准,即"要把是否有利于发展社会主义社会的生产力、

---

[1] 《毛泽东选集》第3卷,人民出版社,1991,第899页。
[2] 《邓小平文选》第3卷,人民出版社,1993,第370页。
[3] 《邓小平文选》第3卷,人民出版社,1993,第373页。

是否有利于增强社会主义国家的综合国力、是否有利于提高人民的生活水平作为判断一切工作是非得失的标准"。从以上诸多方面不难看出,无论是关于改革开放、市场经济建设,还是关于社会主义本质的探讨,邓小平同志始终把着力提高人民生活水平作为我们党一切工作的出发点和最终落脚点。这充分说明中国化马克思主义对广大人民日常生活的重视,说明以邓小平为代表的共产党人充分认识到了日常生活状况在国家意识形态建设中的重要地位和作用。

邓小平同志曾深刻指出:"群众关心的实际生活问题和时事政策问题,各级领导一定要经常据实讲解,告诉大家客观的情况以及党和政府所作的努力,并且对群众所反映的不合理现象及时纠正。群众从事实上感觉到党和社会主义好,这样,理想纪律教育,共产主义思想教育和爱国主义教育,才会有效"[1];"我相信人民的眼睛是雪亮的。现行政策只要一改变,人民生活肯定会下降。如果人民认为现行政策是正确的,谁要改变现行政策,谁就要被打倒"[2];"党的正确的路线、政策是从群众中来的,是反映群众的要求的,是合乎群众的实际的,是实事求是的,是能够为群众所接受、能够动员起群众的,同时又是反过来领导群众的,这就叫群众路线"[3]。这些论述进一步强调了群众生活和群众主体在党和国家工作中的重要地位和作用。社会主义建设的依靠力量是人民群众,人民群众是我们党的力量之源和胜利之本。同时,从这些论述中也可以看出,邓小平同志重视群众路线,坚持从群众中来,再到群众中去的工作方针。其实,从群众中来,到群众中去,实质是从群众的生活中来,再回到群众的生活中去。以解决群众日常生活中面临的实际问题为切入点,以切实提高人民群众的生活水平为宗旨,并将其作为评判一切工作是非得失的原则和标准,坚持不懈贯彻下去。如此一来,邓小平理论作为马克思主义中国化的理论成果,其直面生活底质、以人为本、全心全意为人民服务,为提高人民生活水平努力的立场、原则和方法,为社会主义核心价值观日常生活化育提供了重要遵循。

---

[1] 《邓小平文选》第3卷,人民出版社,1993,第144-145页。
[2] 《邓小平文选》第3卷,人民出版社,1993,第173-174页。
[3] 《邓小平文选》第1卷,人民出版社,1994,第287-288页。

（三）江泽民、胡锦涛对群众日常生活的重视

随着世界多极化、经济全球化的曲折发展以及我国改革开放和社会主义市场经济的深度推进，我们党执政的国际国内环境发生了深刻变化。在此时代背景下，建设一个什么样的党，怎样建设党，成为世纪之交的中国共产党面临的重大现实问题。经过长期思考，江泽民同志对这一问题进行了科学、系统的回答，提出了"三个代表"重要思想，即"中国共产党必须始终代表中国先进生产力的发展要求，代表中国先进文化的前进方向，代表中国最广大人民的根本利益"，这是对"三个代表"重要思想的集中概括。江泽民多次强调，"我们党来自人民，植根于人民，服务于人民。建设有中国特色社会主义全部工作的出发点和落脚点，就是全心全意为人民谋利益。共产党员要倾听群众呼声，关心群众疾苦，为群众办实事、办好事"[1]；"各级领导干部时刻都要把人民群众的安危冷暖放在心上，关心群众疾苦，努力为群众办实事、办好事。各级领导机关和领导干部，要特别关心那些工作和生活上暂时遇到困难的群众，把他们的事情摆上重要议事日程，重点考虑，重点解决，切实安排好他们的就业和生活。只有把关心群众、服务群众的工作切实做好了，我们才能始终保持与人民群众的血肉联系，才能无往而不胜"[2]；"关心群众，首先要关心困难群体的疾苦；为最广大人民谋利益，首先要为困难群体谋好利益，因为他们眼前最困难，最需要帮助。他们的困难如果解决不好，就会挫伤他们的积极性，而且可能产生影响人民团结和社会安定、甚至影响改革开放和现代化建设大局的种种问题。我们常常讲要标本兼治，标本兼治关键是治本。千方百计帮助困难群体摆脱困难，使他们安居乐业，就是一种很重要很紧迫的治本。这一点，各级领导机关和领导干部务必充分注意"[3]。这些论述说明，"三个代表"重要思想坚持把人民的根本利益作为出发点和归宿，时刻要把人民群众的安危冷暖放在心上，关心群众疾苦，努力为群众办好事、办实事。这一思想进一步揭示了人民群众在人类历史发展中的重要地位和作用，为我们党在代表中国最广大人民的根本利益，加强同人民群众的血肉

---

[1] 中共中央文献研究室编《十五大以来重要文献选编》（上），人民出版社，2000，第48页。
[2] 江泽民：《论"三个代表"》，中央文献出版社，2001，第162~163页。
[3] 江泽民：《论党的建设》，中央文献出版社，2001，第545页。

联系方面指明了方向，同时也为社会主义核心价值观回归群众日常生活、引领群众日常生活奠定了坚实基础。

新世纪新阶段，中国特色社会主义事业进入改革攻坚期、发展关键期和矛盾凸显期，世界也处在大发展大变革大调整之中，胡锦涛同志准确把握时代特征和中国国情，着眼于党和国家事业发展的全局，紧紧围绕建设中国特色社会主义这个主题，提出科学发展观，对我国经济建设、政治建设、文化建设、社会建设、生态建设以及党的建设等各方面建设面临的一系列重大问题，进行认真研究和回答，丰富、发展了中国特色社会主义理论体系。尤其是明确提出了决定中国特色社会主义发展方向的社会主义核心价值体系。胡锦涛指出："社会主义核心价值体系是根源于民族优秀文化和社会主义先进文化并吸收人类文明成果发展起来的，适应了时代发展要求，集中反映着当代中国人民的理想信念和精神追求，是我国社会主义文化的引领和主导。"① 马克思主义指导思想，中国特色社会主义共同理想，以爱国主义为核心的民族精神和以改革创新为核心的时代精神，社会主义荣辱观，构成社会主义核心价值体系的基本内容。它鲜明地回答了在新的历史条件下，我们党用什么样的精神旗帜团结带领全体人民开拓前进、中华民族以什么样的精神风貌屹立于世界民族之林的重大问题。胡锦涛同志还指出，建设社会主义文化强国，要"以建设社会主义核心价值体系为根本任务，以满足人民精神文化需求为出发点和落脚点"，"要把人民作为文艺的表现主体，着力歌颂人民生动实践、展示人民精神风貌，走到生活深处，走进人民心中，把艺术才干的增长、艺术表现能力的增强深深植根于生活、植根于人民，用人民创造历史的奋发精神哺育自己，从社会生活中汲取营养、挖掘素材、提炼主题，在人民的创造性实践中进行艺术创造、实现艺术进步"。② 从这些讲话中不难看出，胡锦涛同志非常重视社会主义核心价值体系的日常生活化育问题，并对社会主义核心价值体系向精神文化产品的创作生产、向群众的日常生活转化融入提出了明确要求和任务，为社会主义核心价值体系融入群众日常生活进而向人们的日常意识

---

① 胡锦涛：《在中国文联第九次全国代表大会、中国作协第八次全国代表大会上的讲话》，人民网：http://politics.people.com.cn/GB/1024/16350511.html，2018 年 5 月 12 日。
② 胡锦涛：《在中国文联第九次全国代表大会、中国作协第八次全国代表大会上的讲话》，人民网：http://politics.people.com.cn/GB/1024/16350511.html，2018 年 5 月 12 日。

和日常行为转化提供了具体指导。

（四）习近平关于社会主核心价值观日常生活化育的强调

十八大以来，习近平总书记关于培育和践行社会主义核心价值观发表了一系列重要讲话，并明确提出了社会主义核心价值观的日常生活化育问题，为社会主义核心价值观从理论形态、观念形态向人民群众的自觉意识和日常行为转化提供了具体遵循。

其一，明确提出了社会主义核心价值观的日常生活化育问题。培育和践行社会主义核心价值观，要落到实处，必须把社会主义核心价值观融入社会生活各个方面。习近平总书记明确指出："一种价值观要真正发挥作用，必须融入社会生活，让人们在实践中感知它、领悟它。要注意把我们所提倡的与人们日常生活紧密联系起来，在落细、落小、落实上下功夫。"[①] 这就需要把社会主义核心价值观的要求融入各种日常生活实践中，形成有利于培育和践行社会主义核心价值观的生活情景和社会氛围，利用各种时机和场合，让社会主义核心价值观的影响像空气一样无所不在、无时不有，让人们在日常生活实践中去感知它、领悟它，进而认同它、践行它。

其二，对社会主义核心价值观日常生活化育提出了具体要求和建议。习近平总书记在讲话中多次强调："要通过教育引导、舆论宣传、文化熏陶、实践养成、制度保障等，使社会主义核心价值观内化为人们的精神追求，外化为人们的自觉行动。"[②] 这一点实际上指出了社会主义核心价值观的日常生活化育需要多方着手，充分发挥教育、宣传、文化、实践、制度等的合力作用。在具体举措上，习近平总书记也给出了许多切实可行的意见和建议："要按照社会主义核心价值观的基本要求，健全各行各业规章制度，完善市民公约、乡规民约、学生守则等行为准则，使社会主义核心价值观成为人们日常工作生活的基本遵循"；"要建立和规范一些礼仪制度，组织开展形式多样的纪念庆典活动，传播主流价值，增强人们的认同感和归属感"；"要发挥政策导向作用，使经济、政治、文化、社会等方方面面政策都有利于社会主义核心价值观的培育。要用法律来推动核心价值

---

① 习近平：《习近平谈治国理政》，外文出版社，2014，第155页。
② 习近平：《习近平谈治国理政》，外文出版社，2014，第164页。

观建设。各种社会管理要承担起倡导社会主义核心价值观的责任，注重在日常管理中体现价值导向，使符合核心价值观的行为得到鼓励、违背核心价值观的行为受到制约"。① 总书记这些讲话蕴含丰富，为社会主义核心价值观日常生活化育提出了明确要求和具体遵循。

其三，提出了社会主义核心价值观日常生活化育的文化涵养问题。习近平总书记明确指出："中华文明绵延数千年，有其独特的价值体系。中华优秀传统文化已经成为中华民族的基因，根植于中国人内心，潜移默化影响着中国人的思维方式和行为方式"②；"今天，我们提倡和弘扬社会主义核心价值观，必须从中汲取丰富营养，否则就不会有生命力和影响力"③。经过漫长的历史沉淀和吸收转化，中华优秀传统文化已经深深植入人民群众的日常生活中，成为人们日常生活的人伦日用，深刻影响着中国人的精神世界。所以，培育和践行社会主义核心价值观，要深入挖掘中华优秀传统文化中蕴含的思想观念、人文精神、道德规范，结合时代要求和群众的生活实际，进行创造性转化与创新性发展，让中华优秀传统文化成为涵养社会主义核心价值观的重要之源。

其四，提出了社会主义核心价值观的精神化育问题。习近平总书记在党的十九大报告中指出："社会主义核心价值观是当代中国精神的集中体现，凝结着全体人民共同的价值追求。"在十三届全国人大一次会议上进一步指出，培育和践行社会主义核心价值观，还必须发扬中国人民在长期奋斗中培育、继承、发展起来的伟大民族精神，即"伟大创造精神、伟大奋斗精神、伟大团结精神和伟大梦想精神"④。这四种伟大民族精神，体现了中国人民特有的资质和禀赋，是中国人民在长期奋斗中孕育发展起来的，内含了中华民族特有的精神风骨和文化精髓。新时代，培育和践行社会主义核心价值观，要"大力弘扬以爱国主义为核心的民族精神和以改革创新为核心的时代精神，深入挖掘和阐发中华优秀传统文化讲仁爱、重民

---

① 习近平：《习近平谈治国理政》，外文出版社，2014，第165页。
② 习近平：《习近平谈治国理政》，外文出版社，2014，第170页。
③ 习近平：《习近平谈治国理政》，外文出版社，2014，第170页。
④ 习近平：《在第十三届全国人民代表大会第一次会议上的讲话》，新华网：http://www.xinhuanet.com/politics/2018lh/2018-03/20/c_1122566452.htm，2018年5月12日。

本、守诚信、崇正义、尚和合、求大同的时代价值"①，使中华民族的伟大民族精神和时代精神成为化育社会主义核心价值观的重要之泉。

第二节　社会主义核心价值观日常生活化育的思想资源

马克思对日常生活的关注尤其是马克思的异化理论、哲学批判精神以及日常生活的本体论思想对后来的西方哲学尤其是西方马克思主义学者产生了重大影响，基本上确定了西方马克思主义回归日常生活、批判日常生活的理论基调。

一　西方现代日常生活批判理论

在西方，日常生活作为一个哲学范畴，首先是由德国现象学家胡塞尔明确提出来的。他认为日常生活是一个前科学的、直观的、"实际地被直觉到的、被经验到和可被经验到"②的意义世界。继胡塞尔之后，以卢卡奇、列菲伏尔、赫勒、法兰克福学派等为代表的西方学者对日常生活展开了深入的研究和批判。他们对日常生活的关注和分析为社会主义核心价值观日常生活化育提供了重要的思想借鉴。

（一）卢卡奇：从物化理论到日常生活本体论

1. 卢卡奇的物化理论

卢卡奇被誉为西方马克思主义的鼻祖，他在继承马克思哲学异化理论的基础上，首开西方日常生活批判的先河，提出了著名的物化理论。卢卡奇认为，"物化"现象不是从来就有的，而是"现代资本主义的一个特有的问题"③。物化作为现代资本主义的产物，主要由两个方面的因素决定：一方面根源于商品结构的本质，即商品使得"人与人之间的关系获得物的性质，并从而获得一种'幽灵般的对象性'，这种对象性以其严格的、仿

---

① 习近平：《习近平谈治国理政》，外文出版社，2014，第164页。
② 〔德〕胡塞尔：《欧洲科学危机和超验现象学》，张庆熊译，上海译文出版社，1988，第61页。
③ 〔匈〕卢卡奇：《历史与阶级意识》，杜章智等译，商务印书馆，1992，第144页。

佛十全十美和合理的自律性掩盖着它的基本本质，即人与人之间关系的所有痕迹"①。也就是说，由于商品结构中的物的关系遮蔽了人的关系，从而使人由对物的追求导致人的物化现象；另一方面，物化现象是在"商品形式成为社会的基本形式"，而且"渗透到社会生活的所有方面，并按照自己的形象来改造这些方面"②时才出现的。换言之，在商品经济发展不充分的前资本主义社会，商品形式尚未成为社会的普遍形式，因而，不存在物化现象。在卢卡奇看来，物化现象作为现代资本主义社会的一种普遍现象，其本质是一种非人化，是"人自己的活动，人自己的劳动，作为某种客观的东西，某种不依赖于人的东西，某种通过异于人的自律性来控制人的东西，同人相对立"③。对此，卢卡奇从主、客观两个方面加以具体分析："在客观方面是产生出一个由现成的物以及物与物之间关系构成的世界（即商品及其在市场上的运动的世界），它的规律虽然逐渐被人们所认识，但是即使在这种情况下还是作为无法制服的、由自身发生作用的力量同人们相对立。……在主观方面……人的活动同人本身相对立地被客体化，变成一种商品，这种商品服从社会的自然规律的异于人的客观性，它正如变为商品的任何消费品一样，必然不依赖于人而进行自己的运动。"④简言之，物化在客观方面主要表现为商品及其客观规律成为异己的控制人的力量与人相对抗；在主观方面表现为人的商品化或人与自身相异化。卢卡奇通过对上述物化产生的根源、物化现象及物化后果的分析，实际上揭示了发达商品经济社会人与其创造物的对立，商品作为人的创造物反过来成为控制、支配人的力量与人相对抗。这一思想与马克思的劳动异化思想具有内在的一致性。

不过，卢卡奇对物化的分析并没有仅仅停留在物化现象、物化后果等表象层面，而是进一步深入到人的存在方式和活动方式中去寻找其内在根源。卢卡奇发现，根植于发达商品经济世界的物化结构不只是作为一种控制人的外在力量而存在，而且已经内化到人的思想和意识结构中，"正象资本主义制度不断地在更高的阶段上从经济方面生产和再生产自身一样，

---

① 〔匈〕卢卡奇：《历史与阶级意识》，杜章智等译，商务印书馆，1992，第143~144页。
② 〔匈〕卢卡奇：《历史与阶级意识》，杜章智等译，商务印书馆，1992，第145页。
③ 〔匈〕卢卡奇：《历史与阶级意识》，杜章智等译，商务印书馆，1992，第147页。
④ 〔匈〕卢卡奇：《历史与阶级意识》，杜章智等译，商务印书馆，1992，第147~148页。

在资本主义发展过程中，物化结构越来越深入地、注定地、决定性地沉浸入人的意识里"①，"渗进了人的肉体和心灵的最深处"②，形成物化意识。这种物化意识实际是人对物化现象和物化结构的一种自觉认同和服从意识。它使人自觉地、非批判地认同物化结构及其所依附的资本主义制度，并将其作为一种客观的、自然给定的东西加以遵从，从而，一方面使物化现象和物化结构得以巩固和加强，另一方面作为一种内在的精神力量支配着人的意识活动，使人面对物化境遇麻木不仁、无动于衷，进而丧失反抗、批判和超越的维度。在这里，卢卡奇对物化意识的分析，深化了马克思的劳动异化理论，揭示了发达资本主义国家无产阶级革命的重要条件——物化意识的克服和扬弃，无产阶级阶级意识的历史生成。

卢卡奇认为，要克服物化导致的片面化、碎片化状态，首要任务是恢复人的总体性意识。所谓总体性意识，即人的主体性意识，是人作为全面的、具体的、历史的主客统一体的自觉意识。在卢卡奇看来，这种总体性意识的生成有赖于无产阶级阶级意识的觉醒。而无产阶级的阶级意识不是从来就有的，它内在于无产阶级对自身阶级地位和历史使命的意识自觉和变革，"这种意识的改革就是革命过程本身"③；"只有在无产阶级意识到他们彼此之间以及他们和必然导致资本主义灭亡的过程之间的联系时，才能成为真正革命的战斗"④；而资产阶级也"只有先在意识形态上被制服以后，才会自愿地去为新社会服务"⑤。由此看来，无产阶级如何完成自身意识结构的转变，是个非常重要、非常紧迫的问题。对此，卢卡奇认为，要实现物化意识向无产阶级阶级意识的转变，必须从物化意识的存在根源上寻求出路。

2. 卢卡奇的日常生活本体论

面对物化导致的生存危机和现实困境，卢卡奇开始了从社会存在的本体论上找寻出路的探索。在《关于社会存在的本体论》中，卢卡奇通过对历史上哲学研究社会存在的四种方式——康德的方式、黑格尔的方式、旧

---

① 〔匈〕卢卡奇：《历史与阶级意识》，杜章智等译，商务印书馆，1992，第156页。
② 〔匈〕卢卡奇：《历史与阶级意识》，杜章智等译，商务印书馆，1992，第164页。
③ 〔匈〕卢卡奇：《历史与阶级意识》，杜章智等译，商务印书馆，1992，第347页。
④ 〔匈〕卢卡奇：《历史与阶级意识》，杜章智等译，商务印书馆，1992，第346页。
⑤ 〔匈〕卢卡奇：《历史与阶级意识》，杜章智等译，商务印书馆，1992，第355页。

唯物主义的方式和宗教的方式——的批判性分析，认为，只有马克思主义的本体论思想才能使哲学真正回到存在的基础上来。虽然马克思没有就本体论问题进行专门论述，但是，"马克思的批判是一种本体论的批判"①，马克思的相关论述在最终意义上都是一种本体论的论述。由此出发，他依据马克思关于个体再生产与社会再生产的划分，认为社会存在的首要前提是实践，只有从"真实的、合乎存在特性"的实践以及实践的前提、基础、结果等本体论研究出发，才能现实地理解社会存在。这说明，在卢卡奇看来，实践（或自由自觉的劳动）具有首要的本体论意义。就个人再生产而言，卢卡奇认为，个体生命的再生产对于个人的任何一种实践而言都具有本体论上的优先性。在这里，个体生命的生产与再生产领域其实就是我们所说的日常生活领域。由此，除了对实践进行本体论分析以外，卢卡奇将更多的关注放在对日常生活的本体论考察上。为此，他指出："如果不到人们的日常生活的最简单的事实当中去寻找对社会存在进行本体论考察的第一出发点，那就不可能进行这样的考察。"②

在肯定日常生活本体论地位的基础上，卢卡奇进一步分析了日常思维的本体性。他在《审美特性》的开篇便开宗明义地指出，相较于科学、艺术等意识形式，人的日常生活态度即日常思维是第一性的。"人们的日常态度既是每个人活动的起点，也是每个人活动的终点。这就是说，如果把日常生活看作是一条长河，那么由这条长河中分流出了科学和艺术这样两种对现实更高的感受形式和再现形式。"③ 它们既源于社会生活的需要，又通过对社会生活的影响而重新注入日常生活的长河，从而再由日常需要生发出新的更高的对象化形式。就这样，"只有由人类生活的发生、发展、内在规律性及其根源的动态关系中，才能推导出人对现实进行科学反映和艺术反映的特殊范畴和结构"④。可见，日常思维的本原性，它不仅是科学、艺术、哲学等意识形态的生发基础，而且作为人类精神的原生态支撑着人们的精神世界。除了本体论上的先在性之外，日常思维还具有直接

---

① 〔匈〕卢卡奇：《社会存在本体论导论》，沈耕等译，华夏出版社，1989，第33页。
② 〔匈〕卢卡奇：《关于社会存在的本体论》（上），白锡堃等译，重庆出版社，1993，第4页。
③ 〔匈〕卢卡契：《审美特性》，徐恒醇译，中国社会科学出版社，1986，第1页。
④ 〔匈〕卢卡契：《审美特性》，徐恒醇译，中国社会科学出版社，1986，第2页。

性、自在性、重复性、实用性等特征。这主要表现在，人们处理日常事务时往往是"没有意识到这一点，但却这样做了"，其实质是日常思维的惯性使然。正是由于日常思维具有这样的特征，才使得物化和物化意识成为可能。所以，克服、扬弃物化意识，唤起无产阶级的阶级意识，必须从对日常生活和日常思维的批判开始。

事实上，卢卡奇对日常生活、日常思维的批判与对物化、异化的批判是结合起来进行的。在他看来，日常生活是沟通个人与社会、经济基础与思想上层建筑的重要中介，也是物化导致的各种异化的聚集地，可以说，几乎任何一种异化都可以从它与日常生活的关系中揭示出来。换言之，当代资本主义社会异化的主要表现是对日常生活的普遍控制，这种异化形式已明显不同于马克思所揭示的那种非人的、残酷的劳动异化，而是一种建立在丰裕的物质生活和充裕的闲暇等基础上的人们自愿服从的新的异化形态：它一方面使人在日益丰富的物质文化需求与满足中屈从于对商品或物的追求和崇拜；另一方面，通过一套精心设计的文化模式和传播媒介将人们的日常生活和全部闲暇纳入资本主义所鼓吹的休闲、消费和享乐中，使人们在愉悦的文化享受和舒适的物质享乐中逐渐丧失反抗意识、批判意识和超越意识。由此看来，当代资本主义的异化很大程度上是一种意识形态现象。资本主义意识形态通过无所不在、无孔不入的渗透和覆盖使人们深陷在物化和异化的日常生活中无法自拔，并对此安于现状，无批判地认可和接受。面对这种情况，卢卡奇认识到："任何一种异化，不论其存在是何等坚实地取决于经济，但若没有意识形态的形式为中介，它是永远都不能够得到相应的发展的。"[①] 而"要从本质、现实性、演变方向等等方面对某种意识形态现象进行考察，那就不能无视日常生活的本体论问题"[②]。由此，反对物化、异化的斗争与日常生活批判具有内在的一致性。既然资本主义异化主要表现为一种意识形态的异化，而这种意识形态的异化又以日常生活为中介，那么，反对资本主义物化、异化的斗争首先应该从日常生活的意识形态革命开始。只不过，晚期的卢卡奇对这场革命的目标和任务

---

① 〔匈〕卢卡奇：《关于社会存在的本体论》（下），白锡堃等译，重庆出版社，1993，第811页。
② 〔匈〕卢卡奇：《关于社会存在的本体论》（下），白锡堃等译，重庆出版社，1993，第681页。

的认识发生了变化,在他看来,在这场革命中起主导作用的已不是无产阶级的阶级意识,而是超越自身局限性和"自在的合类性"的个人完整个性的形成。原因在于,当今时代,物化和异化对个人的最大影响是——人的真正的自由和全面发展面临空前的威胁,因此,要改变当下人们安于现状的这种自在的、无批判、无反抗的生存状态,仅靠无产阶级的阶级意识是很难将全体劳动群众组织和凝聚起来的,于是,强调人的个性的发展,激发每个社会成员反异化的革命意识和斗争热情成为当前意识形态批判和日常生活批判的主要任务。

以上是卢卡奇从物化理论、物化意识出发,经由日常生活、日常思维的本体论分析,再到日常生活批判的内在逻辑结构和理论发展脉络。从中不难发现,作为西方马克思主义主要创始人之一的卢卡奇对马克思主义的继承和发展:首先,他继承、发展了马克思的异化理论和批判理论,把马克思对资本主义的政治经济批判拓展到以人的生存境遇为主要关注点的文化批判上,并对现代资本主义社会的物化现象和物化意识进行了深刻的揭示和批判,赋予马克思的异化理论以新的内涵。其次,卢卡奇继承并发展了马克思哲学的本体论思想,在肯定社会存在本体论的基础上,突出强调了日常生活作为沟通个体生产与社会再生产的中介,在本体论上的优先地位,为后来的日常生活批判理论奠定了重要基础。最后,卢卡奇把对物化、异化的批判与对日常生活、日常思维的批判统一起来,特别指出了日常生活是物化、异化的本体论根据,主张从根本上即从日常生活、日常思维的变革上来扬弃物化和异化,这实际上把宏观的社会革命与微观领域的意识形态革命结合起来,对现代社会的文化批判和革命实践具有深刻启迪。

当然,在肯定卢卡奇日常生活批判理论重大价值的同时,也不能忽视其片面性和局限性:其一,卢卡奇虽然看到了物质生产实践的决定性作用,但是并没有将其作为克服异化的重要力量来加以发挥;其二,卢卡奇主张通过日常生活的意识形态革命来推动人类解放,片面夸大了意识批判的作用;其三,他没有看到物化及其扬弃的历史性,希望通过无产阶级阶级意识的觉醒和人的个性发展来实现人的解放,显然是有违历史发展规律的。

(二)法兰克福学派对日常生活的批判

法兰克福学派是一个以社会批判理论为基点和宗旨的学术团体。从严格意义上讲,法兰克福学派并没有形成系统的日常生活批判理论,但是他们对发达工业社会技术理性、大众文化、资本主义意识形态笼罩下的现代生存方式的批判,基本上都是以对资本主义日常生活各种异化现象的批判为基础的。

1. 技术理性对日常生活的操控

如果说马克思主要是以劳动异化为主题来分析、批判资本主义政治经济制度,那么,技术理性批判则是法兰克福学派重要且不可或缺的批判维度。自20世纪以来,科学技术在现代工业大发展的推动下,以前所未有的速度和力量改变着人类的生存面貌;与此同时,作为科学技术内在本质精神的技术理性的高歌猛进,也使人类面临着被物化或异化的生存困境。在这一时代背景下,西方哲学界掀起了声势浩大的技术理性批判思潮,法兰克福学派便是其中一支重要的批判力量。法兰克福学派关于技术理性批判的核心观点是:在发达工业社会中,科学技术不仅是第一位的生产力,而且作为一种新的意识形态,已渗透到社会生活的方方面面,发挥着为现行统治辩护的政治功能。

这主要体现在霍克海默、马尔库塞等人的思想中。作为法兰克福学派的创始人,霍克海默在与阿多诺合著的《启蒙辩证法》的开篇便开宗明义地指出:"从进步思想最广泛的意义来看,历来启蒙的目的都是使人们摆脱恐惧,成为主人。但是完全受到启蒙的世界却充满着巨大的不幸。"[1]何以至此呢?在他们看来,这一不幸主要体现在技术理性对人自身及其生活世界的控制上。首先,他们指出,过去的启蒙在于消除神化,使世界清醒,以确立人对自然的统治,然而,人类征服自然的结果,并没有使人成为自然的真正主人,相反,人的主体性力量的无限扩张反而使人的日常生活世界面临空前的灾难——"人类进行毁灭的能力是如此之大,如果这种毁灭力实现了,整个地球就会成为一片空地。或者人类自身相互吞尽,或者人类食尽地球上全部动物和植物,如果地球符合一种著名的论断还有足够的生命力的话,万物就会从最低级的阶段重新开始"[2]。其次,他们看

---

[1] 〔德〕霍克海默、阿多诺:《启蒙辩证法》,洪佩郁等译,重庆出版社,1990,第1页。
[2] 〔德〕霍克海默、阿多诺:《启蒙辩证法》,洪佩郁等译,重庆出版社,1990,第213~214页。

到，技术理性不仅使人与其日常生活的客观环境即自然相异化，而且使人与人相异化，使日常生活中人的关系变成物的关系，以致"他们只知道，他们是从哪里来的，以及他们要做什么。每个人都是一个材料，某种实践的主体或客体，人们可以用他来做什么事，或者不能用他来做什么事"①。在这样一种异化关系中，日常生活主体逐渐由一种创造性存在沦为被动的、机械性存在，机械性活动"使事物具有了灵魂，工业化主义使灵魂物化了"，这一物化"一成不变地渗入了社会生活的各个方面"。② 最后，霍克海默和阿多诺发现，技术理性一定程度上增强了人的本质力量，但并没有真正实现人的普遍自由，相反，技术愈来愈成为一种总体性的统治力量，扼杀着人的自由和个性。在他们看来，"今天，技术上的合理性，就是统治上的合理性本身。它具有自身异化的社会的强制性质。汽车、炸弹和电影，除非它们之中所含的因素表现出非法的力量，否则它们都会联结为一个整体"③，作为一种新的总体性的统治力量渗透到人类日常生活与非日常生活的方方面，从而实现对人及其生活世界的全面操控。

在霍克海默和阿多诺的技术理性批判基础上，法兰克福学派的另一重要代表人物马尔库塞进一步对技术理性统治下人的生存境遇等问题进行了深入批判。他认为，科学技术对人类日常生活具有双重作用：一方面，科学技术和科学的分工、管理大大提高了政治、经济、文化事业的生产率，提高了人们的生活质量和水平；另一方面，"科学—技术的合理性和操纵一起被熔接成一种新型的社会控制形式"④，为科学技术的破坏性和压制性开脱和辩护。这意味着，"如今，统治不仅通过技术而且作为技术来自我巩固和扩大；而作为技术就为扩展统治权力提供了足够的合法性"⑤。说明当今时代，技术理性不仅改变了人类的物质生活条件，而且作为新的统治形式控制着人的整个生活世界。这样一来，在科学技术造就的日益富足的日常消费世界里，在技术理性导致的新的统治秩序中，人的生存、生活方

---

① 〔德〕霍克海默、阿多诺：《启蒙辩证法》，洪佩郁等译，重庆出版社，1990，第241页。
② 〔德〕霍克海默、阿多诺：《启蒙辩证法》，洪佩郁等译，重庆出版社，1990，第24页。
③ 〔德〕霍克海默、阿多诺：《启蒙辩证法》，洪佩郁等译，重庆出版社，1990，第113页。
④ 〔美〕赫伯特·马尔库塞：《单向度的人——发达工业社会意识形态研究》，刘继译，上海译文出版社，2008，第117页。
⑤ 〔美〕赫伯特·马尔库塞：《单向度的人——发达工业社会意识形态研究》，刘继译，上海译文出版社，2008，第126页。

式出现了新的异化,即一种自愿的、舒适的、享乐的异化——人们在需求、欲望不断满足的日常消费体验中,心甘情愿地投入科学技术和技术理性导致的物化生活方式中——从而使人作为一种创造性存在所应具有的否定性和超越性被技术理性所消解,人也随之沦为单向度的人,人的生活成为单向度的生活。

总体上看,法兰克福学派对技术理性统治下人的日常生活异化状况的揭示和批判,对于唤起人们的否定意识和反抗意识,具有一定的积极作用。然而,遗憾的是,法兰克福学派的技术理性批判仅仅停留在科学技术和技术理性本身,忽视了对技术理性批判的合法性基础、目的等基本问题的考察。

2. 大众文化对日常生活的控制

从广义上看,法兰克福学派对发达工业社会技术理性、大众文化、资本主义意识形态笼罩下的日常生活的批判都属于文化批判。这主要是从广义的文化概念——文化是指与自然相对的一切人造物,如政治、经济、宗教、科学、技术、哲学、艺术等——出发。这里的大众文化是一种狭义的文化,即作为艺术或审美形式的文化。法兰克福学派认为,文化,尤其是作为艺术或审美形式的文化,是最能彰显人的自由意志、最能充分发挥人的创造性的领域,然而,在发达工业社会中,随着科学技术以及大众传播媒介的发达,文化在大众化、普及化过程中,逐渐丧失了创造性和超越性的维度,异化为欺骗人、控制人的工具。这一异化在日常生活中主要表现为,文化不再是人的自由与创造性本质的体现,而成为日常生活中一种可大量复制的商品或消费品。表面上看,作为商品形式的大众文化能够最大限度地满足人们的不同文化需求,但实际上,人们在消费大众文化的过程中也不自觉地完成了对资本主义意识形态的认同。换言之,大众文化在这一过程中实际发挥着欺骗、操控日常生活主体的功能。这一点正是法兰克福学派大众文化批判的主旨所在。

霍克海默和阿多诺在《启蒙辩证法》中用了很多笔墨来揭露大众文化的欺骗性。他们首次提出了"文化工业"的概念,即凭借现代科学技术手段和大众传播手段大规模复制、生产、传播大众文化产品的娱乐工业体系。从本质上看,文化工业与大众文化内涵相似。文化工业是制作、传播大众文化的手段和载体,大众文化是借助文化工业体系尤其是大众传播媒介而流行于大众中的通俗文化。它通过迎合人们日常劳作的疲惫心态和享乐需求，使人们沉浸在无思想的娱乐消遣中，从而逐渐丧失反抗性和超越性。如霍克海默和阿多诺所言："文化工业通过不断地向消费者许愿来欺骗消费者。它不断地改变享乐的活动和装潢，但这种许诺并没有得到实际的兑现，仅仅是让顾客画饼充饥而已。需求者虽然受到琳琅满目、五光十色的招贴的诱惑，但实际上仍不得不过着日常惨淡的生活。同样地，艺术作品也不能兑现性爱。但是由于艺术作品把不能兑现的东西表现为一种消极的东西，它就似乎贬低了欲望，从而对不能直接满足欲望要求的人，是一种安慰。"① 也就是说，现代文化工业或大众文化通过向人们提供越来越多的娱乐消费品，使人们辛苦劳作一天的疲惫身心在娱乐中得以休息和放松，从而忘记一切现实的烦恼。然而，"这种享乐是以无能为力为基础的。实际上，享乐是一种逃避，但是不像人们所主张的逃避恶劣的现实，而是逃避对现实的恶劣思想进行反抗。娱乐消遣作品所许诺的解放，是摆脱思想的解放，而不是摆脱消极东西的解放"②。由此，大众文化通过垄断人们的文化生活而使人们逐渐丧失批判性和超越性，在对现存的认同和现实逃避中实现对日常生活主体的欺骗和操控。

在发达工业社会中，大众文化对日常生活的控制是无所不在、无孔不入的。几乎没有人的日常生活不被大众文化所充斥，个人也很难抗拒大众文化的操纵和塑造。对此，霍克海默和阿多诺认为："工业社会的力量对人们发生的影响，是一劳永逸的。文化工业的产品到处都被使用，甚至在娱乐消遣的状况下，也会被灵活地消费。但是文化工业的每一个产品，都是经济上巨大机器的一个标本，所有的人从一开始起，在工作时，在休息时，只要他还进行呼吸，他就离不开这些产品。没有一个人能不看有声电影，没有一个人能不收听无线电广播，社会上所有的人都接受文化工业品的影响。文化工业的每一个运动，都不可避免地把人们

---

① 〔德〕霍克海默、阿多诺：《启蒙辩证法》，洪佩郁等译，重庆出版社，1990，第130~131页。
② 〔德〕霍克海默、阿多诺：《启蒙辩证法》，洪佩郁等译，重庆出版社，1990，第135~136页。

再现为整个社会所需要塑造出来的那种样子。"① 说明大众文化通过其工业化生产体系和消遣娱乐功能无所不在地操控着人们的日常生活，人们对这一操控虽然可以表达不满，但却无法抗拒，无法超越，只能顺应地沉浸于其中。文化工业或大众文化对日常生活的这种无所不在的控制以及人们对这一操控的反抗无效状态，充分反映了发达资本主义社会中人的异化的严重性，人们不仅承受着传统政治、经济力量的制约和统治，而且面临着文化异化导致的日常生活的全面异化，其实质是人的本质的深层次异化。因此，法兰克福学派主张，要克服大众文化对日常生活的异化，必须扬弃人的本质的异化，恢复人的自由和超越性，以恢复文化或艺术的个性和创造性本质，从而使日常生活走出大众文化操控的牢笼，走向审美化和艺术化。这对于克服大众文化对日常生活的控制无疑具有重要意义。

3. 资本主义意识形态对日常生活的统治

上述关于技术理性、大众文化对日常生活操控的批判在一定程度上揭示了资本主义意识形态对日常生活的统治。在法兰克福学派那里，他们对意识形态外延的理解是非常宽泛的，几乎一切与真理相对的东西如科学、技术、文化、艺术、心理、信仰、宗教等，在他们看来，都具有意识形态的特征，都可以称之为意识形态。从意识形态的内涵上讲，法兰克福学派认为，虚假性是一切意识形态的固有特性。一切意识形态都是统治阶级为维护其阶级利益而虚构或杜撰出来的，其目的是掌控人们的思想，控制人们的生活。意识形态的虚假性决定了其主要功能是美化现实生活，为现存做辩护。这一辩护功能主要通过思想宣传、科学技术、大众文化等方式广泛地渗透于社会生活尤其是日常生活中，并内化为人们习以为常的生活方式，从而消解人们的反抗意识和批判意识，实现人们对资本主义意识形态的认同。

首先，资本主义意识形态通过向人们提供自认为舒适的日常生活来实现对日常生活的统治。意识形态具有用幻想来消解对抗的意识因素和功能，其结果是向人们提供了一种美好、和谐的假象，使明明生活在现实苦难和对抗社会中的人们误以为自己生活在一个理想的世界。所以，法兰克

---

① 〔德〕霍克海默、阿多诺：《启蒙辩证法》，洪佩郁等译，重庆出版社，1990，第118页。

福学派公开斥责意识形态是"虚假的谎言""大众的欺骗""迷惑大众的工具"等。霍克海默和阿多诺指出:"今天,意识形态所描述的完美无缺的定在,越是严重地带有必要的苦难,它就会发生巨大的、辉煌的和强有力的作用。"① 换言之,今天的意识形态具有巨大的蒙蔽作用,它通过一套以消费、娱乐、安逸为目的的日常生活样态的设计和宣扬,使人们沉浸于日常消费和纵情享乐中,以此掩饰资本主义社会的内在危机,实现其欺骗和辩护功能。

其次,资本主义意识形态对日常生活的统治还体现在它的操纵功能上,即主要通过科学技术、技术理性的延伸和大众文化等手段来操纵人们的日常生活。这一点前已述及,在此不再赘述。总体上看,法兰克福学派关于意识形态的批判,超越了传统意识形态批判的宏观视角(即往往着眼于政治经济层面的宏观分析),深入到日常生活以及人的存在方式等微观层面,因而其批判较之以往更为彻底和深刻,无论是对于日常生活的提升还是实现人的真正解放都具有深远意义。

(三) 列菲伏尔的日常生活批判理论

列菲伏尔是西方马克思主义的重要代表人物之一,他明确提出并全面阐释了日常生活批判理论。以他的两部代表著作《日常生活批判》和《现代世界的日常生活》为依据,列菲伏尔的日常生活批判理论主要包括日常生活批判的理论来源、日常生活概念的理解、现代日常生活的全面异化及批判等内容。

列菲伏尔的日常生活批判理论首先源自对马克思异化理论、批判理论的继承和发展。他将经典马克思主义关于人的劳动和政治的解放改造为人的日常生活的批判和解放。在他看来,"经济和意识形态只有在发生革命危机的时刻才能提高到政治意识的水平。……这时,社会生活、社会实践、阶级意识中的一切因素都凝结在政治生活上。除了这些时刻以外,社会实践、社会生活的各个方面基本上是相互分离甚至分道扬镳的。经济与政治的关系尤其如此。这时,日常生活的意识形态,一方面已经把经济现实、政治上层建筑、阶级意识等政治意识包容起来,另一方面又将它们遮

---

① 〔德〕霍克海默、阿多诺:《启蒙辩证法》,洪佩郁等译,重庆出版社,1990,第142~143页。

蔽起来，所以，一定要撕破日常生活的面纱才能接触真相。这一面纱总是在日常生活中产生，并且把日常生活的更深刻的本质隐藏起来"[1]。由此看来，日常生活中的人也不只是经济人、政治人、技术人、理性人等，更是日常生活的主体。日常生活的异化导致人的深层异化。所以，实现人的最终解放就不能仅仅停留在政治、经济领域，而必须落实到日常生活中来。他主张通过日常生活批判来变革现有的日常生活方式，变革日常生活中的传统习俗、价值观念和思想意识，把人从单面的、异化的生活状态中解放出来，从而实现人向"总体的人""全面的人"的复归。这是现代日常生活批判的使命所在。

那么，究竟什么是日常生活呢？就连被誉为"西方日常生活批判第一人"的列菲伏尔也没有给出明确的界定。他只是对日常生活及其特征做了大量的描述，如"日常生活是由重复组成的"，"日常生活是生计、衣服、家具、家人、邻居、环境等可以称之为物质文化"，"日常生活在某种意义上是一种剩余物，即它是被所有那些独特的、高级的、专业化的结构性活动挑选出来用于分析之后所剩下来的'鸡零狗碎'……日常生活与一切活动有着深层次联系，并将它们之间的种种区别与冲突一并囊括于其中。日常生活是一切活动的汇聚处、纽带和共同根基"[2]。从上述描述中可以看出，日常生活是一个重复性的实物化的日常物质生活过程，是人的一切社会活动和社会关系的萌生地，各种非日常生活诸如经济基础、上层建筑等都是建基于日常生活之上，并通过向日常生活转化来实现其价值和功能。同样，作为社会生活的主体——人也是在日常生活中被塑造和产生出来的。在这里，列菲伏尔实际上和卢卡奇一样，将日常生活视为人类社会存在和历史发展演进的本体论基础。

在此基础上，列菲伏尔进一步指出了日常生活对于哲学研究的重要意义。他认为，日常生活不是某一个人、某个哲学家研究的专题，而是每一个人的事情，是每个人每天都生活于其中的日常定在。传统哲学一直将日常生活拒之门外，认为日常生活是平庸的、非哲学的、没有意义的，不能

---

[1] Henri Lefebvre, *Critique of Everyday Life*, Volume I, London and New York: Verso, 1991, pp. 66-67. 另参见吴宁《日常生活批判》，人民出版社，2007，第159页。
[2] 参见吴宁《日常生活批判》，人民出版社，2007，第163~165页。

作为哲学的研究对象，这种做法是很消极、很危险的。在他看来，割裂的哲学与日常生活都有其各自的局限，只有将二者结合起来，即将日常生活纳入哲学的研究视野，才能抵消各自的局限。因此，他主张建立对现代日常生活进行批判的哲学，解决办法是，"尝试建立日常生活的清单和分析，以便揭示日常生活的歧义性——它的基础性和丰富性，它的贫乏和丰饶，用这种非正统的方式可以解放出作为日常生活内在组成部分的创造力"①。

换言之，日常生活批判就是要按照日常生活的本来面目去分析它，而不是一味改造它，同时要研究其积极因素和消极因素，要揭示现代日常生活的新问题、新矛盾，尤其是现代日常生活异化导致的人性的分裂和矛盾，如城乡的分裂、体力与脑力的分裂、个人与社会的分裂等。也就是要用"一种普遍而具体的方式，辩证地来思维异化概念，这也就是说，在它的普遍性的广度上加以规定，并在日常生活的细节中来理解它"②。由此不难看出，列菲伏尔日常生活批判的实质，是主张将宏观领域的政治经济变革与微观领域的日常生活批判结合起来，尤其是通过微观的主观革命对人们的日常生活方式、价值观念等进行变革，将日常生活批判放到社会变革的位置上，来推进人的解放。正如列菲伏尔在《日常生活批判》第一卷中所言："我们的目标是寻找一条让日常生活上升到历史与政治生活高度的通道，今天我们则必须实行一项长期的战略规划，以回答如何可能对日常生活进行一种深刻彻底的变革"；"我们需要从历史政治的宏观角度，也需要从日常生活的微观角度研究现代性。这是两个互相不能取代的视野"。③列菲伏尔主张将社会宏观革命与微观变革结合起来，将日常生活批判作为现代资本主义变革的中心的思想有点天真和幻想，但是，他重视日常生活的微观革命，强调一定要把宏观的社会变革贯彻到日常生活中去的做法，对于实现人的自由和解放，对于推进日常生活的变革与重建具有重要意义。

---

① 衣俊卿：《理性向生活世界的回归》，载李小娟主编《走向中国的日常生活批判》，人民出版社，2005，第36页。
② 陈学明等编《让日常生活成为艺术品——赫勒、列菲伏尔论日常生活》，云南人民出版社，1998，第55页。
③ 参见刘怀玉《现代性的平庸与神奇》，中央编译出版社，2006，第225页。

(四) 赫勒的日常生活分析与批判理论

阿格妮丝·赫勒是东欧新马克思主义的重要代表人物之一，同时也是布达佩斯学派的重要代表。她的代表作《日常生活》是迄今有关日常生活的较为系统完整的论著。她克服了传统马克思主义重视宏观经济分析和阶级分析的单一视角，从微观结构入手探索社会民主化和人道化的途径，对自在的日常生活领域进行了全面的分析与批判。

首先，关于日常生活的界定。赫勒在《日常生活》的开篇便开宗明义："如果个体要再生产出社会，他们就必须再生产出作为个体的自身。我们可以把'日常生活'界定为那些同时使社会再生产成为可能的个体再生产要素的集合。"[①] 在这里，赫勒主要是从个体与社会关系的角度来诠释日常生活的。然而，将日常生活界定为"个体再生产的集合"，未免有点抽象，无法使人明确地了解日常生活的内涵。于是，赫勒进一步对日常生活展开现象学的分析，她发现，日常生活包括可变的与不变的两部分，其中相对不变的部分同自然领域中自在的、给定的存在物一样，具有一定的自为性和自在性。于是，她借用马克思和卢卡奇的"对象化"和"类本质"两个范畴，进一步将日常生活界定为"自在的类本质对象化"领域。

从日常生活的定义出发，赫勒进一步强调了日常生活在人类社会和历史发展中的本体论地位。其一，日常生活是个人及社会存在的基础。赫勒指出，一方面，"在日常生活中，个人以多种形式使自身对象化"[②]，并通过塑造其日常生活来塑造自身；另一方面，个人只有通过再生产自身才能再生产社会，作为日常生活本质体现的个体再生产是社会存在和社会再生产的原始动力。其二，日常生活是各种非日常生活的基础。赫勒将人类社会结构划分为三个层次：基础领域即日常生活领域，最高领域是人的自为的对象化领域，即科学、艺术、哲学等领域，介于二者之间的是"自在自为的对象化领域"，即社会、经济、政治等诸制度化领域。在赫勒看来，日常生活领域是其他各非日常生活领域存在的基础，没有它，人类就不可能存在，只有在日常生活的基础上，其他各领域才能建立并发展起来。其三，日常生活是人性发展和社会变革的基础。赫勒认为，社会生活中的每

[①] 〔匈〕阿格妮丝·赫勒：《日常生活》，衣俊卿译，重庆出版社，2010，第3页。
[②] 〔匈〕阿格妮丝·赫勒：《日常生活》，衣俊卿译，重庆出版社，2010，第6页。

个个体都是特殊的，都是带有一定的先天禀赋来到世界，同时，又都具有一定的个体性。人的"个性的统一性总是在日常生活之中并为日常生活所建立"①。说明人性的发展也是以日常生活为基础并从中一步步磨练出来的。此外，日常生活还是社会变革的基础，"正是从日常生活的冲突之中产生出更大的总体性社会冲突，必须为在这些冲突中产生的问题寻找答案，而这些问题一旦得到解决，它们马上就会重新塑造和重新建构日常生活"②。所以，赫勒把日常生活看作历史潮流的基础，日常生活的变革和发展不断推动着社会的变革和进步。其四，日常生活还为人们提供了安全感、舒适感、亲近感和"在家"的感觉，是人类生存发展的意义支点和精神家园。

日常生活之所以构成人类社会存在发展的本体论基础，与其自在自发的特质密切相关。赫勒主要从五个方面分析了日常生活作为自在的类本质对象化领域的五个特征：第一，日常生活具有重复性，是以重复性思维和重复性实践为基础的对象化领域；第二，日常生活具有规范性，是以给定的规则、规范为准绳并理所当然遵循的活动领域；第三，日常生活具有经验性，模仿和类比在日常生活中发挥着重要作用；第四，日常生活具有实用性，坚持以最少投入换最大产出为行动准则；第五，日常生活具有情境性，日常语言、日常规则、习惯都是和特定情境联系在一起的。③ 日常生活的这些特征说明，日常生活是一个由特定的语言、习惯、对象等规则体系维系的，以重复性思维和重复性实践为基础的自在的对象化领域。但是，从另一方面看，这些特征也说明日常生活具有一定的保守性和惰性，不利于个体个性和创造性的发挥。

为此，赫勒提出了日常生活批判的任务和宗旨——不是一般地抛弃或放弃日常生活的基本结构和一般图式，而是使之人道化，即扬弃日常生活异化和自在化特征。在她看来，日常生活人道化的核心和实质是使日常生活主体由自在存在变为自由、自觉的自为存在，通过日常生活主体的转变来改造日常生活的自在性，使个体的再生产由自在、自发状态变为自由、

---

① 〔匈〕阿格妮丝·赫勒：《日常生活》，衣俊卿译，重庆出版社，2010，第7页。
② 〔匈〕阿格妮丝·赫勒：《日常生活》，衣俊卿译，重庆出版社，2010，第49页。
③ 〔匈〕阿格妮丝·赫勒：《日常生活》，衣俊卿译，重庆出版社，2010，第8~11页。

自觉的"为我"存在。用赫勒的话说——"日常生活如何能在人道主义的、民主的和社会主义的方向上得以改变"①——是日常生活批判的宗旨所在。

综上所述，20世纪西方马克思主义的日常生活批判理论，第一次明确将日常生活作为哲学、社会科学的研究对象，充分肯定了日常生活的本体性地位和作用，并对现代日常生活的全面异化和传统日常生活的活动图式等进行了深刻的剖析和批判，大大拓展了哲学研究的视野，拓宽并深化了人们关于人类社会结构、人类文明建设以及社会进步内在机制的研究，为当代中国日常生活世界的顺利转型和社会主义核心价值体系认同向日常生活转化提供了丰富的思想资源和理论借鉴。然而问题是，"他们的生活世界理论并不着眼于解决人的生活问题，与人的生存和发展没有直接关系"②，而且他们的理论不是将日常生活作为先验的世界、意识的世界或语言的世界（如胡塞尔、海德格尔等），就是将日常生活作为异化的聚集地，而不加区分地大肆否定和批判。客观上讲，这是有失偏颇的。日常生活并不必然是异化的领域，其实质是人的类本质的对象化领域。现代西方日常生活的异化是资本主义政治、经济、社会制度等多方面因素造成的。也就是说，日常生活的异化一定意义上是可以避免的。如何避免日常生活的异化，使其沿着社会主义的、人道化的方向发展，是我们研究西方日常生活批判理论的目的所在，也是社会主义核心价值体系认同向日常生活转化的主旨和目标。

二 中国传统日常生活批判理论

在我国，"日常生活"是个植入性概念。虽然我国传统文化一直很强调对现实生活的关注，但将日常生活作为一个独立的学术范畴加以探讨，主要受西方现代哲学研究范式的影响。改革开放以后，随着西方文化尤其是西方日常生活批判理论的翻译和引入，日常生活逐渐成为我国社会科学研究尤其是文化哲学研究的热点范畴之一。1989年我国文化哲学的重要代表人物衣俊卿在《哲学动态》上发表《日常生活批判刍议》一文，是我国

---

① 〔匈〕阿格妮丝·赫勒：《日常生活》，衣俊卿译，重庆出版社，2010，序言第3页。
② 鹿林：《论人的生活世界》，《哲学研究》2007年第9期。

哲学领域研究日常生活批判的首篇论文，开启了我国日常生活批判研究的先河。此后，在衣俊卿的组织带领下，黑龙江大学现代文化哲学研究中心的一批专家、学者对我国日常生活进行了比较全面的分析和探讨，形成了一套较为系统的日常生活批判理论，为社会主义核心价值观日常生活化育提供了重要的思想借鉴。

（一）对日常生活内涵与外延、结构与图式的分析界定

按照衣俊卿的观点，表面上看，界定日常生活似乎并不是太难的问题，人们每时每日进行的活动都包含在日常生活当中。然而，正如黑格尔的名言"熟知未必真知"，人们每时每日进行的活动并不一定都属于日常生活范畴。比如，科学家的科研活动、艺术家的艺术创作活动、哲学家的哲学思辨活动，作为一种自觉的、理性的精神活动，本质上不属于日常生活范畴。但是，不可否认，他们也有自己的日常生活，而且不同的个体，其日常生活也各不相同。然而，无论个体日常生活如何迥异，维持其自身生存与发展是日常生活的本质所在。正是在这个意义上，布达佩斯学派主要代表人物阿格妮丝·赫勒将日常生活界定为"那些同时使社会再生产成为可能的个体再生产要素的集合"[①]，这一界定基本反映了日常生活的本质特征和基本功能。但是，仅从这一界定，无法使人们清晰地区分日常生活与非日常生活，无法更全面地了解日常生活的特质。因此，衣俊卿通过对日常生活的存在方式、活动方式、内在结构、一般图式等不同内容的全面考察和研究，认为日常生活是"以个人的家庭、天然共同体等直接环境为基本寓所，旨在维持个体生存和再生产的日常消费活动、日常交往活动和日常观念活动的总称，它是一个以重复性思维和重复性实践为基本存在方式，凭借传统、习惯、经验以及血缘和天然情感等文化因素而加以维系的自在的类本质对象化领域"[②]。具体而言，日常生活是以自在的重复性思维和重复性实践为基本存在方式，以传统习俗、经验、常识等经验主义为基本活动方式，以本能、血缘、天然情感为立根基础，以家庭、道德、宗教为调节系统的自在的类本质对象化领域。这几个方面构成了日常生活的本质规定，同时也是日常生活批判的核心。我国学者刘少杰也认为日常生活

---

① 〔匈〕阿格妮丝·赫勒：《日常生活》，衣俊卿译，重庆出版社，2010，第3页。
② 衣俊卿：《现代化与日常生活批判》，人民出版社，2005，第31页。

不同于科学世界和生产世界,是一个"用日常语言沟通、通过日常行为交往的生活世界,是一个没有明确主题也没有专业化的原初世界"[①]。这在一定意义上指出了日常生活的外延,即日常生活主要包括日常消费、日常交往和日常观念三大领域,是一个以衣食住行、饮食男女、礼尚往来、闲谈杂聊以及与其相伴而生的各种日常观念活动的总称。

与上述关于日常生活的界定相对应,非日常生活是一个自为的对象化活动领域,在这一领域中,人们的活动不再仅仅停留在维持个体生存和再生产上,而是超越了个体存在的阈限,以实现类的存在发展为基本向度,人们融入其中的目的也不是寻求熟悉感和安全感,而是完成自我实现和自我创造。对此,衣俊卿指出,非日常生活"总是同社会整体或人的类存在相关,它是旨在维持社会再生产或类的再生产的各种活动的总称"[②]。不过,这种划分总是相对的,日常生活与非日常生活之间不存在绝对的分野,既没有绝对纯粹的日常生活世界,也没有绝对纯粹的非日常生活世界。在现实生活中,二者之间常常是相互融合、相互渗透的。换言之,随着一定生活图式的展开,非日常生活会逐渐出现日常化的趋向,比如,非日常的科学知识会随着其普及、推广和应用而日渐转化为人们的日用常识。反之,日常生活中的经验性、重复性、非批判性的日常思维也会向非日常生活渗透,影响非日常的理性和创造性的发挥。人所依存的生活世界就是由日常生活与非日常生活这样两个相互交叉、相互渗透的领域构成。其中,日常生活是非日常生活存在发展的前提和基础,而非日常生活则为日常生活的调整和提升创造了条件。如果没有日常生活的自在性、重复性和经验性,人类就会成为无根之萍,寻觅不到温暖、熟悉的精神家园;如果没有非日常生活的理性思维和人的主体性、创造性的发挥和彰显,人类只能处在原始的、蒙昧的自发状态,也就不会有人和社会的文明发展了。

这样,通过以上对日常生活与非日常生活的分析与整合,我们可以粗略地勾勒出人类社会的金字塔结构:处在金字塔最底层的是以衣食住行、饮食男女、婚丧嫁娶等日常消费、日常交往、日常观念等活动构成的日常生活世界;处在金字塔中间层次的是以政治、经济、技术操作、经营管

---

① 刘少杰:《社会学的语言学转向》,《社会学研究》1999 年第 4 期。
② 衣俊卿:《现代化与日常生活批判》,人民出版社,2005,第 13 页。

理、公共事物等为主的非日常的社会活动领域；处在金字塔顶部的是科学、艺术、哲学等非日常的自觉的精神生产和人类知识领域。其中，后两者构成了人的非日常生活世界。① 这样一个金字塔结构，不仅包含传统意义上以经济基础和上层建筑为域分的人类社会结构，而且揭示了其潜在的经常被人所熟视无睹甚至遗忘的日常生活的图式和结构，更有利于人们形成关于人类社会的总体图样。

（二）对日常生活的价值哲学分析

在西方，关注、研究日常生活的大多数学者对日常生活持批判态度。如法国哲学家列菲伏尔是公认的日常生活批判大师。捷克哲学家科西克也认为，日常生活是异化的领域，是空洞的尚未实现总体性的伪具体性的世界。赫勒认为，日常生活作为自在的类本质对象化领域，不可避免地存在异化的方面，但，它并不必然是异化的领域。衣俊卿也认为，对日常生活的价值评价要全面、客观，它既有积极的一面，也存在消极的影响。

日常生活的积极价值主要体现在：第一，从人类社会存在的整体结构看，以维持个体生存再生产为主要内容的日常生活是其他一切社会活动和社会关系生成发展的前提和基础；第二，从日常生活的活动方式看，日常生活的重复性、经验型、实用性等基本活动图式所追求的经济化效果是各种日常生活得以开展、进行的重要条件；第三，从个体生存角度看，日常生活为人们提供的熟悉感、安全感和"在家"的感觉构成了人类生存发展所必需的意义来源和精神家园。上述几点足以说明，日常生活在个体和人类存在发展中的基础性地位和作用。

然而，另一方面，日常生活结构或图式的惰性和保守性对个体和人类社会发展还具有消极的阻碍作用。首先，就个体发展而言，日常生活的自在性、重复性和经验性对人的主体性和创造性的发挥具有明显的抑制作用，容易使人安于现状、不思进取，处于自然、自在的存在状态。其次，从社会发展看，日常生活的经验化、人情化特性具有潜移默化地影响和侵蚀非日常生活的倾向。尤其是我国在传统日常生活中形成的宗法血缘、人情关系至今对日常生活和非日常生活的运行仍起着重要的调节作用，是人

---

① 参见衣俊卿《现代化与日常生活批判》，人民出版社，2005，第18页。

们在任何情况下都不能忽视的"潜规则"。

经由上述分析，日常生活作为个体生存再生产以及社会存在发展不可或缺的前提和基础，具有正负两方面的价值。据此，对待日常生活，一方面，要肯定其基础性地位和作用，在任何情况下，都不能完全抛弃或彻底超越日常生活；另一方面，对于日常生活的惰性和保守性，也不能任由其自由发展，而是需要对其加以批判、引导和重建。

（三）日常生活的历史演进与现代转型

衣俊卿指出，一般说来，依据人类文明形态的演进规律可以把迄今为止的日常生活史划分为三个基本阶段：与古代文明相对应的原始日常生活、与农业文明相对应的传统日常生活、与工业文明相对应的现代日常生活。[①] 当前，随着改革开放和社会主义市场经济的深入发展，人们的日常生活世界正在经历从传统向现代转型的历史性变迁。在此过程中，商品经济的迅猛发展、技术理性的不断张扬和人本主义精神的日益凸显，对当下人们的日常生活世界产生了深远影响。这主要体现在：商品经济导致的社会化大生产，打破了自然经济条件下人的自在、自发的存在状态，斩断了人们之间过分依赖的宗法血缘关系，为人们进入非日常活动领域提供了越来越多的机遇和可能。然而，另一方面，也容易导致人精神的焦虑、孤独和"无家可归"。技术理性的发展大大改变了人们的传统生活方式和思维方式，但，同时也存在技术理性对价值理性的僭越和人的异化的危险。人本主义精神的彰显对日常生活主体的影响越来越明显，使人的自我意识和批判意识越来越强烈，对个体自身的存在和类存在的前途和命运越来越关注。在此三要素的影响下，传统日常生活结构日渐松动，日常生活主体日渐呈现出超越传统日常生活结构和图式的冲动和倾向。而这恰恰是现代化的基本内涵和表现形态。按照马克斯·韦伯的观点，现代化过程其实就是理性化过程，是传统习俗和行为让位于理性化目标的过程。由此，我国要实现社会主义现代化，日常生活变革是其必不可少的内涵。

（四）日常生活的变革与重建

在当今世界历史进程中，日常生活的变革与重建存在两种不同的性质

[①] 衣俊卿：《现代化与日常生活批判》，人民出版社，2005，第268页。

和方式：一种是由前工业文明向工业文明过渡的社会超越传统日常生活的自在性质，使人由自在自发的日常生活主体向自由自觉的非日常生活主体转换；另一种是高度发达的工业文明社会扬弃现代日常生活的异化性质，重建人类的精神家园和意义世界。[1] 我国社会日常生活的变革与重建显然属于前一种，其核心是人的现代化。关于人的现代化，衣俊卿认为，"人自身的现代化＝文化转型＝日常生活的批判重建"[2]。也就是说，实现人自身的现代化，要从文化转型、从日常生活的变革与重建开始。原因在于，我国传统文化的根基既不是政治、经济等自觉的社会活动，也不是自觉自为的人类精神活动，而是自在、自发的日常生活，因此，要撼动我国传统文化的根基，必须从日常生活的变革与重建开始。

衣俊卿认为，中国传统日常生活变革与重建的具体途径有：其一，主体塑造。即通过文化启蒙和现代教育事业，用科学技术理性和人本精神重塑中国人，使中国人由传统走向现代，由自在自发走向自由自觉；其二，环境塑造。即建构超日常的社会运行机制，通过社会运行体制的民主化、理性化和法制化的进程，遏制日常生活结构和图式对非日常活动领域的侵蚀，为自由自觉的非日常主体的生成提供适宜条件；其三，观念塑造。通过价值评估和社会重组，促使民众接受、认同适合于现代工业文明的日常价值观念，形成工业文明条件下自由自觉的、积极进取的生活方式。[3]

至此，通过对日常生活的理论界定、价值分析、历史考察和变革与重建，衣俊卿得出了日常生活批判的基本结论，即日常生活批判的宗旨并不是要从根本上丢弃或超越日常生活。实际上，只要人类存在，作为维持个体生存、再生产的日常生活的本体性地位和作用是无法根本改变和撼动的。换言之，日常生活批判的目的首先不是日常生活的改变，而主要是改变日常生活主体的存在状态，使其由自在、自发状态进入自觉、自为状态，在此基础上，逐渐扬弃日常生活的自在化和异化，使之走向人道化。诚如赫勒所言："日常生活如何能在人道主义的、民主的和社会主义的方

---

[1] 李小娟，肖玲诺：《90年代日常生活批判研究述评》，《教学与研究》1998年第7期。
[2] 衣俊卿：《现代化与日常生活批判》，人民出版社，2005，第265页。
[3] 参见衣俊卿《现代化与日常生活批判》，人民出版社，2005，第347～350页。

向上得以改变"① ——是日常生活批判的宗旨所在。

除上述内容外,还有一些学者对日常思维与非日常思维、日常交往与非日常交往、日常生活的文化透视、社会历史理论的微观视域等内容进行了详细的阐释和深入探究,深化并拓展了日常生活批判的视角和内容。然而,总体上看,我国的日常生活批判理论主要是围绕以重复性、人情性、血缘性为特质的传统日常生活展开,对于当下正处在转型过程中的过渡性日常生活的复杂特质的研究稍显不足,因此,有必要对现阶段我国日常生活进行深入研究和分析,以提高社会主义核心价值观培育的针对性和有效性。

第三节 日常生活批判理论与社会主义核心价值观培育

以上两节通过对马克思的日常生活批判理论及中、西方日常生活批判理论的梳理和挖掘,为社会主义核心价值观日常生活化育提供了必要的学理依据。尽管三种日常生活批判理论的立足点和侧重点有所不同,所面对的也是不同时代、不同境遇的日常生活,但三者之间也存在明显的、共同的理论旨趣,即对日常生活本体性地位的凸显和强调,这对于社会主义核心价值观日常生活化育研究具有重要的本体论意义。

一 日常生活批判理论的共同理论旨趣

日常生活作为个体生存、再生产的基地,不仅是个体和整个人类存在、发展不可或缺的前提和基础,而且是一切社会关系和社会活动生成、发展所必不可少的根本基础和条件。马克思指出,日常生活是非日常生活生成的前提和基础,非日常生活如"社会结构和国家总是从一定的个人的生活过程中产生的"②。西方日常生活批判的杰出代表列菲伏尔认为,日常生活是意识形态的居所。我国学者吴学琴也认为,"日常生活无论是意识

---

① 〔匈〕阿格妮丝·赫勒:《日常生活》,衣俊卿译,重庆出版社,2010,英文版序言第3页。
② 《马克思恩格斯文集》第1卷,人民出版社,2009,第524页。

层面还是无意识层面,都是意识形态观念的基础;意识形态不是飘浮在天空的云朵,而是植根于肥沃坚实的大地,植根于人民大众的日常生活"①。人们只有在日常生活中才能生存、发展,才能从事一切日常或非日常的活动。纵然非日常生活的主体,首先也是日常生活的主体,只有在日常生活的基础上,通过分工才能从事政治、经济、科学、艺术等一切非日常活动。由此,日常生活的始基性地位及功能得以彰显。

其一,日常生活的基础性地位及功能首先体现在日常生活范畴的界定中。在西方,日常生活作为一个哲学范畴,首先是由德国现象学家胡塞尔明确提出来的。他认为,"生活世界是自然科学的被遗忘了的意义基础"②,这里的生活世界实际是指"作为唯一实在的,通过知觉实际地被给予的、被经验到并能被经验到的世界,即我们的日常生活世界"③。胡塞尔有时也称日常生活为"生活世界""周围世界""经验地被直观的物体世界"等。在胡塞尔看来,日常生活是一个前科学的、直观的、"实际地被直觉到的、被经验到和可被经验到"④的意义世界。与胡塞尔把日常生活作为意义和价值的来源不同,存在主义创始人海德格尔把人们在日常生活中表现出来的"庸庸碌碌、平均状态、平整作用、公众意见、卸除存在之责与迎合"等日常共处同在的状态解释为日常生活或日常共在。在他看来,存在主义的主旨在于追问"此在的意义"。"此在"其实就是自己一向所是的那个存在者。此在的世界是一个与他人共同存在的世界,他人的共同此在的展开属于共在,这样,此在本质上作为共在,明显具有了存在论的意义,即"我实际上不是独自现成地存在,而是还有我这样的他人摆在那里"⑤。在这里,这个他人,不是某个具体的人,也不是一切人的总数,而是个中性的东西:常人。在利用公共交通工具的情况下,在共享同样的信息资源的

---

① 吴学琴:《日常生活的意识形态分析及其认同》,《马克思主义研究》2009年第3期。
② 〔德〕胡塞尔:《欧洲科学危机和超验现象学》,张庆熊译,上海译文出版社,1988,第58页。
③ 〔德〕胡塞尔:《欧洲科学危机和超验现象学》,张庆熊译,上海译文出版社,1988,第58页。
④ 〔德〕胡塞尔:《欧洲科学危机和超验现象学》,张庆熊译,上海译文出版社,1988,第61页。
⑤ 〔德〕海德格尔:《存在与时间》,陈嘉映、王庆节译,生活·读书·新知三联书店,1999,第140页。

条件下,"每一个他人都和其他人一样。这样的共处同在把本己的此在完全消解在'他人的'存在方式中,而各具差别和突出之处的他人则更其消失不见了"①,此在成为日常共在,常人成为日常共在的真正独裁者。海德格尔通过对此在与日常共在的深刻剖析,揭示了现代日常生活的存在方式。与海德格尔的思想近似,西方马克思主义的杰出代表、日常生活批判之父、法国哲学家列菲伏尔对发达资本主义世界的日常生活进行了深刻的批判,认为日常生活是异化的聚集地,他主张把日常生活纳入哲学研究的视野,用哲学的观点和方式来分析、思考日常生活。在列菲伏尔看来,"只有在发生革命危机的时候,经济、政治问题才显得重要,除了这些时刻,日常生活就是第一位的问题"②。捷克哲学家科西克在《具体辩证法》中把日常生活看作"伪具体性的世界",即"充塞着人类生活平日环境和惯常氛围的现象集合,构成伪具体的世界。这些现象以其规则性、直接性和自发性渗透到行动着的个人的意识中,并获得了自主性和自然性的外表"③。在科西克看来,未显露本质的现象、人的拜物教实践、日常观念活动、异化的客体等都是伪具体性世界的组成部分,而建基于自在的功利主义实践和重复性思维基础上的日常生活最能体现伪具体性世界的自在性本质。在这里,科西克实际上揭示了传统日常生活的重复性、自在性本质特征。在科西克日常生活理论基础上,布达佩斯学派的主要代表人物赫勒对日常生活进行了深入、全面的分析,并明确把日常生活界定为"那些同时使社会再生产成为可能的个体再生产要素的集合"④,即日常生活是个体生存发展的前提和基础。在我国,衣俊卿将日常生活界定为"以个人的家庭、天然共同体等直接环境为基本寓所,旨在维持个体生存和再生产的日常消费活动、日常交往活动和日常观念活动的总称"⑤。从上述国内外学者对日常生活的不同表述不难看出,日常生活虽然是个内涵与外延十分广泛

---

① 〔德〕海德格尔:《存在与时间》,陈嘉映、王庆节译,生活·读书·新知三联书店,1999,第147页。
② 参见陈学明等编《让生活成为艺术品——赫勒、列菲伏尔论日常生活》,云南人民出版社,1998,前言第Ⅰ-Ⅱ页。
③ 〔捷〕卡莱尔·科西克:《具体的辩证法》,傅小平译,社会科学文献出版社,1989,第2页。
④ 〔匈〕阿格妮丝·赫勒:《日常生活》,衣俊卿译,重庆出版社,2010,第3页。
⑤ 衣俊卿:《现代化与日常生活批判》,人民出版社,2005,第31页。

的范畴，很难从学理上对其加以完满周全的界定，学者们也都是从不同的视角出发，对日常生活作了不同的阐释。尽管这些阐释的立足点和着眼点存在很大差异，但也存在一些明显的、内在的共同规定，即都强调了日常生活在人类历史发展和社会结构中的基础性地位和作用。

其二，日常生活是人之意义、价值的原生地。这一点集中体现在西方学者对不断异化的现代日常生活的深刻批判上。如胡塞尔认为，欧洲科学的危机实质是人性的危机、意义的危机，日常生活是被自然科学遗忘的意义基础，所以，他主张通过回归日常生活世界来消除科学危机并重建意义世界和价值世界。卢卡奇强调，日常生活是社会存在的本体论基础，"如果不在人类日常生活的最简单事实中找到它的最初出发点，那么对社会存在的本体论考察是不可能的"①。是以，回归日常生活，才是我们深刻认识社会存在本体论的前提和基础。列菲伏尔认为，现代西方社会已是一个全面异化的社会，异化现象不只存在于政治、经济、科技领域，甚至已渗透到日常生活的方方面面，因此，要消除异化，只能从异化的聚集地——日常生活入手，通过日常生活批判，来实现人从"单面的、分裂的"人向"全面的、总体的"人的复归。由此不难看出，西方学者普遍将日常生活视为意义和精神的家园，工业化和现代化导致日常生活的异化和殖民化，使得日常生活的意义世界和家园感也随之失落和崩塌，于是，对意义的追寻和对家园的渴望促使人们自觉向日常生活回归。

其三，日常生活作为一个自在的、未分化的基础领域，需要对其加以批判和改造。这一点主要是针对现代化程度不高、传统日常生活结构比较庞大的国家而言的。科西克、赫勒、衣俊卿等学者对此进行了详细的阐述。如赫勒把日常生活规定为"使社会再生产成为可能的个体再生产要素的集合"，个人通过自身的再生产，一方面不断生产出个体本身，另一方面构成社会再生产的基础。这实际上揭示了日常生活的基础性地位和重要作用。如赫勒所言："我们不需要政治上的革命，相反，我们需要日常生活上的变革，生活本身需要被超越才是最重要的。"② 衣俊卿通过对我国日

---

① 〔匈〕卢卡奇：《关于社会存在的本体论》（上），白锡堃等译，重庆出版社，1993，第3页。
② Simon Torrey Agnes Heller: Simon Torrey Interviews with Agnes Heller (1998) 1 February 2004. 2 December 2005.

常生活基本结构和一般图式的分析，发现我国传统日常生活世界的庞大和沉重已成为我国现代化转型的严重阻滞，因此，要实现我国的现代化转型，重点是实现文化转型和人自身的现代化，即实现人由自在自发的存在状态向自由自觉的存在状态跃升，而实现这一点，必须完成对作为人之存在根基的日常生活的改造和重建，这是我国日常生活批判的主旨所在。

通过以上分析，对日常生活基础性地位的揭示和强调是中西方日常生活批判理论的一个共同的理论旨向。无论是向日常生活世界的自觉回归还是对日常生活的改造和超越，学者们对日常生活的反思和批判，进一步凸显了日常生活在人类历史和社会生产生活中的重要地位及功能。

二　日常生活对社会主义核心价值观培育的本体论意义

日常生活是人类精神情感、意义价值的寓所和发源地，也是社会主义核心价值观培育和践行的基本场域。人们只有通过日常生活才能生存、才能从事其他一切日常或非日常的活动。社会主义核心价值观培育也只有以日常生活为本体，才能实现社会主义意识形态由理论层面向大众自觉意识和行为实践的转化——这一社会主义核心价值观培育的根本目标。基于此，主张社会主义核心价值培育向日常生活转向，绝不是让社会主义核心价值观消极适应日常生活、简单迎合日常生活，更不是否定或淡化社会主义核心价值观的其他重要功能，而是使其走向生活世界深处的重要表征，旨在重新唤起人们对因社会分工和社会结构分化而忽视和遗忘的日常生活的关注，并将其作为衍生各种非日常生活领域的本体或原初地来加以深层次解读。日常生活对社会主义核心价值观培育的本体论意义主要体现在以下三个方面。

其一，从人类社会存在的基本结构看，日常生活是包括非日常生活在内的各种社会活动和社会关系形成、发展的前提和基础。现实生活世界是由日常生活与非日常生活相互渗透、相互交织而生成的有机系统。其中，日常生活是非日常生活生成的前提和基础，非日常生活如"社会结构和国家总是从一定的个人的生活过程中产生的"[①]，是日常生活的延伸和拓展。在二者的辩证关系中，日常生活具有一定的先在性和始基性。马克思曾多

---

① 《马克思恩格斯文集》第1卷，人民出版社，2009，第524页。

次强调，人类生存的第一个前提，即必须能够生活。而为了生活，首先就需要吃喝住穿以及其他一些东西，人类几千年来莫不如此。恩格斯对马克思的这一天才发现作出高度评价："马克思发现了人类历史的发展规律，即历来为繁芜丛杂的意识形态所掩盖着的一个简单事实：人们首先必须吃、喝、住、穿，然后才能从事政治、科学、艺术、宗教等等。"① 可见日常生活的始源性和重要性。日常生活不仅是人类整个社会生活的基础，是人类历史及一切社会关系的真正发源地，还是无论处于何种领域、承担何种角色、从事何种活动的人都必须倚重的基本领域。可以肯定，只要社会生活在继续，人类历史在延续，日常生活便不可一日中断。社会主义核心价值体系作为社会主义意识形态的本质体现，属于本源于日常生活的非日常生活领域，其认同的实现，也只有回归日常生活，以日常生活为现实根基，将社会主义核心价值体系的价值立场、价值规范贯彻、落实到日常生活中，并转化为日常生活的现实，才具有真切而实在的意义和价值，才能赢得人们的普遍拥护和认同。由此，日常生活的根基性和重要性构成社会主义核心价值观日常生活化育的本体论基础。

其二，从日常生活的基本图式看，人们的日常行为逻辑是实现社会主义核心价值观日常生活化育的重要借鉴。所谓日常生活的一般图式实际上是人们占有、进行日常生活的一般方式，或者说是人们的日常认知模式和行为模式。赫勒认为，日常生活的一般图式包括五个方面：实用主义、可能性原则、模仿、类比、过分一般化。② 其中，实用主义、可能性原则凸显了日常生活一般图式的经济性和实用性，是影响大众日常行为的关键因素。在此基础上，衣俊卿教授揭示了我国日常生活的内在结构和基本图式："以重复性思维与重复性实践为主的自在的活动方式；以传统、习惯、常识、经验等为基本要素的经验主义的活动图式；以本能、血缘、天然情感为核心的自然主义的立根基础；以家庭、道德、宗教为主要组织者和调节者的自发的调控系统。"③ 两位学者的分析一致说明，人们日常生活的认知、行为模式带有鲜明的实用主义、经验主义色彩，日常生活主体总是以

---

① 《马克思恩格斯文集》第3卷，人民出版社，2009，第601页。
② 参见〔匈〕阿格妮丝·赫勒《日常生活》，衣俊卿译，重庆出版社，2010，第176~196页。
③ 衣俊卿：《现代化与日常生活批判》，人民出版社，2005，第32页。

传统习惯、常识、经验等为出发点来认识和理解社会主义核心价值观，并以自身衣食住行的日常生活变化及现实体验为标准来判断社会主义核心价值观培育的可行性和可信度。这一认知图式决定了社会主义核心价值观日常生活化育必须坚持日常生活的实用性和经济性原则。

其三，从日常生活的消极影响看，日常生活的惰性和保守性是社会主义核心价值观培育转向日常生活的内在诉求和必要依据。日常生活虽然是人类生存发展不可或缺的基本前提和基础，但同时，它对个体发展和社会整体发展也具有一定的消极阻碍作用。这主要体现在，一方面，日常生活的自在性、重复性、保守性、习惯性具有抑制日常生活主体自觉性和创造性的倾向；另一方面，日常生活的经验主义、实用主义、教条主义活动图式还具有侵蚀政治、经济、科学、艺术等非日常生活领域的趋向。如果一个社会的日常生活比重较大，人们主要依据日常生活的基本图式而活动，那么，无论是个人发展还是社会的整体进步都将受到传统力量的影响和束缚。就我国而言，根基于中国农业社会的自在自发的传统日常生活结构是影响我国现代化进程的重大文化阻滞力，尤其是至今仍充斥在日常生活层面的各种封建迷信思想、腐朽落后的文化观念以及邪教等种种非理性文化思潮，直接影响着我国社会文明程度的提升，由此构成社会主义核心价值观培育转向日常生活的本体论依据。

其四，日常生活是人类精神的真正家园，也是社会主义核心价值观建设的最终归宿。日常生活为人们提供一种安全、熟悉的在家的感觉，这种感觉是人们从事一切日常与非日常活动的基础。东欧新马克思主义重要代表人物赫勒形象地把日常生活称之为"家"，并指出："'家'并非简单的是房子、住屋、家庭。有这样的人们，他们有房屋和家庭，却没有'家'。由于这一原因，尽管熟悉是任何关于'家'的定义所不可缺少的成分，熟悉感自身并不等同于'在家的感觉'。比这更重要的是，我们需要自信感——'家'保护我们。我们也需要人际关系的强度与密度——家的'温暖'。'回家'应当意味着：回归到我们所了解、我们所习惯的，我们在那里感到安全，我们的情感关系在那里最为强烈的坚实位置。"[①] 尤其是在充满竞争和诸多不确定性因素的现代非日常生活世界中，人们常常会产生孤

---

① 〔匈〕阿格妮丝·赫勒：《日常生活》，衣俊卿译，重庆出版社，2010，第257页。

独、焦虑、无家可归的感觉，因而，非常需要充分发挥日常生活给人们提供的温暖、安全、熟悉的"在家"的感觉。除此之外，就我国而言，我国的日常生活世界正处在由传统日常生活向现代日常生活的转型过程中，这使得我国当前的日常生活世界在生活方式、价值取向、审美标准等方面存在一定的混乱和失序，比如传统日常生活的安全感和熟悉感在逐渐丧失，传统的价值世界和意义世界在不断破碎，现代日常生活的异化和"无家可归"感在不断加强等。这一状况迫切需要社会主义核心价值观对此加以纠偏和引领，需要社会主义核心价值观培育从非日常生活走向日常生活，从而为人们提供熟悉的"在家"的感觉，为日常生活的价值失序现象提供有效的纠偏和遏制，为非日常活动的顺利开展提供精神动力。这正是我们强调社会主义核心价值观培育转向日常生活的最终目的和归宿。

第三章
社会主义核心价值观日常生活化育的实践借鉴

在上两章中，我们主要从学理上分析了社会主义核心价值观日常生活化育的必要性与可能性。事实上，日常生活作为人类生存发展的基本寓所，同时也是古今中外大凡成功的核心价值观建设所不可或缺的重要场域。从历史上看，无论是我国传统核心价值观建设，还是西方资本主义核心价值观建设，抑或是兼具东西方特色的新加坡的核心价值观建设，其成功之处均离不开核心价值观的日常生活化育。而苏联核心价值观建设的失败也与其对日常生活的遮蔽和忽视密切相关。它们的成功经验和失败教训构成了社会主义核心价值观日常生活化育的实践基础。

第一节 我国传统核心价值观日常生活化育的启示

以儒家文化为核心的中国传统核心价值观源于西周的宗法礼制，后经孔孟改良，先秦诸子百家的发展和宋明理学的弘扬，在历代统治阶级的大力推崇下，最终成为贯穿中国封建社会两千余年的主流意识形态，对传统社会人们的政治、经济、文化及其日常生活产生了深远影响。当前，儒家传统核心价值观虽不是我国的主导核心价值观，但作为中华传统文化的核心和精髓，仍然在风俗习惯、社会心理、价值观念等方面深刻影响着人们的思维方式和行为方式。因此，探究我国传统核心价值观的认同方式和认同缘由，对于社会主义核心价值观日常生活化育无疑具有重要启示。

一 礼俗濡化与礼法规约：我国传统核心价值观日常化育的基本途径

当前，学界关于我国传统社会核心价值观的研究主要集中在传统核心价值观的分析上。这些观点主要集中在：叶祖淼认为，"以民为本、以和为贵、以公为先、以新为道、以德为基"① 是我国传统社会的核心价值观；刘蕾认为，我国传统社会的核心价值观以"'仁、义、礼、智'为表征，其精神内核是'忠孝'"②；李煌明对儒家的传统价值观进行了系统论述："'和'是儒家传统价值观体系的核心，而'生生'则是'和'这一核心价值观的发展方向。'和而生'的价值观原则扩展到人与物，乃至天地万物，从而构成了儒家传统核心价值观体系。"③ 朱瑞认为，中华传统文化通过对"天人、群体、义利、知行、道器"等关系的规定形成了以和谐为目标、以道德为中心的核心价值体系。公方彬认为："主导中华民族文化史、思想史两千多年的儒家文化所倡导的道德理想，包括以'仁义礼智信'作为规范人和社会的道德基础，把'忠孝节义'作为鉴别一人处世的标准，这就是中华民族建立的借以维系封建统治的核心价值。"④ 除此之外，还有学者认为，"和合是中国文化人文精神的精髓和首要价值"⑤。东北师范大学史宁中教授则站在方法论视角，认为中国人的传统价值观集中体现在"大一统"、"中庸"和"自省"三个方面⑥，等等。通过上述学者的观点，不难看出，我国传统核心价值体系并不是作为一个系统完整的理论体系存在于我国传统意识形态中，而是作为一些具体的价值观念和行为规范而存在。对此，尽管不同的学者有不同的提法，但其内容始终没有脱离儒家学说所提倡的核心价值——仁、义、礼、和、忠、孝、德等，这些核心价值

---

① 叶祖淼：《传统社会核心价值观的现代性》，《福建师范大学学报》（哲学社会科学版）2008年第2期。
② 刘蕾：《从传统核心价值观的历史考察中看当代核心价值观的确立》，《中共石家庄市委党校学报》2007年第8期。
③ 李煌明：《儒家传统价值观对建构社会主义核心价值观体系的启示》，《科学社会主义》2008年第5期。
④ 公方彬：《论中华民族的核心价值观》，《决策探索》2008年第5期。
⑤ 张立文：《和合学自序》（上），中国人民大学出版社，2006，第11页。
⑥ 史宁中：《中国传统文化价值观念与思维方式的思考》，《东北师范大学学报》（哲学社会科学版）2008年第3期。

观构成了我国的传统核心价值体系。在此，本书的重点不是研究我国的传统核心价值体系到底是什么，而是研究以儒家核心价值为主导的传统核心价值体系缘何能够被广大民众普遍认同并世代相传、相沿为习，成为社会各阶层的价值共识和文化传统。本书认为，这与其"礼俗濡化""礼法规约"的日常生活化认同密不可分。

由礼俗、礼法构成的中国传统核心价值观在我国长达两千余年的封建社会中，对调节人伦关系、维护社会秩序、促进社会和谐发挥着重要作用。首先，礼对个人而言，一方面，礼道即天道，要求人必须遵守。"夫礼，天之经也，地之义也，民之行也。"①《论语》中更是明确要求："非礼勿视，非礼勿听，非礼勿言，非礼勿动。"② 另一方面，礼还是个人修身立命的重要条件。"礼，人之干也。无礼，无以立。"③ 荀子认为："人无礼不生，事无礼则不成，国家无礼则不宁。"④ 说明古代社会人们通过礼来修身养性、陶冶性情、提升人格境界。其次，礼是调节社会人伦秩序、维持社会和谐稳定的基本准则和行为规范。《礼记·曲礼》中说："夫礼者，所以定亲疏、决嫌疑、别同异、明是非也。……道德仁义，非礼不成。教训正俗，非礼不备。纷争辩讼，非礼不决。君臣、上下、父子、兄弟，非礼不定。"再次，礼还是维护封建等级制度、定邦安民的根本原则和方法。《左传》认为，"礼，经国家，定社稷，序民人，利后嗣者也"⑤。《礼记》中言："礼之于正国也，犹衡之于轻重也，绳墨之于曲直也，规矩之于方圆也。"⑥ 此外，儒家还要求"君使臣以礼，臣事君以忠"⑦。可见，礼对中国传统社会的重要价值，上自君王贵族，下至庶民百姓，都要依礼而行，遵循礼俗、礼法，以维持尊卑贵贱、长幼有序、亲疏有别的理想社会秩序。

问题是，"礼"的这种定国安民、易风正俗的功能和作用是如何发挥的呢？换言之，"礼"是通过何种方式使我国传统核心价值观被包括统治

---

① 《左传·昭公二十五年》。
② 《论语·颜渊》。
③ 《左传·成公十三年》。
④ 《荀子·修身》。
⑤ 《左传·隐公十一年》。
⑥ 《礼记·经解》。
⑦ 《论语·为政》。

阶级在内的广大民众真心信服并世代相传、相沿成习的呢？本书通过对中华民族思想史的考察，认为我国传统核心价值观的日常生活化育主要是通过以下两种途径实现的。

（一）礼俗濡化

礼俗濡化，是统治阶级变革社会生活方式、移风易俗的重要途径，同时也是实现我国传统核心价值观认同的根本方式。具体而言，礼，即儒家的礼制、礼节、礼仪等，它具有很强的时代性，其内容常随着时代的发展而发展。俗，即风俗、习俗，是指人们在特定的自然、社会环境中形成的特定的语言、习惯、行为方式和思维方式等，风俗或习俗在日常生活中常常表现为一定群体的特定的生活方式或模式。因此，有学者认为，风俗是"日常生活的模式化形态"，"集中体现着日常生活的主要内涵"[①]；"风俗规定了一个人的活动的全部——洗浴、洗漱、理发、饮食和斋戒。从摇篮到坟墓，它都是先世惯例的奴隶。"[②] 由此看来，礼与俗是有差异的，礼，强调的是正式的制度、规范，而风俗、习俗往往是非正式的，是一种模式化了的日常生活方式。以此推理，礼俗，便是"礼"向"风俗""习俗"的转化，即礼向人们日常生活方式的转化。这一转化过程同时也是文化的濡化过程。濡化是同一文化内部的一个纵向传播过程，也是文化或价值观的一种习得或传承机制，其本质是人的学习和教化过程，是个人或群体内化文化或价值观的过程。人们通过礼俗的濡化过程，将我国传统核心价值观内化为特定的生活方式，并通过这一生活方式的养成和习得，完成对我国传统核心价值观的自觉认同和切实信奉。

礼俗濡化，作为我国传统核心价值观的主要认同方式，其实质是以"礼"为表现形态的传统核心价值观向人们日常生活方式的转化。这说明，我国传统核心价值观，不是高悬于人们日常生活之上的"形上之物"，而是渗透在人们的人伦日用之中，是能够实际化为人们日常生活方式的东西。儒家学者林安梧认为："儒学所强调的实践是通极于道的，但它又必然与广大的生活世界及丰富的历史社会总体结合在一起，它既是一本体的

[①] 冯秀军：《教化·规约·生成：古代中华民族精神化育研究》，中国社会科学出版社，2009，第 204 页。
[②] 高丙中：《民俗文化与民俗生活》，中国社会科学出版社，1994，第 175 页。

实践（即道德的实践），同时是一日常的实践，亦是社会的实践，因此，它必须涉及到客观的结构世界，不能只停留在主体即是道体的'一体化'的结构之中。"① 这说明儒家的价值世界与生活世界是相通的，儒家核心价值体系及其道德实践从来就不是超越现实生活的活动，而总是扎根于人们的日常生活世界，是人们在日常生活中可以领会、习得的。对此，梁漱溟教授更为深刻地指出："中国的问题不是向外看，是注意在'生活的本身'，讲的是变化，是生活。……从孔子起以至宋、明，在那一条路极有受用的，如程明道、王阳明等，绝不是想出许多道理来告诉人；他们传给人的只是他们的生活。"② 可见，日常生活世界或生活世界虽然不是儒家的学术用语，但是在儒家文化中，"生活"是儒家思想和儒家核心价值观的根本底蕴和重要维度，或者说，我国传统核心价值观与其说向人们展示的是儒家思想，不如说是儒家的生活世界。顾红亮认为，"'儒家生活世界'的第一个成分指日常生活世界，主要指儒家的礼俗世界。它由习俗、惯例、礼仪、伦理规则等组成。儒家的礼俗规范着人们的日常行为，告诉人们怎么做才是正确的，使人们明白对的、合理的标准是什么"③。在这样一个由礼俗构建的日常生活世界中，无论是一般伦理规范还是社会核心价值观，作为一种礼俗化存在，已经渗透到日常生活的方方面面，成为人们日常生活的"无意识"，人只要生活于其中，就会自觉不自觉地遵从其伦理规范和价值观念，而无须外在力量的强制。这也正是我国传统核心价值观被广泛认同并绵延两千余年的根本所在。

（二）礼法规约

与日常生活的礼俗濡化相对应，在非日常生活领域，礼法规约是我国传统核心价值观培育的另一重要方式。顾名思义，礼法规约，是指凭借礼、法制度的强制力来规范、约束人们的行为，使其在自觉遵循礼制和法度的过程中完成对社会核心价值的认同。礼，如前所述，即礼制、礼节、礼仪等；法，在我国古代与刑同义。史有"夏有乱政，而作禹刑"之说，说明我国夏朝即有了刑法。夏商时期讲究神权法思想，即法的权威是天命

---

① 林安梧：《当代新儒家哲学史论》，文海学术思想研究发展文教基金会，1996，第217页。
② 《梁漱溟全集》第7卷，山东人民出版社，1993，第874~875页。
③ 顾红亮：《儒家生活世界》，上海人民出版社，2008，第45页。

所授，不可违背。西周贯彻"以礼为法、以德配天"的思想，将法引向礼治方向。春秋战国时期，法家思想的壮大，重新将法治理念拉向历史的前台。至秦朝，借助商鞅变法和韩非的法治理论，法治思想盛极一时。然而，秦朝的二世而亡，使得汉初思想家在对法治的反思中重新恢复了礼治传统，并以"礼法合一、德主刑辅"的结合奠定了礼法制度在我国古代社会的基础性地位。

礼法规约作为我国古代社会的基本制度，对我国传统核心价值观日常生活化育发挥着重要作用。这一作用的发挥实际是通过"礼的法律化"即"以礼入法"和"法的伦理化"即"纳礼入律"两个环节或途径来实现的。首先，从"礼的法律化"来看，"以礼入法"是儒家思想吸取法家智慧，并借助法的权威来维护其核心价值统帅地位的重要方式和手段。史载："礼之所去，刑之所取，失礼则入刑，相为表里者也。"[1] 清楚地表明了儒家"以礼入法"的目的——维护儒家核心价值观的主导地位。由此看来，礼的法律化过程，实质是儒家核心价值与权力的结盟，一方面，儒家核心价值观借助法的权威而增强其主导地位，另一方面，作为政治上层建筑的制度和法也借助核心价值观的理论论证而增强其合法性。借用我国学者干春松的观点，这一过程即法律、权力、核心价值三者之间互相证明的过程："这种互相证明的最通常的做法就是价值体系和思想观念的制度化。所谓思想观念的制度化，就是在权力的支持下，将一种思想体系转化为一种具有强制性的法律、习俗、实践系统。"[2] 然后，借助法律的规约作用和实践性，将社会核心价值观纳入人们的生活世界中，使之在法律的权威维护下赢得社会广泛认同。其次，从"法的伦理化"来看，"纳礼入律"体现了我国古代法制的道德化倾向。《隋书》记载："礼义以为纲纪，养化以为本，明刑以为助"[3]；《唐律》也云："夫礼者民之防，刑者礼之表，二者相须犹口与舌然。"[4] 明确指出了我国古代"礼本法表"的法制特点。其实，无论是"礼的法律化"还是"法的伦理化"，其实质和结果都是一样的，即实现制度（或法）与儒家核心价值观的整合，在礼与法的规约和互

---

[1] 《后汉书·陈宠传》。
[2] 干春松：《制度化儒家及其解体》，中国人民大学出版社，2003，第8~9页。
[3] 《隋书·刑法志》。
[4] 《唐律释文序》。

动下赋予儒家核心价值以法的权威，并在制度或法的强制性规约下最大限度地实现人们对儒家核心价值观的认同。

由此，在礼俗濡化和礼法规约的双重作用下，儒家核心价值观作为统摄我国封建社会两千余年的传统核心价值观，以不可抗衡的权威力量和潜移默化的生活影响最终赢得历代统治者和广大民众的广泛认同，其做法和经验对于社会主义核心价值观日常生活化育具有重要启示。

二 "礼俗濡化与礼法规约"对社会主义核心价值观日常生活化育的启示

习古以鉴今。通过对我国传统核心价值观"礼俗濡化与礼法规约"的分析和考察，在深刻揭示其认同原因和批判性借鉴、吸收的基础上，从中离析出对推进社会主义核心价值观日常化育的有益启示，是本书探讨我国传统核心价值观日常生活化育的意旨所在。

（一）加快构建符合人们日常认同特点的社会主义核心价值观

马克思指出："理论在一个国家实现的程度，总是取决于理论满足这个国家的需要的程度。"[①] 我国传统核心价值观之所以赢得从官方到民间的一致认同，从根本上讲，是因为它契合了我国传统社会的社会结构和生活方式，这使其兼具世俗性、实践性等符合人们日常认同特点的理论特质。

1. 我国传统核心价值观契合了我国传统社会家国同构的社会结构

社会结构是影响核心价值观认同与否的基础性因素，它决定着人们的价值观念和社会的基本准则。核心价值观作为社会主导的价值观念和社会准则的集中体现，必然要求与社会结构的内在机理高度一致。我国传统社会的社会结构始源于古老氏族社会以血缘关系为基础的宗族制度。原始社会末期，随着氏族组织被国家取代，血缘、亲缘关系被保留下来，家族成为社会的基本单位，家族结构也随之被放大为国之架构，使得以血缘伦理为核心和纽带的宗法制度上升为治国理政的基本原则，由此形成我国传统社会家国同构的社会结构。与这种社会结构相适应，产生了以宗法礼制为主要内容的儒家学说，儒家学说伦理本位的价值取向和宗法体制客观上符

[①] 《马克思恩格斯文集》第 1 卷，人民出版社，2009，第 12 页。

合专制主义统治的需要，于是，形成了家国共建的奇妙效应。由此，可以说，正是儒家学说与我国传统社会结构的内在一致性，使得以儒家思想为核心的我国传统核心价值观赢得长久、广泛的认同。

2. 我国传统核心价值观契合了农耕社会的生产与生活方式

我国古代社会的基本经济形态是以农耕经济为主的自然经济，也称小农经济。这种经济形态以农业为主要对象，以家庭生产为主要生产单位。与这种生产方式相适应的生活方式是自给自足的、稳定的、相对和谐的。这主要体现在：一方面，人们从事生产的目的主要以满足家庭消费为主，而不是以交换或赢利为核心，因而，具有明显的自给自足性；另一方面，由于生产力水平低下，技术落后，人们只能依靠家庭的整体力量才能从事生产，这使得体力较大的男性成为家庭的主要劳动力，其在家庭的权威地位也随之确立，由此形成了相对稳定的宗法家族结构。在这种以农耕经济为主的自给自足的生产、生活方式下，人们对农业、对家庭宗族有着相当大的依赖，人与人之间的关系也主要依靠血缘、宗法伦理来调节。因此，以礼法、礼俗为主要内容的我国传统核心价值观之所以被社会各界普遍认同，很大程度上在于它反映了我国传统农耕经济生产、生活方式的内在精神和基本原则。

3. 我国传统核心价值观契合了人们日常认同的特点

在我国传统日常生活中，人们对传统核心价值观认同与否，主要不是看该核心价值观的理论表达和终极前景，也不是基于宗教信仰式的终极关怀，而是以一种价值契合的现实体验来完成对传统核心价值观的认同。有学者认为，"缺乏宗教信仰，缺乏彼岸关怀是中国传统文化的本质性特征"[1]，这一特征几千年来并未发生多大改变，中国人已经习惯了在现实的伦理关怀中实现宗教信仰式的内在超越。换言之，中国人对传统核心价值观的认同不是基于宗教信仰式的终极关怀等理性思维，而是以一种伦理性、世俗性的现实关切来看其能否更好更快地满足人们的现实需求。我国传统核心价值观之所以得到我国封建社会各阶层长期、普遍的认同，还在于它契合了人们的这一日常认同特点。首先，我国传统核心价值观以人们现世的日常生活为出发点，以人与人之间的日常伦理为基础，从家庭伦理

---

[1] 荆学民：《当代中国社会信仰论》，人民出版社，2008，第180页。

关系推及国家、社会治理，从而构建了一整套社会伦理规范观，这使其一方面适应了我国传统宗法社会结构的需要，能够为广大民众认同；另一方面它又通过伦理的政治化，满足了统治阶级的需要，成为统治阶级实现阶级统治，维护现行秩序的工具。其次，我国传统核心价值观还具有鲜明的实践性，它既依托于日常生活实践，是人们日常生活经验的凝练和升华，又强调要落实到人们的日常生活实践中。如"不闻不若闻之，闻之不若见之，见之不若知之，知之不若行之"；"知之而不行，虽敦必困"。① 这一特点是构成我国传统核心价值观被广大民众和统治阶级广泛认同的另一重要因素。以此为鉴，培育社会主义核心价值观需要加快构建符合当前社会结构、生产生活方式以及人们日常认同特点的社会主义核心价值观。

（二）建立一套自上而下的认同保障机制，为实现社会主义核心价值观日常化育提供制度保障

任何一种制度都是一定核心价值理念的表达与承载。它通过规范、约束人们的行为来达到构建或整合社会秩序（包括物质秩序和精神秩序）的目的。学者干春松认为："一种理想的制度应建立在这一制度所要规范的人群的价值观之上。同样，一种思想观念之所以能够成为制度的合法性依据，本身就意味着这一思想观念代表着该群体的主导性的价值观念。"② 由此可见，制度与社会核心价值观之间的深刻关联：一方面，制度是核心价值观的外化。一定意义上，任何一种制度的背后都深蕴着某种特定的核心价值理念，都是某种特定价值标准、价值观念的表达与外化；另一方面，制度对于实现社会核心价值观认同具有强有力的整合作用。制度具有一定的强制性与规范性、公共性与普遍性、稳定性与确定性等特征，这使其成为推动社会核心价值观认同的重要机制保障。通过制度的制定和实施，对符合社会核心价值取向的积极精神因素加以扶植和强化，反之，对不符合社会核心价值倾向的思想或思潮要加以彻底地纠偏和抑制，从而借助制度的规约和整合来推进人们对社会核心价值观的认同。我国传统核心价值观在古代中国社会的广泛认同与统治阶级构建的一套自上而下的认同保障机制密不可分。

---

① 《荀子·儒校》。
② 干春松：《制度化儒家及其解体》，中国人民大学出版社，2003，第4页。

其一，统治者对核心价值观认同的强力推进机制。统治者是核心价值观认同的倡导者和推动者。他们凭借官方行政权力，建立强力推进机制来强化核心价值观认同，取得了显著的认同效应。古代统治者对我国传统核心价值观认同的强力推进机制主要有：第一，通过行政权力"罢黜百家，独尊儒术"，建立儒家思想在我国传统价值观中的主导地位；第二，统治者通过传统礼法制度，将社会核心价值理念上升为法律规范，借助法律的强制力量来促使人们认同并践行社会核心价值观；第三，建立以儒学为核心的官方教育观，统一儒学教材，有计划地灌输以儒学为核心的传统核心价值观；第四，统治者自身对传统核心价值观的认同和践行。我国古代历朝统治者多受儒家思想影响，并以儒家明主贤君的标准要求自己，力求在统治中发挥民之表率的作用。正如荀子所言："君者，民之原也。原清则流清，原浊则流浊。"统治者的强力认同政策对于实现我国传统核心价值观日常生活化育发挥了重要的、不可比拟的功效。

其二，士阶层对传统核心价值观培育的身先垂范机制。我国古代统治阶级除自己躬行传统核心价值观以外，还非常重视官僚贵族等士阶层的身先垂范作用。首先，统治者通过"以儒取士"政策，把是否符合儒家道德要求和伦理规范作为官吏选拔的重要标准，极大地激发了人们对儒学的学习热情和信奉程度；此外，统治者还要求各级官吏以身作则，身先垂范，做万民表率。韩非子指出："人主者，守法责成以立功者也，闻有吏虽乱而有独善之民，不闻有乱民而有独治之吏。故明主治吏不治民。"[1] 唐代女主武则天组织编写《臣轨》一书，明确要求各级官吏要"发挥德行，熔范身心，为事上之轨模，作臣下之绳准"[2]。在历代统治者的不懈努力下，各级官吏和士大夫中涌现出许多如魏源、海瑞、包拯等以身作则、身正示范的表率，他们以实际行动诠释着传统核心价值观，推动了广大民众对我国传统核心价值观的认知和认同。

其三，建立赏罚分明的褒善惩恶机制。承上所述，统治者对士大夫阶层身先垂范的要求主要是通过褒善惩恶的考核制度实现的。一般而言，对

---

[1] 《韩非子·外储说右下》。
[2] 武则天：《臣轨》，参见潘玉腾、庄晓芸《中国传统社会核心观大众化的经验与启示》，《福建师范大学学报》（哲学社会科学版）2010年第1期。

于道德品质、政绩才能突出的官员，统治者多采用加官晋爵、赏赐财物等方式加以褒奖。反之，对于失德、失节者则严惩不贷。通过一系列赏罚分明的奖惩制度，既造就了一批高风亮节、操守过硬的封建士大夫，又通过各级官僚、士大夫的身正示范推进了传统核心价值观在民间的普及和推广。除此之外，对于广大普通民众，统治阶级也通过多种形式的扬善抑恶机制来整治民风、醇化民俗。比如，对于孝子贤孙、让财救患者，皆以匾表其门；对于贞女节妇，广树牌坊；相反，对于不忠不信、不孝不悌、毫无礼义廉耻之人，则加以训斥、惩戒或罚款，以兴善除恶。通过这种赏罚分明的褒惩机制大大推动了广大民众对传统核心价值观的了解和认同。

由此，通过这样一套自上而下的培育机制的建构，从制度层面保障了我国传统核心价值观日常生活化育的实现。尽管这些做法中不乏封建糟粕，但其成功经验——如强调统治者自身和官僚阶层对核心价值观的认同和践行及其奖惩机制——对于社会主义核心价值观日常生活化育具有重要启示。

（三）改造日常生活方式，"化民成俗"①，为社会主义核心价值观日常生活化育提供现实土壤

日常生活是人类生存发展的基本寓所，也是培育和践行社会主义核心价值观的现实场域。我国传统核心价值观的被广泛认同，除上述理论塑造、制度规约以外，"化民成俗"的生活实践和生活教化途径也是重要因素，其有助于改造传统社会的陈规陋习，培育符合社会核心价值要求的生活方式，并通过实际生活方式的改变使人们从中现实体验并内化社会核心价值理念，从而推动我国传统核心价值观从理论形态向人们日常生活方式的转化，这就从根本上促进了广大民众对我国传统核心价值观的现实认同。如前文所述，习俗、乡俗作为"日常生活的模式化形态"，直接影响着人们的日常生活方式。我国传统核心价值观培育主要是通过"礼"向"风俗""民俗"的转化，以此倡导、培育与传统核心价值观相吻合的日常生活方式来实现的。我国古代许多朝代都有整治民风、乡俗以改变人们日

---

① 出自《礼记·学记》，"化民成俗，其必由学"，意为教化民众，形成良好习俗，离不开教育。其中，化为教化，俗是习俗、风俗、成俗，即塑造成适应民族、国家需要的相对稳定的、习以为常的生活方式或行为方式。

常生产、生活方式的惯例。如我国宋代实行寓教化于乡约的制度，对于那些"父母疴疾，子不敢养""厚于婚丧""民未知学"等陈规陋习均明令禁止；明朝朱元璋亲自制定《教民六谕》，要求广大民众要"孝敬父母，恭敬长上，和睦乡里，教训子孙，各安生理，毋作非为"等。这些乡约礼俗经过一定时期的教化、实践，逐渐内化于人心，固化为人们基本的生活方式和行为方式，这样，人们遵礼俗而生活，依礼俗而行动，通过对礼俗、风俗的遵守和信奉，于自然而然中完成了对我国传统核心价值观的认同。对此，费孝通也曾表达过类似的观点，他认为我国传统礼制即我国传统核心价值观"并不是依靠一个外在的权力来推行的，而是从教化中养成了个人的敬畏之感，使人服膺；人服礼是主动的。礼是可以为人所好的"[1]。说明"化民成俗"的生活教化实践对于改善民风恶俗，促进我国传统核心价值观日常化育发挥了重要作用。

以此为鉴，社会主义核心价值观日常生活化育，一方面要改造我国传统日常生活结构，克服传统日常生活模式的重复性、保守性等特性对现代生活方式的影响和羁绊；另一方面要构建与我国当前社会结构相协调的文明、健康、向上的日常生活方式，为社会主义核心价值观融入日常生活提供现实土壤。

第二节　国外核心价值观日常生活化育的借鉴

任何国家的长期稳定与发展，都离不开核心价值观的强力支撑。衡量一个社会意识形态运作的成功与否，不是看其抽象空洞的宣传口号，而主要是看社会公众对其核心价值观的认同程度。尽管不同的国家有不同的核心价值主张和培育方式，但，成功的核心价值观培育总是与其日常生活认同紧密相关。在这方面，国外一些国家积累了不少经验和教训，值得我们学习和借鉴。

一　美国"无意识"中的"有意识"掌控

美国是个多民族的移民国家，建国至今不过两百多年，如何使不同民

---

[1] 费孝通：《乡土中国·生育制度》，北京大学出版社，1998，第51页。

族、不同价值取向的国民形成统一的核心价值观,是美国意识形态建设的核心问题。到目前为止,以自由、民主、平等、独立等为核心的个人主义核心价值观已赢得了美国民众的一致认同。然而,从表面上看,美国核心价值观在培育过程中似乎看不到意识形态的痕迹,比如,在美国,几乎看不到政治性的宣传口号,也不存在思想政治教育等类似的课程名称,但是,美国的核心价值理念却无所不在。借用美国学者詹姆逊的"政治无意识"概念,美国的核心价值观实际上已经从观念形态下渗到人们日常生活的方方面面,成为人们日常生活的集体"无意识"。在詹姆逊看来:"任何社会都没有像我们自己的社会这样在如此众多的方面被神秘化,像它这样浸透着情报和信息,这些都是神秘化的工具。如果一切都是显而易见的,那么,任何意识形态都是不可能的了,任何统治也是不可能的了。"[①] 可见美国意识形态控制的隐蔽性和神秘性。换言之,美国的意识形态或其核心价值观已经渗透到人们日常生活和非日常生活的一切领域,无处不在,无处不有,不管你有没有意识到,只要你处在这个社会中,你就必须认同其核心价值理念。那么,美国的核心价值观认同真的是在"无意识"中实现的吗?事实恰恰相反,"政治无意识"现象只不过是美国意识形态运作的假象,是美国意识形态建设的高明之处,事实是,美国对意识形态和核心价值观的控制比任何其他国家都要重视和严格,只不过它的做法和方式更为日常化、生活化和技术化,从而淡化了它的意识形态性,使人们在一种"政治无意识"中实现对美国核心价值观的认同。由此,"无意识"中的"有意识"掌控成为美国核心价值观培育的重要特点和经验。

(一)"无意识"认同:美国核心价值观的日常生活化育方式

美国核心价值观培育的最成功之处莫过于将其核心价值理念浸透到社会生活的各个方面,成为人们日常生活的"政治无意识",人们生活于其中却很难发现其意识形态特性。在这样一种"无意识"状态中,人们认同什么,不认同什么,甚至人的工作、生活、需求、交往、选择等一切东西都被一种无形的前定的东西影响着、牵引着,人对此既难以察觉又无法摆脱,只能顺从和追随。这样,核心价值观便于不知不觉中实现了普遍认

---

① 〔美〕弗雷德里克·詹姆逊:《政治无意识》,王逢振等译,中国社会科学出版社,1999,第49页。

同。或许，这种"无意识"认同，在法兰克福学派那里，是一种更加隐蔽、难以克服的异化状态，但仅就核心价值观培育及其效果而言，它不失为一种理想的认同方式。在美国，这种日常生活的"无意识"认同主要是通过以下方式实现的。

其一，通过刻意淡化核心价值观的意识形态性，强调其普适性的生活化培育方式。在美国日常生活中，很少看到带有明显政治色彩的宣传，不是其没有，而是这种意识形态宣传多被"广告""公共关系"等新称谓取代和遮蔽着。在美国的教育观中，找不到类似思想政治教育的课程，也不是因为其没有，而是这类课程多被冠以价值观教育、公民教育、道德教育等名称，以淡化其意识形态色彩，使人们在自主意识的支配下，自觉自愿地接受其核心价值观的宣传和教育。此外，美国核心价值观所宣扬的自由、民主、平等、人权等核心价值理念，还具有一定的普适性，这使其不仅与美国国民的生活观念和社会观念相吻合，而且符合不同种族、不同阶层的共同利益（至少表面上如此）和生活诉求，因而具备了获得社会普遍认同的合法性基础，再加上适当的方式、方法的推动，自然能够赢得人们的广泛认同。

其二，通过宗教活动推进核心价值观培育。在美国，宗教是实现社会核心价值观培育的不可低估的重要力量。根据有关统计，当代美国人去教堂的次数远远超过去球场看比赛、去电影院看电影的次数。[①] 一定意义上，宗教活动已成为当代美国人日常生活的重要组成部分，成为他们的一种基本生活方式。虽然随着现代民族国家的建立，宗教的力量得到一定削弱，但在美国人的日常生活世界中仍然占有重要位置，是实现美国核心价值观普遍认同的重要途径。首先，宗教教义是美国核心价值的来源和重要组成部分。从历史上看，美国是信仰以新教为基础的基督耶稣教义的国家，美国的自由、平等、民主等核心价值理念基本上源于基督教教义。"如果说美国人今天是个人主义者，那么，清教主义是个人主义的主要根源"；"基督教的价值观为个人的自由和权利奠定了基础，基督教影响最深的地方，个人的自由和权利也最普遍"。[②] 对宗教的信奉直接促进了美国人对其

[①] 农华西：《意识形态与核心价值体系建设》，湖南人民出版社，2007，第57页。
[②] 参见农华西《意识形态与核心价值体系建设》，湖南人民出版社，2007，第56~57页。

核心价值观的认同。其次，美国非常重视公民的宗教教育。无论家庭、学校还是社会公共场所，处处是传播宗教信仰和核心价值观的地方。再次，对宗教进行世俗化改造，使其成为推进核心价值观培育的有效载体。宗教是改造人的内心世界的精神力量。通过对宗教的世俗化改造，把宗教理想和社会理想结合起来，使其由单纯的精神力量转化为对民族、国家认同的政治力量，能够有效地推进核心价值观的推广和普及。这一点在美国尤其明显，"美国人去教堂是一种信念，但更多的是出于社会和个人的要求。美国社会存在着有形的或无形的压力，要求其成员和美国传统观念保持一致，不要有过多的越轨行为。大多数美国人去教堂正是为了这个目的，希望自己被社会所接受"[1]。美国人借助宗教活动，把宗教信仰和政治信仰、国家认同结合起来，成功地实现了核心价值观的日常化育。

其三，通过大众文化的渗透推动核心价值观培育。在美国，对公众日常生活最具影响力的文化因素，即以商品形式出现的大众文化。大众文化是指在现代资本逻辑和市场逻辑的运作下，利用大众传播媒介，为满足大众的各种文化需求而大批量生产的商品文化。作为以商品形式出现的大众文化，同市场上其他商品一样，具有价值和使用价值。大众文化的使用价值主要体现在满足大众的文化需求上，因而，自然承载着意识形态的建构功能。大众文化的价值主要是一种符号价值，通过消费符号价值彰显政治、经济、文化等阶级或阶层差别，控制大众的思想意识和社会的主流价值观念，这已是现代社会意识形态功能实现的重要方式和途径。美国学者菲斯克认为，任何社会都需要一种关于意义的文化观，就此而言，"大众文化本身并不充分——它们从来不是自足的意义结构，它们是意义和快乐的唤起者，它们只有在被人们接纳并进入了他们的日常文化后才能完成"[2]。说明大众文化所负载的意义即社会价值只有被人们消费并转化为日常观念之后才能实现。英国学者汤普森也认为："它（即意识形态）存在于文化产业的产品之中，这些产品供人们娱乐，人们在消费这些产品时就再现了这些产品所忠实反映的社会现实。今天的意识形态并不是那么清楚

---

[1] 朱永涛：《美国价值观——一个中国学者的探讨》，外语教学与研究出版社，2002，第170~171页。

[2] 〔美〕约翰·菲斯克：《解读大众文化》，杨全强译，南京大学出版社，2006，第6页。

表述的一种学说……而是一种特别的大众生产的文化物品，使之成为一种'社会凝合剂'。……在每一社会层次上，在愉快消费的行为中，假如社会凝合剂使得现代世界越来越僵化、齐一化和动摇不了，文化产业的产品就会把人们拴在压迫他们的社会秩序上。"① 两位学者的见解颇为深刻。在美国，其核心价值观并不是通过严苛的理论教化来赢得人们的认同，而主要是大众文化的娱乐和消费使然。大众文化通过将美国的核心价值观念制造成各种文化产品，一方面，在愉悦大众的同时悄悄地将主流意识形态渗透到大众的日常生活中，诱使大众接受其价值观念；另一方面，又催生着消费文化的生成，使人们在不断增长的文化消费体验中悄无声息地实现对其核心价值观的认同。

由此，以自由、民主、平等等为主要核心价值理念的美国核心价值观，一方面因其核心价值理念的普适性和去意识形态性而从人类共同利益那里获得了普遍认同的合法性，另一方面，又因其认同方式（即宗教认同和大众文化认同）的日常性和生活性而获得了广泛认同的合理性。这样，至少表面看来，人们是在一种毫无强力干涉、自觉自愿的甚至不知不觉的日常生活过程中完成了对美国核心价值观的认同。然而，事实果真如此吗？在这种"无意识"认同的现象背后，隐藏着怎样的本质呢？

（二）"有意识"掌控：美国核心价值观日常生活培育的本质

美国核心价值观培育的高明之处在于它制造了让人们自觉自愿、无意识认同的假象，这一假象的背后是美国官方意识形态对其核心价值观培育的牢牢掌控。正如马克思所指出："统治阶级的思想在每一时代都是占统治地位的思想。这就是说，一个阶级是社会上占统治地位的物质力量，同时也是社会上占统治地位的精神力量。"② 美国学者奥罗姆也认为："任何社会，为了能存在下去……必须成功地把思想方式灌输进每个成员的脑子里。"③ 美国统治阶级为了使其核心价值观得到社会广泛认同并保持一定的持续性和稳定性，充分发挥了国家机器的强效掌控作用。这主要体现在以

---

① 〔英〕约翰·B.汤普森：《意识形态与现代文化》，高铦等译，译林出版社，2005，第115页。
② 《马克思恩格斯文集》第1卷，人民出版社，2009，第550页。
③ 〔美〕安东尼·奥罗姆：《政治社会学》，张华青等译，上海人民出版社，1989，第317页。

下几方面。

其一,通过制定法律、法规来推动核心价值观培育。法律是调节、规范人的行为的"硬约束",价值观是指导、调节人的行为的"软约束"。美国非常重视把核心价值理念转化为法律法规,借助法律的权威和强制力量来规范、约束人的行为,从而推动核心价值观的认同。一方面通过宪法或法律对核心价值观给予保障。在美国,自由、平等、民主、人权等价值观念,既是美国社会核心价值观的核心理念,也是美国宪法的根本精神所在。比如,美国宪法第 14 条修正案规定:任何一州都不得制定或实施限制公民的特权或豁免权的任何法律;非经正当法律程序,不得剥夺任何人的生命、自由和财产;在州管辖范围内,也不得拒绝给予人以平等的法律保护。另一方面通过对法律的遵守来践行核心价值观。在美国,人们普遍认同遵守法律,依法行事,这种对法律的遵守和服从实际上就是对其核心价值观的认同和践行。

其二,通过政府对媒体的控制来促进核心价值观培育。大众传媒是美国传播、推进核心价值观培育的重要平台。虽然美国一直高扬言论自由、新闻自由等观念,但,大众传媒这一社会公器从来就不是价值中立的存在。"即使在西方那些标榜民主自由的国家中,也有不少国家把整个媒体都置于国家的控制之下"[1]。在美国,虽然大部分新闻媒体都是私营部门,但仍然无法摆脱政府的控制。所以,美国有学者将大众传媒看做是"第四种重要的社会化力量",是"可以形成政治信念的一种强大力量"。[2] 政府对大众传媒的控制主要通过:第一,直接投资创办媒体。如"美国之音"便是美国政府斥资兴建,隶属于美国国务院的国际广播局,直接受美国国务卿领衔的九人委员会领导。第二,通过参与制作节目,将美国核心价值理念融渗其中。如在美国的电视节目中,设有专门的历史频道和宗教电台,对民众进行历史教育和宗教渗透,借历史和上帝的名义向人们传输其核心价值观。第三,以维护国家意识形态安全的名义利用和操纵大众传媒为政治宣传服务等。在政府的操控下,人们该看到什么,该听到什么,能

---

[1] 王长江:《现代政党执政规律研究》,上海人民出版社,2002,第 323 页。
[2] 〔美〕阿尔蒙德、鲍威尔:《比较政治学——体系、过程和政策》,上海译文出版社,1987,第 48 页。

看到什么，能听到什么，不是由人们自己决定的，甚至也不是媒体能决定的，一切都是由那些控制传媒的人决定的。

其三，通过掌控教育来增进核心价值观培育。教育引导是推进美国核心价值观培育的重要渠道，历来为美国统治者所重视。美国政府首先通过适时调整政策来掌控教育。如1983年美国教育改革委员会发表了《国家处于危险之中：教育改革势在必行》的报告，加强了对教育的控制和审查；1993年克林顿政府颁布了题为《2000年目标：美国教育法》的全美教育改革计划，强调必须对学生进行品格教育，把学生培养成好公民。[①] 其次，美国政府非常重视发挥家庭教育、学校教育和社会教育的综合功能。在美国，家庭教育是实现社会核心价值观认同的基础，具有其他机构所不能比拟的重要作用。美国前总统克林顿曾指出："家庭代表的价值观，家庭传授给自己孩子的经验教训，家庭为塑造自己的未来而担负的责任，以及家庭试图实现的梦想，在很大程度上决定着我们将是一个什么样的民族，以及我们能成为什么样的国家。"[②] 学校是推进美国核心价值观认同的主阵地。针对价值澄清教育法造成的不良社会后果，克林顿指出："虽然学校不能倡导官方宗教信仰，但他们应当教授主流价值观。有人认为这不应该在公共教育中占有位置，我不同意这种观点。在我们的大街上发生的暴力事件并不是价值中立的。"[③] 也就是说，学校应该采取多种方法通过教材向学生直接灌输或间接渗透核心价值观。此外，美国政府还非常重视通过具象化形式如免费开放一些纪念馆、博物馆、国会大厦等场所进行社会教育，使人们在潜移默化的社会熏陶下自觉增进对美国核心价值观的认同。

（三）美国核心价值观培育的启示

美国核心价值观在培育途径上将"有意识"掌控与"无意识"认同进行了很好的结合，在认同方法上强调隐蔽性、渗透性和灵活性，收效显著，赢得了美国社会各种族、各阶层的一致认可。或许其做法并非尽善尽

[①] 参见潘玉腾《欧美国家推进核心价值观大众化的经验与启示》，载陈新汉主编《警惕核心价值体系"边缘化危机"》，社会科学文献出版社，2011，第473页。
[②] 参见王瑞荪《比较思想政治教育学》，高等教育出版社，2004，第197页。
[③] 〔美〕比尔·克林顿：《希望与历史之间》，金灿荣等译，海南出版社，1997，第98页。

美，在此，我们仅从其成功经验中吸取对社会主义核心价值观培育的有益启示。

其一，坚持国家对社会主义核心价值观培育的规范和引导。美国在核心价值观培育上一直采用淡化意识形态色彩，凸显人类普世价值的方式，但并不意味着美国政府会放松对核心价值观认同的掌控。相反，美国政府积极运用公共权力，通过直接或间接的方式对其核心价值观认同进行规范和引导，这一点值得我们借鉴。"大量事实证明，思想文化阵地，马克思主义、无产阶级的思想不去占领，各种非马克思主义、非无产阶级的思想甚至反马克思主义的思想就会去占领。"[①] 因此，推进社会主义核心价值观认同必须充分发挥国家的掌控力量，运用国家力量来维护马克思主义的主导地位，反对各种形式的"意识形态终结论""意识形态淡化论""普世价值论"等倾向，牢牢把握马克思主义在意识形态领域的话语权。

其二，建章立制，构建社会主义核心价值观培育的制度保障。美国在核心价值观培育过程中，十分注意用法律、制度来保障、推动人们对其核心价值观的接受。社会主义核心价值观认同也迫切需要在具体的法律、制度安排中体现社会主义核心价值观的要求。比如：在政治、经济、文化等发展政策中渗透核心价值观的内容和精神；在法律制定和司法过程中体现社会主义核心价值观的要求，促进社会主义核心价值观内容向法律法规转化，借助法律权威来推动社会主义核心价值观认同；建立健全社会主义核心价值观培育的常规化机制，强化、落实各级行政主管部门在推动社会主义核心价值观培育中的责任等。

其三，积极探索日常生活化的综合培育渠道。在美国核心价值观培育过程中，生活化的核心价值理念以及宗教、大众文化、家庭、学校、社会等日常生活组织或日常活动对于实现美国核心价值观培育发挥了不可低估的重要作用。首先，认同是一种说服人的软权力。核心价值观的认同力量首先来自价值系统的理性说服力及其与日常生活的融构力。就核心价值观本身而言，美国核心价值观认同的合法性基础源自其核心价值理念的生活性和普适性，这使得其核心价值观容易走进人的日常生活，得到人的感性和理性的双重认可和支持。这一点对于我们提炼社会主义核心价值观很有

---

① 《江泽民文选》第3卷，人民出版社，2006，第97页。

启发。其次，重视宗教的功能和作用。虽然宗教在我国远未达到成为人们日常生活方式的程度，但不可忽视的是，我国的信教群众越来越多，而且信教名目繁多，良莠不齐，需要正确看待和引导。再次，充分发挥大众文化在核心价值观认同中的作用，积极寻求社会主义核心价值观与大众文化的契合点，推动社会主义核心价值观向文化商品转化，从而使消费者在消费这些文化商品的过程中完成对社会主义核心价值观的认同。此外，依托大众传媒，加强舆论引导，进一步拓展社会主义核心价值观的传播途径，借助互联网、网络游戏、红色网站、手机短信等传播媒介，以语言文字、网页网游、影像数据等信息方式推动社会主义核心价值观向大众日常生活传播和渗透。

二 新加坡"中体西用与德法并行"[①]

新加坡是个典型的移民国家，人口来源的复杂性造就了新加坡多元种族的社会状况。不同的种族有着不同的语言文化、宗教信仰和价值观念，这些差异很容易引发种族之间的文化认同危机，造成种族隔阂与冲突，进而使种族间的文化认同危机上升到对国家和政府的认同危机。基于此，如何消除不同种族间的文化差异，培养国民的国家意识，成为新加坡政府的头等大事。通过对新加坡国情、国民构成和国民生活状况、精神状况的深刻洞悉，新加坡政府制定了"中体西用、德法并行"的核心价值观培育策略。

首先，从新加坡基本国情看，新加坡的自然资源贫乏，耕地面积少，粮食、淡水等基本物资都要从外国进口；经济发展以外向型经济为主，对外依赖程度很高。这使得新加坡领导人清醒地认识到："一个小国经不起任何折腾……新加坡要陷入困境，不会有机会收拾残局。"[②] 因此，新加坡的长治久安必须唤起全体国民的危机意识和忧患意识，必须培养全体国民的"新加坡人"意识，必须依靠全体国民的团结一致、同舟共济，艰苦奋斗、自强不息，否则，新加坡的生存与发展永远是个挑战。其次，从新加坡的国民构成看，新加坡国内虽然人种众多，有华人、印

---

① 参见朱晨静《新加坡核心价值观教育探析》，《江苏广播电视大学学报》2010年第1期。
② 王文钦：《新加坡与儒家文化》，苏州大学出版社，1995，第29页。

度人、马来人、土著人、斯里兰卡人、阿拉伯人、犹太人、菲律宾人等,但基本上以华人为主,多受东方文化尤其是儒家文化的教育和影响,因此,新加坡在核心价值观构建和认同上,坚持"精神上固守东方,技术上借鉴西方"的方针。再次,从新加坡国民的生活状况看,独立后的新加坡曾经一度狠抓经济建设,认为只要经济发展了,一切问题便可迎刃而解。直到20世纪70年代,新加坡国民的物质生活状况得到很大改善,但是其精神生活也受到西方腐朽文化和落后价值观念的侵蚀和冲击,尤其是个人主义、享乐主义、色情文化、性自由观念、毒品、暴力犯罪等严重影响了新加坡国民尤其是青少年的精神生活。新加坡领导人很快意识到这一问题的严重性和危险性。李光耀警告说:"一个国家如果只有富裕的物质生活和高超科技,而缺少一股使全国人民凝聚在一起的精神力量,那是很危险的。那样的国家'将难以抵御天灾人祸,最后必然走向瓦解和崩溃'。"[1] "如果政府再不与这些不适合东方人的思想作斗争,再过10年或20年我们将有一个完全不同的新加坡。表面上看很繁荣,但是事实上,社会没有凝聚力,家庭破裂、人人为自己,孩子受不到良好的教育,新加坡将成为既不像西方,也不像东方的社会,这是最大的危机。"[2] 新加坡领导人的危机意识和忧患意识大大推进了新加坡核心价值观的培育。

(一)中体西用:新加坡核心价值观培育的内容

新加坡核心价值观培育的内容在不同时期有不同的表达方式,但推崇东方价值观尤其是儒家思想并赋予其时代意蕴和新加坡特色是贯穿新加坡核心价值观培育的主线。

1. 坚持东方价值观,倡导新"八德"

20世纪七八十年代,面对西方腐朽思想和落后价值观的侵蚀和冲击,新加坡政府坚持"技术上依赖西方,精神上固守东方"的原则,把东方价值观尤其是儒家思想作为新加坡核心价值观培育的主要内容。所谓东方价值观,主要是东亚儒家文化圈的价值观,尤其是中国古代的儒家价值观。李光耀认为:"儒家思想的核心就是'忠孝仁爱礼义廉耻'八种德行。这

---

[1] 赵文春、张振国:《瞩目新加坡》,中国城市出版社,2004,第73页。
[2] 赵文春、张振国:《瞩目新加坡》,中国城市出版社,2004,第74页。

既是新加坡每一个人必须保持和发扬的'八种美德',也是新加坡政府必须执行的'治国之纲'。"① 作为新加坡核心价值观培育主要内容的"八德",并非儒家传统意义上的"八德",而是根据新加坡国情和社会需要被赋予全新内涵的现代新"八德"。所谓"忠"即忠于国家,就是要有国民意识。对新加坡人而言,关键是培养新加坡人对新加坡的认同感和归属感,树立新加坡人意识。"孝"即孝道,也就是要孝敬父母、尊敬长辈。新加坡领导人认为,加强孝道教育,既能稳定家庭,又能提高个人修养,于国于家于个人都有益。"仁"和"爱"即仁慈、博爱,就是要富有同情心和友爱精神,能够宽厚待人。"礼"就是礼貌、礼节。新加坡倡导"富而好礼",并把创造一个互相礼让、互相关怀的社会作为新加坡的追求目标之一。李光耀也指出:"礼貌是文明社会的一部分,礼貌本身就是一种美德,只对阔气的旅客有礼而对国人无礼,是降低我们自己的人格。"②"义"与"利"相对,即信义、正义之意。倡导"义",旨在告诫人们处理义利关系时,不要见利忘义,更不要为了一己之利损害国家利益和社会利益。"廉"就是清正、廉洁,这是为官者应该遵守的基本道德规范。李光耀强调新加坡兴旺的关键是要有一个廉洁自律的政府。"耻"就是羞耻之心。一个人只有长存羞耻之心,才能明辨善恶美丑,才能堂堂正正立身处世。新"八德"的阐发为新加坡国民确立了基本的行为准则,也构成了新加坡一个时期内核心价值观培育的主要内容。新加坡各级学校都普遍开设儒家伦理课,针对不同阶段学生的不同特点编写儒家伦理教材,通过生动形象的故事、比喻、成语、典故等向学生介绍儒家的伦理思想和价值观念,培养学生积极、正确的人生观和价值观,成为既有理想又有道德修养的人。

2. 确立"共同价值观",培养国家意识

培养国民的国家意识是新加坡核心价值观培育的重要目标。所谓国家意识是一个国家的国民在长期的生产、生活中形成的对自己国家认知、认同等心理和情感的总和,是一个国家外御敌辱、内聚群力的强大精神力量。新加坡的"国家意识"就是使各个种族和所有信仰不同的新加坡人都

---

① 畅征:《小国伟人——李光耀》,学苑出版社,1996,第205页。
② 新加坡《联合早报》编《李光耀40年政论选》,现代出版社,1994,第398页。

赞同并成为赖以生存的"共同价值观"。① 自20世纪80年代末以来，新加坡政府便致力于建立一种能够反映不同种族、不同宗教、不同集团共同利益和需求的共同价值观，培养公民的国家意识。经过长期的广泛讨论，1991年新加坡政府公布了《共同价值观白皮书》，明确提出了作为国家意识的"五大共同价值观"：（1）国家至上，社会为先；（2）家庭为根，社会为本；（3）关怀扶持，同舟共济；（4）求同存异，协商共识；（5）种族和谐，宗教宽容。②这五大"共同价值观"是对新加坡各种族共同价值观念的高度概括和凝练。作为新加坡国家意识的集中体现，"共同价值观"确立了一个主权国家所应有的基本价值取向，也规定了新加坡核心价值观认同的目标和方向。此后，新加坡各级学校均把"共同价值观"作为核心价值观教育的主要内容，并围绕"共同价值观"编写了一系列全新教材，内容包括国家建设、新加坡国情与特色、新加坡各宗教与各民族的信仰与风俗、共同意识、好公民观念等方面，以培养新加坡国民的国家意识。

3. 提出"新加坡21"，增强国家凝聚力

20世纪末，随着新加坡现代化进程的加快和物质生活水平的不断提高，新加坡人民尤其是新加坡年青一代的价值观发生很大改变，呈现出过分追求物质轻视精神生活、过分重视个人无视社会、过分崇尚西方文化忽视东方价值观的倾向。面对这一新变化，新加坡提出了"新加坡21"，并把它作为21世纪新加坡核心价值观认同的主要内容。所谓"新加坡21"，是新加坡在21世纪的五大理想，也是新加坡人民在21世纪应该遵循的五大共同价值观。其基本内容为：（1）重视每个人的价值；（2）家庭凝聚，立国之本；（3）人人都有机会；（4）心系祖国，志在四方；（5）积极参与，当仁不让。③ 吴作栋总理对这五大共同价值观做了详细的阐述，他认为，"重视每个人的价值""人人都有机会"，意味着每一个新加坡人都是新加坡美好生活的建设者和贡献者，无论是为新加坡做出杰出贡献的顶尖人才，还是每一个愿意为新加坡发展贡献力量的普通劳动者，人人都是新加坡建设的一分子，人人都有价值，都能够为新加坡的美好未来做出贡

---

① 李一平、周宁：《新加坡研究》，国际文化出版公司，1996，第183页。
② 郑维川：《新加坡治国之道》，中国社会科学出版社，1996，第189页。
③ 韦红：《新加坡精神》，长江文艺出版社，2000，第184页。

献。"家庭凝聚，立国之本"，说明新加坡十分重视家庭的作用，认为"家庭凝聚力是新加坡享有一个令人可喜的社会结构的主要因素"①，是新加坡的立国之本。"心系祖国，志在四方""积极参与，当仁不让"就是要全体新加坡人在心理上、情感上都认同新加坡，积极、主动地为新加坡做出贡献。总体上看，"新加坡21"反映了新加坡人在21世纪新的价值追求：它由原先的"国家至上、社会为先"转化为"重视每个人的价值""心系祖国，志在四方"，体现了个人价值与社会价值有机统一、家庭与国家并重的价值诉求。正如新加坡总理吴作栋所言："'新加坡21'是一项全面的远景。它超越经济和物质的成就，直达心灵和人群。它检讨社会中的价值观、态度、角色和关系。这些价值观将我们紧密团结起来，并使新加坡人与其他人不同。"② 作为21世纪新加坡核心价值观培育的重要内容，"新加坡21"是新加坡在新时期增强国家凝聚力的重要精神力量。

（二）德法并行：新加坡核心价值观培育的有效途径

1. 通过家庭传输、渗透核心价值观

家庭是人们日常生活的基本单位，也是实现核心价值观培育的基础场域。新加坡前总理李光耀认为："家庭结构坚固，具有抚育下一代、继往开来的巨大潜力。家庭把社会价值观念用潜移默化，而不是正式讲授的方法，传给下一代。"③ 新加坡教育部长吴庆瑞也认为："人在孩提时代，如果要真正学会区分什么是对，什么是错，主要是从父母，当然也包括从教师那里学到。"④ 说明在青少年核心价值观认同形成方面，家庭的作用不可小觑。要充分发挥家庭这一孕育功能，父母首先必须具备正确的核心价值观。为此，新加坡政府于2001年专门成立了家庭教育民众委员会（Public Education Committee on Family，PEC），为全面开展家庭教育提供咨询和建议，其内容之一就是向年轻人灌输积极的家庭价值观和核心价值观。⑤ 此后，该委员会还启动了学校家庭教育计划，专门负责对家长进行培训，其课程包括亲子教育、价值观教育、沟通技巧、性格养成、压力与冲突管理

---

① 曹云华：《亚洲的瑞士——新加坡启示录》，中国对外经济贸易出版社，1997，第195页。
② 韦红：《新加坡精神》，长江文艺出版社，2000，第185页。
③ 新加坡《联合早报》编《李光耀40年政论选》，现代出版社，1994，第408页。
④ 谢永亮：《小国伟人——智谋大师李光耀》，中原农民出版社，1997，第393页。
⑤ 霍利婷：《新加坡"学校家庭教育计划"》，《外国中小学教育》2008年第7期。

等，通过培训提高了家长自身素质和对家庭开展核心价值观培育重要性的认识，为实现新加坡核心价值观培育奠定了良好的基础。

2. 通过学校教育传授核心价值观

学校教育是新加坡核心价值观培育的主要途径。新加坡从基础教育到高等教育均设置了专门的道德教育课程，这些课程以向学生传授核心价值观为主要目标。如自 20 世纪 80 年代开始，新加坡小学开设了《好公民》《生活与成长》等课程，这些课程的首要目标是向学生"灌输国家观念，培养爱国意识"[1]；新加坡中学也开设了《公民与道德》、"共同价值观"教育等课程，重点向学生传授"五大共同价值观"，培养学生良好的品德、善良的性情、强健的体魄、优良的习惯、爱国爱民的意识和互助合作的精神，使学生的行为符合共同价值观的要求。从 1998 年开始，新加坡推行国民教育，国民教育的首要目标也是向学生灌输核心价值观，即"刻苦耐劳、爱国爱民、勤于学习、善于思维，以便开拓心胸和视野，具有崇高的品格、力求上进的精神。这些既是促进新加坡成功发展的核心价值，也是确保新加坡不断繁荣进步的基础"[2]。新加坡的高等教育也把向学生灌输核心价值观，培养学生的公民意识、国家意识作为一项重要使命来完成。自 20 世纪 90 年代开始，新加坡普遍在各高等学校开设儒家伦理课，"用生动的事例和形象的比喻向学生介绍儒家的人生观、苦乐观和价值观"[3] 等适合新加坡发展的东方价值观，以培养学生对国家、对社会的高度责任感，为新加坡的光辉前景努力奋斗。

3. 通过社会运动培育核心价值观

开展社会运动是新加坡核心价值观培育的重要途径之一，也是新加坡政府工作的一个重要方式。据不完全统计，新加坡"每年开展的全国性运动大约有 20 个"[4]，其中比较著名的有"文明礼貌运动""尊老爱幼运动""敬老周运动""防止犯罪运动""爱神运动""忠诚周运动""国民意识周运动""华族文化月""马来族文化月""印度文化月"等。这些运动多是围绕新加坡核心价值观培育展开的。通过开展各种各样切实可行的运动，

---

[1] 王学风：《新加坡基础教育》，广东教育出版社，2003，第 157 页。
[2] 王学风：《新加坡基础教育》，广东教育出版社，2003，第 172 页。
[3] 李兴业：《七国高等教育人才培养》，武汉大学出版社，2004，第 221 页。
[4] 郑维川：《新加坡治国之道》，中国社会科学出版社，1996，第 182 页。

弘扬了东方的先进价值观,有效抵制了西方腐朽价值观的侵蚀,强化了人们对新加坡核心价值观的理解和认同,为新加坡国民进一步落实和践行核心价值观奠定了良好的基础。李光耀高兴地说:"运动赢得了群众的支持,也教育了群众,使新加坡人朝着更文明的目标前进。"①

4. 通过制度建设保障核心价值观培育

重视制度建设是新加坡核心价值观培育的基本保障。李光耀曾多次指出,新加坡的成功并不是单靠儒家思想,西方的制度和规则同样重要。为了增强新加坡核心价值观培育的实效性,新加坡政府制定了多项法律、制度和规则。这些制度、规则和法律包括:为了宣扬孝道,新加坡政府规定,在分配政府组屋时,对于二世同堂、三世同堂的家庭要给予价格优惠和优先安排;为了稳定家庭关系,新加坡法律规定,夫妻在孩子未满3周岁以前,不能提出离婚,更不能为了离婚把孩子送给他人或送进护婴院;对于国家公务员和各级官员,法律规定更为严格,凡国家机关工作人员、国家公务员、国家企业工作人员在婚姻以外拥有情人或发生两性关系的均属违法行为;为了净化文化环境,新加坡政府也制定了严格的法律:凡政府认为不洁的镜头一律删减;暴露"三点"即为黄色,不能公开;对于公开发行的书刊及音像制品,一旦查出有黄色内容或情节,一律没收并处以重罚甚至判刑。在社会公德建设方面,新加坡政府也制定了一套行之有效的公共法规和公民行为规范:"不准乱堆垃圾";"不准乱穿马路";公园里"不准钓鱼""不准骑自行车";地铁站"不准做矮墙";电梯内"严禁抽烟"等,违者要处以罚款。上述法律、法规的制定和执行,稳定了家庭关系,提高了公务员的道德素质,净化了社会文化环境,形成了讲卫生、懂礼貌、守秩序、尊公德的文明风尚,为实现核心价值观培育提供了制度保障。

5. 通过道德实践巩固核心价值观培育

开展道德实践活动是新加坡核心价值观培育的另一重要途径。这里的道德实践活动包括学生的课外道德实践活动、社区服务活动等。新加坡政府十分重视课外道德实践活动。教育部特别规定学校应设专职的课外活动主任,专门负责学生的课外道德实践活动,如植树活动、清洁活动、礼貌

---

① 谢永亮:《小国伟人——智谋大师李光耀》,中原农民出版社,1997,第402页。

活动、尊老爱幼活动、忠诚活动等。通过这些活动使学生接受更全面、更深刻的教育，在实践中领悟核心价值观的真谛。社区服务活动也是开展道德实践活动的重要方式。1990年教育部制订和推行学生社区服务计划。该计划具体包括"好朋友计划、关怀与分享计划、负起校内的领导责任、到福利收容所和儿童组织服务、清洁环境计划以及临时服务"① 等活动，这些活动的开展旨在培养学生树立正确的核心价值观。此外，服兵役也是新加坡道德实践活动的另一重要方式。新加坡法律规定，每一个男性公民都要服兵役，高中毕业必须服役两年，然后才能升大学或就业……退役后进入战备役，每年仍需回到军营两周，参加军事训练。② 严格、艰苦的军事训练，对于培养青少年的国家意识和效忠观念十分有效，是巩固新加坡核心价值观建设的重要途径。

6. 通过日常行为践行核心价值观

重视日常行为训练是新加坡核心价值观培育的有效途径。心理研究表明，严格的日常行为训练，可以使外在的道德规范内化为国民下意识的一部分，做到主动、自觉地遵守，进而外化为人们的日常生活和行为习惯。为了增强核心价值观培育的实效，新加坡各中小学都制定了严格的日常行为准则，要求学生不得抽烟，男生不能留长发，女生不能戴首饰，不能穿太小太短的短裤、裙子等。每天都要参加升国旗、唱国歌仪式，并举行升旗宣誓："我们是新加坡公民，誓愿不分种族、语言、宗教的异同，团结一致地建设公正、平等的民主社会，并愿为国家的幸福、繁荣与进步而共同努力。"③ 新加坡各高校也十分重视在日常行为管理中进行核心价值观教育，并组织开展了形式多样的生活德育实践活动，如社团活动、社区服务活动和参与学校管理的"自治活动"等。通过多种多样、内容丰富的日常行为训练，培养了学生良好的道德素养，使学生自觉地认识到自己的一举一动、一言一行都与国家的形象、民族的利益紧密相连，从而深化学生对核心价值观的认知，并自觉在日常行为中践行核心价值观。

综上所述，新加坡政府为推进核心价值观培育进行了多种途径的探

---

① 王学风：《新加坡基础教育》，广东教育出版社，2003，第178页。
② 中国赴新加坡精神文明考察团：《新加坡的精神文明》，红旗出版社，1993，第59页。
③ 李大光、刘力南、曹青阳：《今日新加坡教育》，广东教育出版社，1996，第124页。

索，并取得了良好的效果：确立了国民的国家意识，增强了国家凝聚力，促进了社会良序的形成，为新加坡的经济发达、政治稳定、社会文明程度的提高奠定了良好的思想基础。

（三）新加坡核心价值观培育的经验及启示

新加坡的成功原因很多，重视核心价值观日常生活化育是其中不可或缺的重要方面。我国与新加坡相比，尽管国情和社会制度不同，但就其核心价值观培育而言，两国存在相同的文化根基。尤其是新加坡借鉴儒家思想进行核心价值观培育的成功经验和有益做法对于推进社会主义核心价值观日常生活化育具有重要启示。

1. 加快社会主义核心价值观向日常生活转化

新加坡政府为了增强国家凝聚力，保障经济长期稳定发展，先后将"东方价值观""共同价值观""新加坡21"远景作为新加坡核心价值观认同的主要内容，成效显著，这一点很值得我们借鉴。我国改革开放30多年来，随着经济体制的深刻变革和社会结构的深刻变化，人们的思想观念、价值追求、文化向度也出现了多元、多样、多变的趋势；西方资产阶级国家凭借经济、科技、媒体优势，通过电视、书刊、网络、对外交流等多种途径对我国进行意识形态的渗透和颠覆，尤其是西化、分化势头渐增。在这一时代背景下，构建中国特色社会主义核心价值观，是"应对全球化背景下西方文化霸权主义的挑战、维护国家文化安全的战略需要，是改革开放新时期我国经济社会发展对价值观建构的客观要求"[①]。党的十六届六中全会第一次明确提出"建设社会主义核心价值体系"的重大命题；十七大报告也进一步强调："建设社会主义核心价值体系，增强社会主义意识形态的吸引力和凝聚力。"作为一个理论体系，社会主义核心价值体系包括马克思主义指导思想、中国特色社会主义共同理想、以爱国主义为核心的民族精神和以改革创新为核心的时代精神、社会主义荣辱观等基本内容，其结构完整、内容翔实，充分体现了社会主义意识形态的本质。党的十八大将社会主义核心价值观概括为24个字。然而，如何将24字社会主义核心价值观转化为人民群众喜闻乐见、易懂、易记、易接受的核心价值观，

---

① 孙学玉：《我国社会主义核心价值体系建设的现实基础与实践路径》，《江海学刊》2009年第5期。

是当前学界研究的重大课题。学习、借鉴新加坡核心价值观培育的基本经验对于我们构建中国特色社会主义核心价值观无疑具有重大启发意义。

2. 继承发展中华传统美德

面对西方不良文化的冲击,新加坡政府根据不同时期的不同国情,对东方价值观尤其是儒家思想进行了新的阐释和改造,从新"八德"、"共同价值观"到"新加坡21"的提出都是新加坡对东方传统文化扬弃的结晶。在利用东方传统文化进行核心价值观教育方面,新加坡的做法确实值得我们借鉴。中国是儒家文化的发源地,儒家思想是中华民族传统文化的精华,尤其是儒家思想中的"仁、义、礼、智、信"观念作为中华传统美德的核心价值理念,在历史的不同时期不同程度地推动了社会道德观的发展,促进了整个社会道德水平的提升。当前,中国正处于社会转型时期,社会价值观念纷繁复杂,先进文化与落后文化并存,正确思想与错误思想、积极价值观念与消极价值观念相互交织,在这一社会背景下,构建一种富有时代特征、人文内涵、民族特色的社会主义核心价值观,为中华民族的繁荣强盛铸造坚实的思想基础,离不开对中华传统美德的继承和发展。早在20世纪末,75位诺贝尔奖获得者针对当今世界道德危机问题在巴黎集会时就宣称:"如果人类想继续生存,那么他将不得不在时间上退回2500年去领受孔子的智慧。"① 澳大利亚著名学者李瑞智教授也强调:"儒家文化将成为二十一世纪世界文化中心。"② 可见,儒家深厚的思想文化和道德观念至今仍为世人所推崇。儒家文化的根在中国,只要我们深入挖掘中华传统文化精华,把中华传统美德与时代精神相结合,并加以科学的引导和改造,就一定能够建立具有中国特色的社会主义核心价值观。

3. 加强制度建设

新加坡核心价值观培育的成功说明,核心价值观培育必须有相应的制度作为基础和保障。一个社会公民文明素质的提高和社会道德良序的形成,宣传、舆论、道德教育、典型示范固然重要,但仅此是远远不够的,还必须将核心价值观的诸多内容制度化、法治化,成为人人都必须遵守的

---

① 汪远平:《世界普遍关注的课题——"华夏伦理道德与青少年思想教育"研讨会评述》,《光明日报》1995年1月23日。
② 方江山:《"我坚信儒学的兴旺"——访澳大利亚著名专家李瑞智教授》,《光明日报》1994年10月7日。

行为规范，并尽可能地在日常行为中巩固下来，将核心价值观变成看得到、摸得着的切实可行的东西。我国学者也认为，社会主义核心价值观建设是与一定的社会制度相联系的，"要通过制度设计为提高整个国民的科学素质、社会公德意识、人文素养，以及健康向上的社会风范，提供途径、示范作用和宏观环境"[1]。社会主义核心价值观是社会主义意识形态的本质体现，对国家意识形态的掌控必须依靠国家行政手段和法律手段。我国对基础教育、高等教育以及领导干部的教育在制度安排和体制落实上有一定创意和成效，但从宏观上看，对核心价值观的制度化和法治化研究尚有不足。因此，必须依靠国家权力和行政手段制定相关的制度和法律条文，明确设定相关的课程、教学要求和党员干部的考核指标，确保社会主义核心价值观的有效灌输和渗透。

4. 注重官德教育

新加坡政府一直强调，"有好领导才有好政府"，"领导层的素质决定一切"。而好领导必须具备良好的官德，必须树立为人民大众和国家服务的宗旨，必须洁身自好、廉洁奉公，才有资格治理国家，为公众服务。所以，新加坡在核心价值观培育过程中十分重视官德教育，强调政府官员的个人道德修养，注重培养他们的廉洁、自律观念，坚定他们为国为民服务的信仰，希望通过公职人员的高素质、高修养来带动整个社会的文明进步，取得了显著的成效。新加坡这一做法对于我国建设社会主义核心价值观，增强社会主义意识形态的吸引力和凝聚力无疑具有重大借鉴意义。中国社会科学院原副院长李慎明也认为："建设社会主义核心价值观领导干部是关键。领导干部的行为及其体现出来的理论素养、理想信念、精神面貌、思想境界、道德情操，对社会主义核心价值观建设起着重要的示范和导向作用。"[2] 因此，推进社会主义核心价值观日常化育，构建具有中国特色的社会主义核心价值观并使之真正成为引领当代社会思潮的核心价值观，其首要的、根本的前提条件是加强官德教育，使广大党员和领导干部首先确立并践行社会主义核心价值观，以此激发广大人民群众学习实践社

---

[1] 杨永庚、门忠民：《试论理性视野下社会主义核心价值体系的建立》，《山西师范大学学报》（社会科学版）2008年第2期。

[2] 李慎明：《大力推进社会主义核心价值体系建设》，《中国检察》2008年第2期。

会主义核心价值观的主动性和积极性，从而促进社会整体向前发展。

5. 构建综合德育网络

以家庭教育为基础、学校教育为主导、社会教育为补充和延续的综合德育模式，是新加坡核心价值观认同的显著特征。实践证明，这一模式对于培养新加坡国民的国家意识、增强国家凝聚力、有效抵御西方腐朽思想的入侵发挥了巨大作用。我国虽然也强调把社会主义核心价值观融入国民教育的全过程，但在实践中"并没有扭转德育工作队伍孤军奋战的状况，所有教师、所有管理人员、所有教育环节、所有课程都担负着育人重任的责任意识还没有真正形成；社会和家庭教育不但难以与学校道德教育形成合力，而且在不少方面还直接抵消了学校本来就实效不太高的道德教育"①。借鉴新加坡经验，构建家庭、学校、社会三位一体的综合德育网络，必须加强家庭的德育职能，充分发挥家庭在孩子价值观塑造中的基础性作用；必须加强社会德育的环境建设，建立社会德育基地，积极探索实践育人的有效途径，形成家庭、学校、社会齐抓共管，共同为社会主义核心价值观教育出力的综合德育网络。

6. 重视道德实践和日常行为训练

新加坡核心价值观培育的实践证明，道德实践尤其是日常行为中的道德训练对于强化行为主体对核心价值观的理性认知，促使其自觉践行核心价值观具有积极价值。近年来，我国学者、专家对社会主义核心价值观和核心价值观的相关研究已取得了重要的理论成果，然而，对如何把相关学术研究成果转化为人民群众的道德实践和日常行为习惯的研究尚有不足；对如何把社会主义核心价值观转化为每个人的内在价值追求和实际行动的研究也有待深入。借鉴新加坡核心价值观培育的经验，高度重视道德实践和日常行为训练在核心价值观认同中的作用，把理论宣传与个人的道德实践和日常行为紧密联系起来，积极探索人民群众认同、践行核心价值观的一般规律，为社会主义核心价值观日常生活化育营造积极的发展态势。

三 苏联社会主义核心价值"忽视与迷失"的教训

自1991年12月26日苏联解体至今已过去20多年，其间，关于苏联

---

① 夏家春：《新加坡公民道德教育特色及对我们的启示》，《学术交流》2009年第3期。

解体和苏共垮台原因的探究,已如汗牛充栋。综合学界已有的研究,大多是从政治、经济、文化、政党、民族、宗教等方面展开的多视角的综合分析。比如在《美国与苏联解体》一书中,韩克敌认为,苏联解体的原因主要有五个方面:一是苏联的帝国本质;二是苏联的民族制度和民族政策;三是苏联式的社会主义建设模式;四是戈尔巴乔夫的个人作用;五是美国的强力介入和影响。这五个因素结合到一起,造成了苏联社会主义制度的覆灭和苏维埃联盟的解体。①《超级大国的崩溃——苏联解体原因探析》一书认为,政治上的理想主义和专制主义,经济上的教条主义,民族关系上的大俄罗斯沙文主义,对外关系上的意识形态化和霸权主义,是苏联解体的深层次原因。综合学者们的分析,按照马克思、恩格斯的观点:"历史是这样创造的:最终的结果总是从许多单个的意志的相互冲突中产生出来的,而其中每一个意志,又是由于许多特殊的生活条件,才成为它所成为的那样。这样就有无数互相交错的力量,有无数个力的平行四边形,由此就产生出一个合力,即历史结果。"② 自然,苏联解体和苏共垮台必然也是由多种因素综合作用的结果。其中,对苏联社会主义核心价值观建设的忽视与迷失是学界公认的苏联解体的重要原因之一。

(一) 对社会主义核心价值观建设的忽视

关于苏联的核心价值观建设,学者们的观点不尽相同。戴木才认为,"苏联'现实的社会主义'没有明确的社会主义核心价值观"③,"列宁和斯大林都没有对社会主义核心价值观进行专门阐述和提炼概括。他们对社会主义核心价值观的重要认识主要渗透在对社会主义经济、政治文化建设等的具体论述之中,涉及到许多具体的价值要求"④。也有学者认为,"苏联时期虽然没有明确提出马克思主义核心价值观这一概念,但在研究其意识形态和社会价值观中,不难发现苏联所倡导和宣传的核心价值观就是'大家为一人,一人为大家'的共产主义道德,其主要内容包括:团结互

---

① 韩克敌:《美国与苏联解体》,经济管理出版社,2011,前言第 2 页。
② 《马克思恩格斯文集》第 10 卷,人民出版社,2009,第 592 页。
③ 戴木才:《中国特色核心价值观的传统、现实与前景》,广西人民出版社,2011,第 191 页。
④ 戴木才:《中国特色核心价值观的传统、现实与前景》,广西人民出版社,2011,第 193 页。

助的集体主义，不计报酬的劳动态度，爱国主义和国际主义"[①]。也就是说，苏联虽然没有提出过明确的社会主义核心价值观概念，但并不代表苏联就没有相当于核心价值观功能的意识形态建设，尤其是在苏维埃政权建立初期，渗透于苏联经济、政治、文化建设等各领域的共产主义道德建设，充分弥补和替代了社会主义核心价值观对国家发展的精神引领作用，只不过，可惜的是，这一传统在苏联后来的国家建设中没有长期坚持下来，甚至在苏联后期发生了对马克思主义和共产主义本质的背离，从而很大程度上导致苏联民众对社会主义核心价值的认同危机。

1917年十月革命的胜利打破了马克思、恩格斯关于社会主义革命首先在发达资本主义国家爆发的预言。用列宁的话说："历史走的是奇怪的道路：一个落后的国家竟有幸走在伟大的世界运动的前列。"[②]自此，"什么是社会主义，怎样建设社会主义"的问题，即对社会主义核心价值的理解问题，成为苏共继承者们必须首先要回答的关键问题。对此，苏共不同时期的继承者有着不同的理解和探索。列宁在1921年以前，曾经尝试把马克思、恩格斯关于社会主义的设想直接运用于苏联，结果发现与苏联社会状况严重不符，于是，不得不从苏联经济、文化等各方面都较为落后的国情出发，着手探索并实施新经济政策。列宁指出："我们现在正用'新经济政策'来纠正我们的许多错误，我们正在学习怎样在一个小农国家里进一步建设社会主义大厦而不犯这些错误。"[③] ②应该说新经济政策是符合社会主义发展要求和社会发展规律的一次有益探索。在此基础上，列宁又提出一系列发展社会主义商品经济、民主政治、文化建设的设想和建议。然而，不幸的是，这些主张随着列宁的英年早逝而夭折，未能真正落实。

到了斯大林时期，他继承了列宁"一国社会主义胜利论"思想，提出了"一国可以建设社会主义"的理论，并创建了斯大林模式，即在经济上坚持生产资料公有制，优先发展重工业，实行国家工业化和农业集体化；在政治上实行"苏维埃政权是无产阶级专政的国家形式"[④]，坚持苏联共产

---

① 郭丽双，崔立颖：《苏联核心价值观的裂变与启示》，《毛泽东邓小平理论研究》2013年第10期。
② 《列宁全集》第35卷，人民出版社，1979，第345页。
③ 《列宁全集》第42卷，人民出版社，1987，第175页。
④ 《斯大林选集》上卷，人民出版社，1979，第222页。

党一党专政；在文化上实行高度集中的文化体制，要求社会主义文化"内容必须是无产阶级的，形式是民族的"①，并以是否符合最高领导人的观点作为评判是非的唯一标准。斯大林模式使苏联快速实现了工业化；但同时也因长期僵化、高压、教条的发展模式为苏联后期发展和日后解体留下了很大隐患。

总体上看，这一时期列宁、斯大林虽然没有提出明确的共产主义或社会主义核心价值观，但在思想文化建设领域，苏共还是开展了卓有成效的建设：树立了保尔、卓娅、马特洛索夫等一系列英雄形象，推出了《母亲》《铁流》《斯大林格勒大血战》《钢铁是怎样炼成的》等一批优秀文艺作品。这些英雄模范和文艺作品中内含的共产主义价值理念，在事实上发挥了核心价值的精神导引作用，客观上弥补了苏联核心价值观建设的缺失。

然而，斯大林逝世后，赫鲁晓夫上台执政，他全盘否定斯大林，主张从政治、经济、文化、外交等各个方面对斯大林模式进行改革，开启苏联民主政治化进程，这不仅严重破坏了苏联领导人在人们心目中的形象，而且使苏联走上背离马克思列宁主义的道路。到了勃列日涅夫时期，一方面，他对于苏联经济发展缓慢、政治腐败、官僚主义、教条主义盛行导致的危机四伏的局面缺乏足够的认知、警惕和防范；另一方面，他继承发展了赫鲁晓夫的路线，而且走得更远，宣称苏联已建成"发达社会主义"。然而，理想与现实的巨大落差使苏联政治、经济、社会发展中的一系列深层次矛盾日益凸显出来。继勃列日涅夫之后，苏联历史上另一重要人物——戈尔巴乔夫走上历史舞台，此时的苏联已是千疮百孔、积重难返，改革势在必行。然而，他却没有看清这一现实，甚至错误地认为，改革的最大困难是以前形成的思维方式，所以将改革的重点放在改变人们的思维方式上。他认为，"新思维的核心是承认全人类的价值高于一切，更确切地说，是承认人类的生存高于一切"②。在这一错误理念的引导下，戈尔巴乔夫开始了大刀阔斧的改革：他主张，经济上要恢复私有制，政治上要取消无产阶级专政，实行"全民国家"，文化上倡导"民主""多元""公

---

① 《斯大林全集》第 7 卷，人民出版社，1985，第 117 页。
② 〔苏〕米·谢·戈尔巴乔夫：《改革与新思维》，苏群译，新华出版社，1987，第 183 页。

开"等价值理念。毋庸讳言，戈尔巴乔夫的改革让苏联彻底走上了背离社会主义建设的道路。对此，美国前国家安全事务助理布热津斯基看得非常清楚，他指出，"戈尔巴乔夫在改革过程中已逐渐走上了修正主义道路……他不仅要改变苏联的经济结构，还要修改苏联制度的思想基础，甚至要在一定程度上改变苏联的政治秩序"；而且更为严重的是，"有朝一日党甚至可能丧失对社会的垄断控制"。①布热津斯基的这一预言不幸变成了现实。1990年苏共第二十八次代表大会正式确定了"建设人道的民主的社会主义"的纲领和路线，彻底抛弃了社会主义路线，直接导致苏共内部思想混乱、人心涣散，退党人数不断增加，苏共的群众基础、阶级基础和思想基础均被瓦解，因此，苏共垮台、苏联解体也就是必然的了。

通观这一历史进程，个中缘由，错综复杂，确非一力可为。但其中很重要的一点——在关于"什么是社会主义、怎样建设社会主义以及建设怎样的社会主义"这一社会主义最核心的价值问题上，缺乏清醒、正确的认知，苏联历届领导人对这一问题也没有给予足够的重视，导致在苏共执政的80多年时间里，始终没有提出或形成苏联自己的核心价值观，这一方面使苏共和苏联人民对社会主义价值追求缺乏明确、坚定的信念，另一方面也为资本主义价值观的入侵和渗透留下可乘之机。

（二）对马克思主义指导思想的错误理解和背弃

马克思主义是工人阶级的世界观，是工人阶级认识世界和改造世界的思想武器，是工人阶级争取阶级解放和人类解放的科学理论，但不是一成不变、放之四海而皆准的绝对真理，而是随着实践发展不断丰富、完善的科学的世界观和方法论。正如马克思、恩格斯反复强调的："无论如何，共产主义社会中的人们自己会决定，是否应当为此采取某种措施，在什么时候，用什么办法，以及究竟是什么样的措施。我不认为自己有向他们提出这方面建议和劝导的使命。"②并一再指出："马克思的整个世界观不是教义，而是方法，它提供的不是现成的教条，而是进一步研究的出发点和

---

① 〔美〕兹·布热津斯基：《大失败——20世纪共产主义的兴亡》，军事科学院外国军事研究部译，军事科学出版社，1989，第66页。
② 《马克思恩格斯文集》第10卷，人民出版社，2009，第455~456页。

供这种研究使用的方法。"① 列宁正是在马克思主义指导下，从俄国国情出发，领导俄国工人阶级取得十月革命的胜利，建立了无产阶级政权。此后，又创造性地将马克思主义基本原理与苏联现实国情相结合，实行新经济政策，为在经济社会都比较落后的条件下建设社会主义进行了有益探索，体现了列宁对马克思主义指导思想的坚持和灵活运用。然而，自斯大林开始，苏共及其领导人对马克思主义指导思想的理解和运用开始出现一定程度的僵化和教条化倾向，错误地把在落后国家建设社会主义的模式与马克思、恩格斯所设想的"以发达资本主义文明"为基础的社会主义建设直接相等同。虽然在斯大林模式下，苏联社会主义建设取得了伟大成就，但是，斯大林片面地将生产资料的单一公有制看作社会主义的唯一本质特征，并宣布苏联在1936年就建成了社会主义，这无疑是对马克思主义指导思想与社会主义本质的误读，最终将苏联的社会主义建设引上歧途。

继斯大林之后，赫鲁晓夫执政时期，开始全盘否定斯大林模式，并进而否定列宁领导的社会主义建设，提出"全面建成社会主义"和"20年建成共产主义"的冒进主张，其结果不仅没有消除斯大林模式的痼疾，相反，却将苏联的社会主义建设引向偏离马克思主义的正确轨道。到了勃列日涅夫时期，他虽然意识到谈论共产主义有些轻率，但却坚持认为苏联已建成"成熟的社会主义"，其实质无疑也是对马克思主义的背离。此后，戈尔巴乔夫以"人道的民主的社会主义"主张为指导思想，对苏联的政治、经济、文化等进行了全面的改革，彻底背弃了马克思主义指导思想，逐步完成了向资本主义制度的靠拢和演变，导致苏联最终走向解体。在这场马克思主义与非马克思主义指导思想的较量中，马克思主义指导思想最终在"否定背叛与糖衣炮弹"的裹挟下败下阵来。用布热津斯基的话说："民主社会主义和福利国家常常是同共产主义学说的吸引力进行斗争和为共产主义模式提供另一种民主选择的最有效方法。"② 纵观这一历史进程，如果说斯大林、赫鲁晓夫、勃列日涅夫的社会主义主张是一种对马克思主义的教条主义或冒进主义理解的话，那么，戈尔巴乔夫的思想就是对马克

---

① 《马克思恩格斯全集》第39卷，人民出版社，1974，第406页。
② 〔美〕兹·布热津斯基：《大失败——20世纪共产主义的兴亡》，军事科学院外国军事研究部译，军事科学出版社，1989，第11页。

思主义的彻底背弃。在此意义上,也可以说,正是对马克思主义的错误理解甚至背弃,导致了苏联社会主义核心价值的茫然与迷失。

(三) 理论与实际相脱节,忽视了对人们日常生活的现实观照

一般意义上,人们认同一种意识形态或核心价值观的根本原因,在革命斗争时期主要在于这种意识形态或核心价值观能够满足人们改变现状的愿望,在和平建设时期则在于这种意识形态或核心价值观能够不断地改善、提升人们的生存状况。苏联民众对社会主义的拥护和认同,无论在革命时期还是在社会主义建设时期,都不在于它拥有比资本主义更加发达的生产力和经济文化水平,而是它给人们提供了一种改变现存状况的期望和信心。正是靠着这种期望和信心,苏联取得了十月革命和社会主义建设的伟大成就,同时,社会主义革命和建设的成功也反过来更加坚定了人们对社会主义的认同和信念。然而,这种期望和信念如果长期与实际相脱节,不能在现实生活中得以展现,则难免动摇人们对社会主义的认同和信心。

一方面,苏联自苏维埃政权建立到苏联解体,一直实行的是国家至上的高度集中的计划经济体制,过分强调经济对政治、军事的服务作用,相对忽视了对人们日常生活和日常需求的现实观照。当然,这种政策在苏维埃政权建立之初,国内百废待兴,国外又遭遇资本主义的强势包围,确属必要。然而,长此以往,则造成苏联经济存在长期的短缺性危机,即不能满足人们日常生活的基本需要。"从食品、衣着到其他生活用品都存在短缺,或者是总量短缺,或者是品种短缺"[1];这种经济短缺不仅在无产阶级中十分普遍,在苏联知识分子阶层也十分严重,"为了生存,他们不得不受累于日常生活,从事家务,与农民的区别已经越来越小。教学工作在许多中学教师生活中已不再是最主要的事了,因为它已经不能成为生存所需的最起码的生活资料的来源了"[2]。长期的经济短缺使得苏联的经济发展偏离了正确的轨道,无法满足人民群众的基本生活需要,逐渐动摇了人们对社会主义的期望和信心。

---

[1] 许新等:《超级大国的崩溃——苏联解体原因探析》,社会科学文献出版社,2006,第67页。

[2] 张建华:《20世纪20年代苏联知识分子的日常生活和社会地位》,《社会科学》2010年第10期。

另一方面，随着斯大林模式的弊端日益凸显以及对斯大林批判的开展，人们心目中的英雄被请下神坛，一时间，人们对社会主义、共产主义的信仰随之崩塌，变得茫然不知所从。尽管苏联后来的继任者们进行了种种尝试和努力，但并没使人们的生活状况和社会问题发生根本改变，相反，社会主义意识形态却越来越脱离实际，最终走上背离马克思主义的道路，加剧了人们对共产主义理想信念的动摇和幻灭。对此，俄罗斯著名历史学家索科洛夫深刻指出："马克思主义被教条化、理论思维开始僵化，社会主义成了保守固执的代名词，加之领导层的无所作为，整个社会陷入某种停滞状态。在所谓的'发达社会主义时期'，人民日常生活中的矛盾愈益显露，劳动生产率下降，政治意识淡漠，道德观念沦丧，社会风气日下，酗酒、犯罪等社会问题日益严重。当时有 2000 万党员退党，放弃了自己曾坚持的信仰。"① 就连戈尔巴乔夫本人都"（声称）自他懂事以来，就一直梦想着要把共产主义埋葬……遗憾的是卑鄙无耻毫无原则的不仅是他这一个人。……准确地说，在整个后斯大林时期一直没有能够对全党和全社会提出要求克服侵蚀党和社会血肉肌体的教条主义的任务"②。在这样的情形下，苏联的社会主义意识形态日渐失去对广大民众的引领和聚合功能，进而丧失了对人们日常生活的现实观照，意识形态的合法性基础亦不复存在，苏共垮台、苏联解体自然也就成为历史的必然。

苏联解体的深刻教训说明，在任何情况下都不能忽视社会主义核心价值观建设。试想，西方资本主义的经济封锁、军备竞赛的压力、和平演变的分裂等等都没能摧毁一个国家，然而，苏联却在和平条件下，在没有任何外在压力或外在压力很小的情况下解体了。纵然原因是多方面的，但其中不可忽视的一点便是苏联没有明确社会主义核心价值观建设的重要任务，尤其是后斯大林时期，完全背离了马克思主义的立场原则和社会主义的本质要求，使人们对社会主义核心价值的认识长期处于模糊状态，这极大影响了人们对社会主义的理解和认同。所以，建设社会主义核心价值观，关键要解决社会主义的理想信念问题，使人们能够在社会主义建设事

---

① 参见刘爽《从"史学危机"看苏联解体的意识形态原因》，《马克思主义研究》2008 年第 9 期。
② 〔俄〕尼古拉·伊万诺维奇·雷日科夫：《大国悲剧：苏联解体的前因后果》，徐昌翰等译，新华出版社，2010，第 16 页。

业遇到困难、面临危机或是暂时不能给人们带来当前利益之时，仍然能够得到人们的谅解、支持和拥护，仍然具有凝聚民心、坚定民意的凝聚力和向心力。因为任何一个国家或执政党都不能保证经济永远高速增长，都无法避免或杜绝天灾人祸，都无法保证不面临任何困境，因此，只有实现社会主义核心价值观认同，只有将社会主义核心价值观内化于心并外化于行，才能形成凝聚广大人民群众团结一致、奋勇向前的精神之基和价值之魂，才能形成引领广大人民群众同舟共济、共克时艰的强大精神力量。

综上所述，不同国家的核心价值观建设各有其不同之处，透过特殊究其一般，上述核心价值观培育的经验和教训说明，一个成熟的能够被广泛认同的核心价值观至少需要具备以下条件：其一，与核心价值诉求相一致的经济、政治、文化、社会条件的有效实现和保障，简言之，核心价值许诺的及时有效兑现，是实现核心价值观认同的关键；其二，核心价值观需要获得知识系统、价值系统的真理性、价值性的逻辑论证以及来自信仰系统的深层支撑；其三，核心价值观还必须落实到真实有效的制度设计和制度运行之中；其四，一个成熟的能够得到社会普遍认同的核心价值观还必须实现向大众日常话语、日常评价的现实转化，只有融入大众日常生活并实际转化为人们日常意识和日常行为取舍的具体标准，核心价值观才能实现由政治意识形态向人们日常意识和行为实践转化。换言之，社会主义核心价值观日常生活化育实际上是一个由非日常生活的理性认同向日常生活感性认同的转化和深化过程，只有同时实现这两个层面的认同，核心价值观的普遍、自觉认同才具备现实的可能性。社会主义核心价值观日常生活化育也同样如此。

第四章

社会主义核心价值观日常生活化育的现实课题

在经济全球化、社会信息化、文化多元化、文明多样化的时代背景下,随着我国从传统农业文明向现代工业文明的演进以及改革开放条件下社会主义市场经济的深入发展,我国社会在政治、经济、文化等诸方面都发生了深刻转型,人们的日常生活也经历着从传统日常生活向现代日常生活过渡的历史性变迁。在此过程中,文化多元化、信息网络化、消费符号化对培育和践行社会主义核心价值观带来重大影响,是社会主义核心价值观日常生活化育面临的重要现实课题。

第一节 文化多元化与社会主义核心价值观日常生活化育

经济与文化是不可分割的辩证统一体。不同的经济形态客观上要求建立与之相适应的文化形态,而文化的演进发展总是反映与其共时态的经济形态的特点和要求。恩格斯指出:"政治、法律、哲学、宗教、文学、艺术等的发展是以经济发展为基础的。"[1] 毛泽东也认为:"一定的文化(当作观念形态的文化)是一定社会的政治和经济的反映。"[2] 改革开放以来的三十多年间,随着我国经济政治体制深刻变革、社会结构深刻调整,利益格局以及人们的思想观念也随之发生了深刻变化。这一变化反映在文化领域,则突出表现为社会主流文化、精英文化和大众文化等多元文化形态鼎

---

[1] 《马克思恩格斯全集》第39卷,人民出版社,1974,第199页。
[2] 《毛泽东选集》第2卷,人民出版社,1991,第663页。

足而立、共同发展的文化格局。文化多元化既为社会主义核心价值观培育增添了活力，拓展了发展空间，同时也为其带来新的挑战和难题。

一　日常生活与文化多元化

在日常生活中，文化多元化趋势突出表现为大众文化的兴起和发展。衣俊卿通过对我国前工业社会人的存在方式和生活图式的分析，得出一个重要结论："迄今为止的日常生活是传统文化的寓所。"[①] 改革开放以来，随着我国现代化程度的提高以及市场经济的深入发展，人们的生活水平不断提升，生活方式也随之悄然改变，尤其是1995年"双休日"工作制施行以来，人们闲暇的增加，大大提高了日常生活在整个社会生活中的比重，客观上扩大了人们对大众文化的需求，促进了大众文化在我国的勃兴。同时，大众文化也以其前所未有的开放姿态和对日常生活本体性、世俗性的肯定，广泛深入地渗透到人们的日常生活中，强势影响着人们的生活方式和审美标准，塑造着人们的思想、情感和价值观念，解构着社会原有的价值观，阻滞着新的价值观的形成和确立。因此，研究文化多元化对培育和践行社会主义核心价值观的影响，大众文化及其影响是不能回避的重要问题。

要了解大众文化在当代中国日常生活中的发展样态及其深远影响，首先需要明确何谓"大众文化"？大众文化是西方文化研究中的一个主要范畴，最早出现在美国哲学家奥尔特加《民众的反抗》一书中，主要指一定地区、一定时期内出现的被大众所信奉、接受的文化。后随着西方文化哲学的发展而演绎出不同的内涵，至今，关于大众文化仍没有一个统一的定论。在英文文化中，大众文化有两种翻译形态：mass culture 和 popular culture。在20世纪早期的大众文化中，大众文化主要是指 mass culture，与高雅文化（high culture）相对，意指大量的、群众性的、下层社会的较为粗俗的文化。到了20世纪中期及下半叶，随着文化工业的繁盛，大众文化逐渐成为现代社会一种普遍的文化模式，人们对大众文化的解读也随之改变，popular culture 逐渐取代了 mass culture，成为比较现代的意涵。英国学者威廉斯在《关键词——文化与社会的词汇》中对大众文化的九种界定进

---

① 衣俊卿：《现代化与日常生活批判》，人民出版社，2005，第32页。

行了详细的分析：其一，大众文化就是众人喜好的文化，受欢迎或喜好程度是一个重要的衡量标准；其二，大众文化是指一切来自广场而非庙堂的民间的文化，也有学者称其为"难登大雅之堂的文化"；其三，大众文化是一种无产阶级的、面向工农兵的、革命的文化，如毛泽东在《新民主主义论》中所提出的"它应为全民族中百分之九十以上的工农劳苦民众服务"①的文化；其四，大众文化指资产阶级的国家意识形态，是一种以标准化、大批量、受操纵的文化工业产品为标志的文化，如法兰克福学派所批判的文化；其五，大众文化是除高雅文化或精英文化之外的那部分文化；其六，大众文化是一种商业消费文化，即为商业目的"有意迎合大众口味"而大批量生产的新的商品文化形态；其七，大众文化是指统治阶级倡导的同时又赢得被统治阶级认同的文化形态；其八，大众文化是一种来自民间的文化，是人民群众创造的符合他们需要的人民的文化；其九，大众文化是一种消弭了精英文化与通俗文化差异后形成的当代文化形态。②

撇开上述众说纷纭的大众文化的界定，不妨在与其他范畴的比较中来理解大众文化。一方面，大众文化与官方的主导文化和学界的精神文化不同，它不是针对某一特定群体或特定阶层的文化，而是面向广大民众的带有一定普适性的文化形态。另一方面，大众文化也不同于自在、自发的民间文化，它是一种以现代传媒为载体，通过文化工业大批量生产的商品文化。由此，我们基本可以明确大众文化的内涵：大众文化是现代工业社会中市场经济充分发展的产物，是以现代信息技术和现代传媒技术为介质的文化传播形式，是按照商品市场规律运作，旨在融入大众、愉悦大众的大批量生产的现代文化形态，商品性、娱乐性、流行性、技术性是其主要特征。

首先，商品性是大众文化的首要特征。市场经济条件下，大众文化与市场、资本的结合，使得赢利成为大众文化生产的首要动机，于是，文化的生产颠覆了原来超功利的创造模式，成为商业化操作的大规模的产业形态，遵循经济规律、追求利润、讲求效益是大众文化产业发展的根本目的。其次，娱乐性。大众文化是一种感性娱乐文化，旨在使大众获得感官

---

① 《毛泽东选集》第1卷，人民出版社，1991，第708页。
② 参见〔英〕雷蒙·威廉斯《关键词——文化与社会的词汇》，刘建基译，生活·读书·新知三联书店，2005，第281~289页。

愉悦。丹尼尔·贝尔曾深刻指出:"讲究实惠的享乐主义代替了作为社会现实和中产阶级生活方式的新教伦理观,心理学的幸福说代替了新教精神。"①说明大众文化迎合了人们世俗的文化享受,日益成为一种新的生活方式。再次,流行性。制造时尚、引领潮流是大众文化生存发展的重要策略。德国社会学家、哲学家齐美尔一针见血地指出:"东西不是生产以后才会变得流行的,东西是为了流行才生产的。"②最后,技术性。大众文化主要是在现代传媒技术、信息网络技术的引导下生成、发展的。一定意义上,没有大众传播技术的发展,也就没有大众文化。

与西方类似,大众文化在我国的发展也经历了一个聚讼纷纭、毁誉参半,最后广为盛行的复杂历程。20世纪70年代末80年代初,港台歌曲、通俗小说、电视剧的传入,开启了我国大众文化发展的序幕。一时间,靡靡之音、摇滚乐、交谊舞、喇叭裤等作为一种异质的文化形态强烈冲击着原有的政治话语和阶级叙事,引发了人们对大众文化褒贬毁誉的大讨论。到20世纪80年代末90年代初,随着我国体制改革、社会转型的深入,大众文化也步入快速发展的轨道,尤其是信息网络技术的应用大大促进了大众文化的膨胀和扩张。进入21世纪以来,伴随经济全球化、文化多元化的发展,西方后现代主义的传入更是为我国大众文化的盛行推波助澜。美国学者詹姆逊(又译詹明信)指出,后现代主义为当今文化带来一种全新的文本,这一全新的文本即是在备受现代主义运动所极力抨击的文化产业的掌控下产生的,"各种形式的后现代主义都无法避免受到这五花八门的'文化产业'所诱惑、所统摄。在如此这般的一幅后现代'堕落'风情画里,举目便是下等拙劣的次货……周遭环顾,尽是电视剧集的情态,《读者文摘》的景物,而商品广告、汽车旅店、子夜影院,还有好莱坞的B级影片,再加上每家机场书店都必备的平装本惊险刺激、风流浪漫、名人传奇、离奇凶杀以及科幻诡怪的所谓'副文学'产品,联手构成了后现代社会的文化世界"③。于是,在文化全球化、传媒化的驱使下,大众文化在我

---

① 〔美〕丹尼尔·贝尔:《资本主义文化矛盾》,赵一凡等译,生活·读书·新知三联书店,1989,第122页。
② 参见〔匈〕阿诺德·豪泽尔《艺术社会学》,居延安译,学林出版社,1987,第257页。
③ 〔美〕詹明信:《晚期资本主义的文化逻辑》,陈清侨等译,生活·读书·新知三联书店,1997,第424页。

国的地位和影响力大大提升,逐渐成为大众日常生活中占主流地位的文化形态,并以其绝对的市场占有量和受众量使非日常生活中主导文化、精英文化的发展受到严重排挤和冲击,日益面临边缘化危机。

在日常生活中,大众文化的魅力缘何如此之大呢?从深层意义上看,这与大众文化对日常生活的本体性地位、作用的肯定与凸显紧密相关。其一,大众文化满足了大众的生活娱乐需求。大众文化通过各种为大众喜闻乐见的形式和内容,满足了不同层次、不同群体的多种文化需求,提高了广大民众的文化生活水平和生活质量,帮助人们拓宽了生活空间,纾解了生活压力,愉悦了人们的日常生活。其二,大众文化肯定了日常生活的世俗性。大众文化以对现世生活的崇尚和追求,逐渐消解了政治意识形态、理想主义、英雄主义等在大众日常生活中的地位和影响,充分肯定了日常生活对于维持个体生存、发展的功能和意义,从而以生活化、平民化、人性化的日常性格赢得了大众的真心服膺。其三,大众文化彰显了日常生活的价值和意义。在非日常生活的主导文化和精英文化那里,日常生活常因其世俗性、琐碎性而被视为非日常生活的潜在基础和背景世界,而在大众文化这里,由衣食住行、生老病死、礼尚往来等构成的日常生活却因其能够维持个体生存、再生产而获得了本体性地位和意义。以近年来国内持续不减的"韩剧热"为例,人们之所以着迷于这些肥皂剧,很大程度上与其题材多是围绕家庭、亲情、友情、爱情等日常琐事有关,并以大众所熟悉的角色来演绎他们所熟悉的日常生活,从而赋予日常生活以特殊的价值和意义。其四,大众文化迎合了大众的媚俗倾向。大众文化的商业化运作和逐利性在一定意义上导致大众文化媚俗倾向的蔓延。捷克学者昆德拉指出:"媚俗一词指一种人的态度,它付出一切代价向大多数人讨好。为了使人高兴,就要确认所有人想听到的,并服务于既成思想。"[①] 大众文化的媚俗性主要体现在,大众文化生产者进行文化生产、创作的初衷和原则不是引导、告诫大众应该怎样,而是完全依照日常生活的模式和特点来理解生活、构建作品,以赢得大众的关注和喜欢,从而逐渐由导世、范世走向阿世和媚世。虽然大众文化的这一创作模式迎合了大众已有的生活体验和

---

① 〔捷〕米兰·昆德拉:《小说的艺术》,孟湄译,生活·读书·新知三联书店,1992,第159页。

审美期待，有利于增加主体日常生活的安全感和熟识感，但另一方面也不可避免地导致大众文化存在一定低俗、庸俗、媚俗的倾向。

正是出于对日常生活地位、价值、功能等的肯定和凸显，大众文化在日常生活中广泛渗透并日益盛行。诚如美国学者菲斯克所言："大众文本本身并不充分——它们从来不是自足的意义结构（就像有人会认为高雅趣味的标准是自足的），它们是意义和快乐的唤起者，它们只有被人们接纳并进入了他们的日常文化后才能完成。"① 大众文化作为对大众日常生活的直接反映，与大众日常生活具有内在的一致性。在一定意义上，日常生活不仅是大众文化的最初策源地，而且是其价值实现的最终目的地。改革开放以来，随着我国经济发展水平和人民生活水平的提升，人们对日常生活的重视程度不断提高，从而导致大众文化在我国多元文化格局中的地位日益凸显并日渐盛行。大众文化在日常生活的盛行一定程度上加速了文化多元化进程，但同时也挤占了主流文化和优秀传统文化在日常生活的认同空间，为社会主义主流文化的发展带来一定困难和挑战。

二 文化多元化对社会主义核心价值观日常生活化育的影响

文化多元化尤其是大众文化在日常生活的盛行对社会主义核心价值观培育和践行产生了重大影响。一方面，大众文化与日常生活的内在一致性，为人们接受、认可大众文化消除了心理障碍，使得隐含在大众文化中的价值观念或意识形态能够比较顺利地获得大众认同；另一方面，由于大众文化对世俗性、娱乐性、消遣性、媚俗性的重视和追求，一定程度上造成了对社会主导文化和精英文化的冲击和消解，阻滞了社会主义核心价值观在大众日常生活层面的传播和认同。

（一）文化多元化对社会主义核心价值观日常生活化育的积极影响

其一，为社会主义核心价值观日常生活化育提供了文化支撑。在多元文化格局形成以前，文化在一定范围内只是少数人的权利，大众的文化生活非常贫乏。中华人民共和国成立后，虽然我国在经济、政治、文化等方面保障了广大人民群众的文化权利，但是，由于受"左"倾思想的影响，

---

① 〔美〕约翰·费斯克：《解读大众文化》，杨全强译，南京大学出版社，2001，第6页。

尤其是"文革"十年中,为了保持社会主义文化的纯洁性,巩固社会主义意识形态的主导地位,对各种异质文化大加抵制和批判,"打倒孔家店""宁要社会主义的草,不要资本主义的苗"等口号已成为那个时代的文化表征和政治原则,只要是旧的或资本主义的东西,无论其是否合理,都一概打倒批臭,这使得我国主流文化建设在吸收民族传统文化和西方优秀文化方面存在一定的先天缺憾。改革开放以来,文化多元化尤其是大众文化的兴起,打破了我国长期以来的一元文化发展模式,在观念和制度上确保了大众的文化主体地位和权利,既满足了大众的多样文化需求,丰富了大众的文化生活,又促进了我国多元文化格局的形成和发展,为社会主义核心价值观日常化育吸收借鉴多元文化精髓提供了文化支撑。

其二,为社会主义核心价值观日常生活化育拓展了发展空间。在文化多元化格局中,大众文化以文化产品为依托,通过占有巨大的市场量和受众量而形成了强大、持久的影响力和渗透力,使得内含于其中的意识形态和价值观念在人们主动消费大众文化的过程中潜移默化地影响人们的思想和行为。这一过程往往是大众所不自觉的,但正因为其不自知,反而增加了大众文化对公众价值观念的渗透力和影响力。一种价值观念如果在大众文化产品中反复呈现,就有可能在人们思想、意识深处扎根,从而逐渐为人们所认同和信奉。因此,党的十九大报告强调,要"发挥社会主义核心价值观对国民教育、精神文明创建、精神文化产品创作生产传播的引领作用,把社会主义核心价值观融入社会发展各方面,转化为人们的情感认同和行为习惯"①,实际上从文化产品创作上指出了推进社会主义核心价值观日常生活化育的实践路径。大众文化的价值负载功能及其多样化表现形态无疑为社会主义核心价值观日常生活化育大大拓展了发展空间。

其三,有利于激发人们接受认可社会主义核心价值观的主动性和积极性。在文化多元化格局中,相对于主流文化的意识形态性、精英文化的单调与枯燥,大众文化以其娱乐性、世俗性、流行性等特性满足了人们多样化的精神文化需求,丰富了人们的精神文化生活,改善了人们的生存状况,提升了人们的日常生活品质,从而有利于改变、深化人们对社会主义

---

① 习近平:《决胜全面建成小康社会 夺取新时代中国特色社会主义伟大胜利——在中国共产党第十九次全国代表大会上的报告》,人民出版社,2017,第42页。

及其核心价值观的认识。换言之，社会主义并不排斥合理的娱乐和享乐，社会主义的根本任务就是要大力发展生产力，根本满足人们日益增长的物质文化需要。马克思、恩格斯曾强调："并不需要多大的聪明就可以看出……关于享乐的合理性等等的唯物主义学说，同共产主义和社会主义之间有着必然的联系。"① 党的十七届六中全会曾指出："发展文化产业是社会主义市场经济条件下满足人民多样化精神文化需求的重要途径"；"推动社会主义文化大发展大繁荣，必须以建设社会主义核心价值观为根本任务，以满足人民精神文化需求为出发点和落脚点"。② 说明建设社会主义核心价值观，并不影响多元文化的发展。相反，以社会主义核心价值观引领多元文化的发展方向，促进社会主义文化大发展大繁荣，有利于调动人们认同社会主义核心价值观的主动性和积极性。

（二）文化多元化对社会主义核心价值观日常生活化育的消极影响

唯物辩证法认为，事物总是一分为二的。文化多元化的负面效应"及其所带来的文化发展绝不会必然地导向一个更好的事态……它在作为进步的同时又联系着这样一个事实，即每个阶段都有一定的消极成分"③。显然，文化多元化有其积极的一面，同时，也不能忽视其消极影响和不足。

其一，对理想、信仰的消解冲击了对社会主义主流意识形态的认同。在文化多元化格局中，大众文化在日常生活中的盛行使人们越来越重视世俗享受、即时享乐、眼前利益、家庭幸福等日常生活要素，并将这些追求贯彻到文化需求中，要求文化产品肯定生活的世俗性、人生价值的平凡性、现实活动的合理性，其结果必然导致文化对理想、信仰等终极价值的放逐和消解。这一放逐和消解主要体现在：一方面，追求短暂的感性和物欲体验，拒绝人生价值、理想信仰等理性思考，从而与马克思主义指导下社会主义主流意识形态的理性精神和超越精神相去甚远；另一方面，对轻松、愉悦、消遣的崇尚和弘扬，消解了人们的使命感、责任感和崇高感，从而不利于中国特色社会主义共同理想的树立。于是，一切理想信念、精神信仰及终极价值等问题都被剥离成虚无，人也成为一种无意义的存在。

---

① 《马克思恩格斯全集》第 2 卷，人民出版社，1957，第 166 页。
② 《中共十七届六中全会在京举行》，《人民日报》2011 年 10 月 19 日。
③ 〔荷〕C. A. 冯·皮尔森：《文化战略》，刘利圭等译，中国社会科学出版社，1992，第 34 页。

正如美国后现代主义理论家丹尼尔·贝尔所言，当今时代，"真正的问题就是信仰问题。它就是一种精神危机，因为这种新生的意识本身充满了空幻，而旧的信念又不复存在了，如此的局势将我们带回到虚无。由于既无过去也无将来，我们正面临着一片空白"①。在这样一个旧的价值观日渐崩塌，新的价值观尚未完全建立的断裂时期，文化多元化尤其是大众文化对理想、信仰等终极意义的消解无疑构成社会主义核心价值观培育的重大挑战。

其二，对历史的态度及批量化生产方式不利于民族精神和创新精神的培养。在文化多元化格局中，文化的世俗化发展导致文化创造者在吸收传统文化资源时，为了制造更多的娱乐效果和消费卖点，常常对历史题材采取非历史或反历史的态度，于是，戏说、穿越、翻案、野史、恶搞等形式颇受文化创作者和生产者的青睐，历史的真实面貌被遮蔽和扭曲，传统、经典、历史成了时尚语言和文化包装的游戏，而传统文化的真正精神命脉——民族精神却没有得到有效的传播和弘扬。此外，文化的商业化发展模式还使得文化成为可以大批量复制的产品，它不仅可以复制成大量的磁带、胶片和光盘，而且其类型、风格、语言、模式都可以复制出来。这样，日复一日，年复一年，在各种千篇一律、大同小异的文化形式的包裹下，人们的思维、生活方式逐渐被齐一化，人的个性、批判性、创造性也日益被抹杀和扼制。这样一种简单化、齐一化的文化生产、创作模式，很容易将大众导向平庸化、单调化和同一化，使人们丧失对现实的批判和辩证思考的能力，成为马尔库塞所预言的具有同一面孔和标准化性格的"单向度的人"。因此，表面上看，文化的多元化发展张扬了个性，弘扬了自由，但其实质是对人的个性、自由、创造性的全面压制，非常不利于创新精神的培养。

其三，商业化操作和低俗化倾向加大了社会主义核心价值观日常生活化育的难度。在文化多元化格局中，文化发展的市场化、产业化运作方式，的确为文化大发展大繁荣提供了强大动力，但同时商业化行为的逐利性也使得文化多元化难以避免带有一定的世俗性、低俗性和媚俗性。文化

---

① 〔美〕丹尼尔·贝尔：《资本主义文化矛盾》，赵一凡等译，生活·读书·新知三联书店，1989，第74页。

多元化尤其是大众文化的盛行导致文化不再把精神、信仰、崇高、审美作为理想,而成为一种包装华美的消费品和获得感官愉悦的手段,"文化活动成为一种披着高雅外衣的特殊商业牟利行为。人们已经不再以个性、创造性、批判性、超越性来评判和要求文化,而是以大众性、娱乐性甚至是畅销性来衡量文化的意义"①。为了最大牟利,文化常常以哗众取宠的迎合心理和猎奇心理,甚至是低级趣味的东西来满足一些人不健康的文化消费心理,公然挑战人类的道德底线,为人们价值观念的迷失和混乱推波助澜,从而增加了社会主义核心价值观培育和践行的难度。

基于此,在社会主导文化、精英文化日渐式微,而大众文化地位、功能日益凸显的社会背景下,我们务必保持清醒的头脑、批判的精神和辩证的思维,客观评价文化多元化的正负价值,坚持以社会主义核心价值观引领多元文化发展,充分发挥社会主义先进文化的精髓在"引领风尚、教育人民、服务社会、推动发展"② 中的作用。

第二节　信息网络化与社会主义核心价值观日常生活化育

自 20 世纪下半叶以来,以信息技术、网络技术等为代表的高新技术的出现和迅猛发展正在对人类日常生活世界产生深刻的影响,并进而影响人类文明的进程。以尼葛洛·庞蒂、奈斯比特、乔岗、唐魁玉等为代表的中西方学者形象地将其称之为"数字化生存"、"网络化生存"或"符码化生存"等。当今社会可谓是"无人不网、无处不网、无时不网",日常生活的网络化、信息化说明,信息、网络技术不仅是一种对人类日常生活产生强势影响的技术工具,而且越来越成为一种生活方式的重构与塑形载体,发挥着意识形态的构建功能。这对于社会主义核心价值观培育和践行既增添了新的动力,提供了新的契机,同时,也为其带来了新的挑战和难题。

一　日常生活的信息化

信息化作为一个专门的学术范畴,首先是由 20 世纪 60 年代日本的一

---

① 孟繁华:《众神狂欢——世纪之交的中国文化现象》,中央编译出版社,2003,第 13 页。
② 《中共十七届六中全会在京举行》,《人民日报》2011 年 10 月 19 日。

位学者提出来的,认为信息化是通信现代化、计算机化和行为合理化的总称。根据百度词条关于信息化的最新解释,"信息化是指培养、发展以计算机为主的智能化工具为代表的新生产力,并使之造福于社会的历史过程"①。这种智能化生产工具与以往生产工具不同的是,它不是一件孤立分散的东西,而是一个具有庞大规模的、自上而下的、有组织的信息网络体系。这一信息网络体系向生活世界的覆盖普及,不仅将大大改变人们的生产方式、工作方式、学习方式、交往方式、生活方式、思维方式等,而且将使人类社会与人们的日常生活发生极其深刻的变化。

(一) 信息化对日常生活的影响

信息技术的扩张和应用在使日常生活变得方便、快捷的同时,也极大地改变了人类的生存状态。按照美国未来学家尼葛诺·庞帝的观点,人类由现实生存发展到"数字化生存",即人类在一个虚拟的、数字化的生存空间存在和发展。② 人的生存方式决定着人的生活方式、交往方式和思维方式等诸多内容。

其一,对日常生活方式的影响。生活方式是一个内容十分广泛的范畴,既可以指人们的衣、食、住、用、行、劳作、休息、娱乐、交往等物质生活和价值观、道德观、审美观等精神生活方面的内容,也可以理解为一定群体或共同体在不同社会条件制约和价值观念制导下所形成的不同的生活模式。王雅琳等认为,"迄今以往对生活方式的研究主要是在衣、食、住、行、乐等日常生活层面进行,这有其必然性和合理性,因为人的生活方式总要通过具体的日常生活活动得以展现"③。日常生活信息化为人类日常生活的衣、食、住、行带来了另类的生活体验,使得人们在前网络时代所信奉的"眼见为实""不见物不掏钱"等日常生活经验和准则遭到了否定和消解,网上购物、网上订餐、网上医疗、居家上班、网上娱乐、网上学习等日渐成为人们习以为常的生活方式,人们只要进行简单的网上操作,就可以轻松解决日常生活的许多问题。

---

① 信息化,百度百科,https://baike.baidu.com/item/%E4%BF%A1%E6%81%AF%E5%8C%96/85967?fr=aladdin,2018年5月30日。
② 参见尼葛洛·庞帝《数字化生存》,胡泳等译,海南出版社,1997,第23页。
③ 王雅林、黄莺:《"数字化生存"挑战与生活方式的建构性调适》,《自然辩证法研究》2003年第6期。

其二，对日常交往方式的影响。人的存在方式决定人的交往方式。在前网络时代，人们之间的日常交往主要是指"日常生活领域中主体间的交往活动"①，这一交往活动主要是以实物、语言符号、文字符号或具体的操作行为等为中介，在现实的日常生活主体之间发生和进行，并通过日常协作、日常闲谈、日常游戏、礼尚往来、精神交流等方式表现出来。日常生活的信息化尤其是计算机、网络在人们日常生活中的广泛应用，极大地改变了传统日常交往的方式、手段和内容。在交往手段上，计算机、互联网成为新的备受追捧的交往方式，在现实生活中进行的一切交往活动，在网络上几乎都可以进行。在交往状态上，信息化的交往方式较之传统交往方式具有明显的虚拟性、间接性和互动性。在虚拟世界中，人们可以以多种身份和角色与多个个体或群体进行交流和互动。在交往主体上，除传统交往主体以外，信息、语言逐渐成为新的交流主体，构成一种可以体验到的人的存在。如著名后现代主义大师海德格尔所言，语言是存在之家。在信息网络世界中，语言、信息不仅是存在之家，而且构成了存在本身。在交往内容上，计算机网络空间中的交往愈来愈偏重非功利性的精神交往。这些方面集中凸显了信息化日常交往方式的独特之处。

其三，对日常思维方式的影响。信息、网络技术不仅对人的日常生活方式、交往方式产生重要影响，而且对人的日常思维方式也产生了深刻影响。美国著名未来学家阿尔温·托夫勒指出："在深刻变革信息领域的同时，我们注定要改变自己的思想——我们思考问题，综合情况，预测行动后果的方法。"② 我国学者将这一思维方式的改变，称为"网络化思维方式"的产生。所谓"网络化思维方式"就是人类在网络化时代背景和"虚拟现实空间"中的思想方式。③ 与传统日常思维或前网络思维方式的自发性、重复性、现实性、实用性不同，网络化思维方式产生于虚拟化网络空间，因而具有一定的超越性、创造性、整合性、模拟性和发散性等特征。作为一种全新的创造性思维方式，它改变或至少部分地改变了人们传统的

---

① 王晓东：《日常交往与非日常交往》，人民出版社，2005，第43页。
② 〔美〕阿尔温·托夫勒：《第三次浪潮》，朱志众译，生活·读书·新知三联书店，1983，第358页。
③ 唐魁玉：《网络化的后果》，社会科学文献出版社，2011，第27页。

思考和提问方式,从而使自由交流式的思维活动和交互式思维方式成为可能。

(二) 日常生活信息化的意识形态性

上述从日常生活经验层面关于信息化对日常生活影响的考察,一定程度上揭示了日常生活信息化的意识形态性。首先,日常生活本身就是意识形态的居所。一种意识形态只有深入到日常生活中,并对日常生活的主体、内容和方式等产生深刻影响,其功能才能有效发挥。其次,以计算机、网络技术为依托的信息化,作为一种技术手段,向来不是价值中立的。按照哈贝马斯的观点:"技术与科学今天具有双重职能:它们不仅是生产力,而且也是意识形态。"① 这意味着任何科学技术都不是与价值无涉的,其应用都会直接或间接地带来一定的意识形态后果。马克思的观点同样证明了这一点:"手推磨产生的是封建主的社会,蒸汽磨产生的是工业资本家的社会。人们按照自己的物质生产率建立相应的社会关系,正是这些人又按照自己的社会关系创造了相应的原理、观念和范畴。"② 信息科技的意识形态性主要体现在:第一,网络信息主体的意识形态性。网络信息主体包括网络信息的发布者和广大网民两种。网络信息发布者总是有意或无意地把符合自身政治、价值取向的信息发布到网络上,因而不可避免地带有一定的意识形态性;广大网民作为网络信息的受众,对网络信息的接受也不是完全被动的,而是受其原有价值观念和前定意识形态的影响。第二,网络信息本身就具有明显的意识形态性。在西方发达国家,计算机、网络作为文化或意识形态的承载者已成为意识形态传播、渗透的重要工具和手段。第三,网络信息传播的非对称性。就全球而言,美国在很大程度上控制着互联网运行的中枢和网络信息的发布,人们在使用网络的同时,总会自觉、不自觉地受到美国和资本主义意识形态、价值观念及其生活方式的影响。日常生活信息化的意识形态性,既为社会主义核心价值观的日常生活化育提供了新的契机,也为其带来了新的挑战。

---

① 〔德〕哈贝马斯:《作为"意识形态"的技术与科学》,李黎等译,学林出版社,1999,第62页。
② 《马克思恩格斯文集》第1卷,人民出版社,2009,第602~603页。

二 信息网络化对社会主义核心价值观日常生活化育的影响

任何事物都需要一分为二地看待，这是辩证法的首要逻辑。信息网络化在为人类提供更多便捷、为核心价值观传播提供新的方式和手段的同时，也为其培育和践行带来新的挑战。

（一）信息网络化带给社会主义核心价值观日常生活化育的机遇

其一，为社会主义核心价值观日常生活化育提供了新的传播方式。信息网络技术出现以前，我国传统主流意识形态认同主要以书刊报纸、广播、电视等为主要传播方式，这些传播方式不仅具有单向性、权威性、不可选择性等特点，而且传播范围容易受时间、空间的限制。随着信息网络技术的发展，网络传媒真正走进了大众日常生活，实现了信息传播的大众化。英国学者约翰·汤普森反复强调，正是由于计算机、网络等大众传媒的发展，"意识形态才成为大众现象，也就是说，能影响多而分散的背景下大量人的现象"，"大众传播的发展大大扩大了意识形态在现代社会中运作的范围，因为它使象征形式能传输到时间和空间上分散的、广大的潜在受众"。[①] 通过将意识形态内容向数字符码转化，可以有效地突破时空的界限，使意识形态得以跨时间、跨地域、跨国家传播，从而突破了传统意识形态传播的界限，大大提高了传播效率，拓展了传播空间，为增进社会主义核心价值观认同提供了新的传播渠道。

其二，有利于增强社会主义核心价值观的吸引力和感染力。党的十九大报告明确指出："培育和践行社会主义核心价值观，不断增强意识形态领域主导权和话语权。"[②] 信息网络化为增强社会主义核心价值观的吸引力和凝聚力提供了重要平台。一方面，网络的交互性缩短了日常生活主体与社会主义核心价值观的间距，为日常生活主体了解、接受社会主义核心价值观提供了交互沟通的渠道和桥梁，拉近了大众与社会主义核心价值观的距离，为普通人参与政治生活创造了条件。人们可以随时随地浏览相关内

[①] 〔英〕约翰·汤普森:《意识形态与现代文化》，高铦等译，译林出版社，2005，第20、287页。

[②] 习近平:《决胜全面建成小康社会 夺取新时代中国特色社会主义伟大胜利——在中国共产党第十九次全国代表大会上的报告》，人民出版社，2017，第23页。

容,下载相关信息,在线沟通交流,表达个人政见,从而显著提高大众学习、认同社会主义核心价值观的积极性和主动性。另一方面,信息网络化使社会主义核心价值观的传播实现了内容的丰富性、形式的多样性、传播的快捷性和范围的广泛性。人们只需轻轻挪动鼠标,就能够方便快捷地获取所需要的信息。正如比尔·盖茨所言:"信息高速公路将在日后时间、日后地点,给我们提供一切途径,使我们得到看上去似乎无穷无尽的知识。"① 信息网络化的发展突破了传统意识形态宣传教育单纯以文本、语言或影像为载体的拘囿,代之以音频、视频、多媒体等现代化、立体化教育手段的综合运用,使社会主义核心价值观的宣传、教育更贴近生活、更形象、更真实、更易于被广大公众接受,从而有效增强了社会主义核心价值观的吸引力、感染力和影响力,增进了人们对社会主义核心价值观的了解、认知、接受和践行。

其三,为社会主义核心价值观吸收、借鉴人类优秀文明成果提供了便利条件。列宁指出:"马克思主义这一革命无产阶级的思想观赢得了世界历史性的意义,是因为它没有抛弃资产阶级时代最宝贵的成就,相反地却吸收和改造了两千多年来人类思想和文化中一切有价值的东西。"② 信息网络化的迅猛发展,使全球交往成为可能,为世界范围内人类不同文明成果之间的交流、合作提供了广阔平台,促进了全球文化的交融与发展,为社会主义核心价值观吸收、借鉴世界各国优秀文明成果,繁荣、发展社会主义先进文化,增强社会主义意识形态的影响力、辐射力和融合力,进而增进社会主义核心价值观的国际认同提供了新的条件和阵地。

(二) 信息网络化带给社会主义核心价值观日常生活化育的挑战

爱因斯坦曾形象地指出,科学就像一把刀子,既是一种强有力的工具,也可以用来杀人,究竟怎样用它,是给人类带来幸福还是灾难,取决于人自己,而不是工具。③ 美国学者埃瑟·戴森也指出,信息网络化其实"是一个虚弱的宣传工具,但却是施展阴谋的好地方",它可能是"恐怖主

---

① 〔美〕比尔·盖茨:《未来之路》,辜正坤译,北京大学出版社,1996,第232页。
② 《列宁选集》第4卷,人民出版社,1995,第299页。
③ 参见《爱因斯坦文集》第3卷,许良英等译,商务印书馆,1979,第56页。

义者和江湖巨骗的工具"，也可能是"弥天大谎和恶意中伤的大本营"。①任何事物都有利有弊，信息网络化也概莫能外。

其一，增加了社会主义核心价值观培育的难度。在信息网络化条件下，海量的信息尤其是网络信息的多元、多样、多变性，对核心价值的主导性和意识形态的理性掌控带来很大冲击，增加了社会主义核心价值观主导和理性整合的难度。信息网络化条件下，网络信息传播具有很强的即时性、隐蔽性和开放性，这就为多元价值观念并存、为公众的自由价值选择提供了可能，从而打破了前信息社会主权国家对思想、价值观念的垄断封锁和霸权地位，一定程度上削弱了主权国家的价值引领和思想掌控能力，给社会主义核心价值观认同带来一定难度。英国学者保罗·赫斯特等指出："新的通讯与信息技术使国家放松了对其领土控制的排他性，削弱了它的文化控制和同质能力。现在人们感到不足为奇的是，数字化通讯、卫星、传真机和计算机网络使国家已经不可能对信息媒介发放许可证并进行控制了，这不仅削弱了意识形态上的独裁，而且破坏了国家用强力保存文化同质性的一切企图。"② 可见，信息网络化尤其是日常生活信息化，虽然使大众日常生活更加方便快捷，信息、知识存储量极大丰富，但同时也增加了文化整合、意识形态掌控的难度，为社会主义核心价值观培育带来一定困难。

其二，西方的信息霸权直接影响社会主义核心价值观的培育和践行。冷战结束后，随着社会信息网络化的发展，互联网迅速成为各种意识形态、价值观斗争的重要阵地。尤其是美国凭借对 Twitter、Facebook、Google、YouTube 等四大搜索引擎的掌控，在世界范围内大肆弘扬其民主、自由等价值观念，抵制异质文化尤其是社会主义意识形态、价值观念的传播，同时，还不遗余力地宣扬"淡化意识形态"，散布"中国崩溃论""中国威胁论"等论调"妖魔化"中国，利用国内少数党员干部的工作失误、贪污腐败和我国经济社会发展中存在的一些问题，对社会主义意识形态大肆丑化，企图以此动摇人们对社会主义、共产主义的信心。"据统计，

---

① 〔美〕埃瑟·戴森：《2.0 版数字化时代的生活设计》，胡泳等译，海南出版社，1998，第 17~19 页。

② 〔英〕保罗·赫斯特等：《质疑全球化——国际经济与治理的可能性》，张文成等译，社会科学文献出版社，2002，第 336 页。

在互联网上,以英语为语言的内容约占90%,中国对互联网上的输入和输出信息流量仅分别占0.1%和0.05%,而美国的这两项指标都达到85%以上。"① 显然,无论是对信息的掌控和防御能力,还是意识形态的宣传、渗透能力,我国都存在明显的不足,这使得我们在世界意识形态斗争领域常常处于劣势,对人们了解、认同社会主义核心价值观带来不利影响。

其三,信息网络化传播方式弱化了社会主义核心价值观的权威认同。信息网络化的发展加大了社会信息传播的压力,挤占了社会主义核心价值观传播、教育的时间和空间,影响了社会主义核心价值观认同的建构。在网络传播中,主客体之间的关系是模糊的、不明确的,人们对官方意识形态的宣传、教育也不是主动接受的,而是有选择的,甚至是有所质疑和反叛的,这使得传统的自上而下的灌输式教育和强制性权威认同模式遭到质疑和弱化。尤其是当下,在大众日常生活中,人们更多关注的是自身的利益诉求,网络备受追捧的主要原因也是对个人的关注。如尼葛洛·庞蒂所言,信息社会的根本特征是真正的个人化,"个人不再被淹没在普遍性中,作为人口统计学中的一个子集,网络空间的发展所寻求的是给普通人以表达自己需要和希望的声音","真正的个人时代已经来临了……我就是我"。② 在网络传播空间中,人的主体性、个性得到极大弘扬,个人价值得以极大彰显,从而给社会主义、共产主义的理想信念带来严重冲击。尤其是一些肆意调侃、有意曲解社会主义意识形态的不良网络文化的传播,对社会主义核心价值观认同的权威性、严肃性形成严重挑战。

第三节 消费符号化与社会主义核心价值观日常生活化育

消费是日常生活的一项重要内容,同时也是负载一定社会伦理、价值观念、思想文化的社会关系观,具有一定的意识形态建构功能。随着社会主义市场经济的深入发展和消费社会的来临,认同的直接而强有力的动力之源逐渐从生产方式向消费方式转化。一定意义上,不同的消费方式和消

---

① 聂立清:《社会信息化与我国主流意识形态认同的建构》,《领导科学》2010年第8期。
② 参见〔美〕尼葛洛·庞帝《数字化生存》,胡泳等译,海南出版社,1997,第191~193页。

费水平塑造着不同的主体，也构建着不同种类、不同程度的认同。消费主义作为一种在西方发达国家盛行的价值取向和生活方式，随着全球化进程的加速、西方文化的渗透以及我国政策性导向的影响，在我国日常生活中也日益显露。一定意义上，消费主义的本质即消费的符号化。消费符号化使消费具有建构认同的条件和可能，但同时也为社会主义核心价值观日常生活化育带来新的挑战。

一 消费主义在我国的兴起

消费主义是 20 世纪下半叶在西方发达资本主义国家勃兴并不断蔓延的一种社会现象和生活方式。在我国，随着改革开放的逐步深入，社会主义市场经济的发展完善以及居民生活水平的不断提高，我国"正在以特殊的方式迅速进入'消费社会'"[1]。虽然就经济能力和经济发展程度而言，我国远达不到典型消费社会的标准和水平，但在西方消费文化的影响下，我国居民的消费心理和生活方式已出现明显的消费主义倾向。

（一）消费主义的含义及其本质特征

关于消费主义的内涵，国内外学者进行了深入的研究。在国外，对消费主义的研究从 20 世纪 70 年代开始大规模兴起。学者们纷纷以"晚期资本主义社会""后现代社会""后工业社会"等不同的称谓对这一新的社会现象进行诠释。其中，法国后现代理论家波德里亚在其《消费社会》一书中创造性地提出了"消费社会"这个概念，并在其开篇明确指出："今天，在我们的周围，存在着一种由不断增长的物、服务和物质财富所构成的惊人的消费和丰盛现象。它构成了人类自然环境中的一种根本变化。恰当地说，富裕的人们不再像过去那样受到人的包围，而是受到物的包围。"[2] 在这一物观的包围下，人们消费的不再是商品和服务的使用价值，而是其符号价值，不同的消费代表着不同的身份和等级，这样，"财富及物品同话语……构成了一个全面、任意、缜密的符号系统，一个文化系统，它用需求及享受取代了偶然世界，用一种分类及价值的社会秩序取代

---

[1] 陈昕：《救赎与消费：当代中国日常生活中的消费主义》，江苏人民出版社，2003，第 4 页。
[2] 〔法〕让·波德里亚：《消费社会》，刘成富等译，南京大学出版社，2000，第 1 页。

了自然生理秩序……"①。对于这样一种消费欲求，当代美国批判社会学和文化保守主义思潮的代表人物丹尼尔·贝尔一针见血地指出："人们普遍去追求无限扩张的更高、更多的消费，这种消费的目的，满足的不是需要（need），而是欲求（desire）。欲求超过了生理本能，进入心理层次，因而它是无限的要求。"② 正是在这样一种消费心理的推动下，本作为手段的"财富"反成为人们竞相追逐的目的。对此，英国著名社会学家鲍曼慨叹："如今，崇拜的对象成了财富——作为最光怪陆离、奢华挥霍生活方式保证的财富——本身。重要的是人能干些什么，而不是该干些什么或已干了什么。"③ 国外学者对消费主义的外在表现、本质特征、心理诉求等内容进行了深刻解读和揭示。在国内，学者们也从哲学、经济学、社会学、文化学等方面，对消费主义进行了全面分析和研究。如王宁认为："消费主义代表了一种意义的空虚状态以及不断膨胀的欲望和消费激情。消费主义不仅仅满足'需要'，而在于不断追求难以彻底满足的'欲望'。"④ 韩震认为："消费主义（consumerism）是把消费作为人生至上目标，从而过度占有和挥霍财富的价值取向和生活方式。"⑤ 陈昕认为，消费主义不同于任何经济意义上的消费概念，"消费主义是指这样一种生活方式：消费的目的不是为了传统意义上实际生存需要（needs）的满足，而是为了被现代文化刺激起来的欲望（wants）的满足"⑥。综合来看，虽然不同学科的研究有不同的侧重，但大多数学者普遍认为，消费主义是一种不同于传统消费方式的新的价值观念和生活方式，是一种服务于资本的消费观念或文化态度。换言之，在消费主义观中，人们消费的不是商品、服务的使用价值，而是它们所代表的文化的符号象征价值。

综合上述国内外学者的观点，消费主义的实质在于消费的符号化。也就是说，消费主义所倡导的消费不同于传统消费模式中的消费，传统消费

---

① 〔法〕让·波德里亚：《消费社会》，刘成富等译，南京大学出版社，2000，第70页。
② 〔美〕丹尼尔·贝尔：《资本主义文化矛盾》，赵一凡等译，生活·读书·新知三联书店，1989，第68页。
③ 〔英〕齐格蒙特·鲍曼：《全球化——人类的后果》，郭国良等译，商务印书馆，2001，第38页。
④ 王宁：《消费社会学：一个分析的视角》，社会科学文献出版社，2001，第145页。
⑤ 韩震：《全球化、现代消费和人的认同》，《江海学刊》2005年第5期。
⑥ 陈昕：《救赎与消费：当代中国日常生活中的消费主义》，江苏人民出版社，2003，第7页。

模式中的消费是一个与生产相对应的概念，即对物品或服务有用性的消费。如果不是出于实用目的而进行的消费，比如出于彰显品位、出于审美、出于炫耀身份和地位等，则属于奢侈、浪费，不是消费。而在消费主义语境下，消费的主要目的不再是满足基本的生活需要，而更多是获取商品的文化符号价值。换言之，人们消费的对象不再是商品本身或其使用价值，而是内置于商品及其包装中的（如时尚、酷、清纯、奢华、潇洒、阳刚等）品位与格调，抑或是广告所暗示和标榜的商品所蕴含的身份、地位、权力、声望等潜能或势能。这种审美情趣常常在大众传媒的渲染下作为一种时尚风行开来，即表现为消费主义的流行。

消费主义的本质决定了消费主义的一般特征：一是观念性或实际性的高消费。主要表现在人们对衣食住行等各种耐用与非耐用消费品的大量经常性的高档消费，或是由于经济条件有限但仍极力追求或模仿高消费群体的生活方式，并为此常常压抑基本需求的满足或超出实际支付能力的消费行为和观念。二是追求消费的符号象征意义。商品所表征的身份、地位、时尚、品位等符号价值是消费主义得以流行的重要社会心理动力。三是大众传媒的推动和示范作用。事实上，任何时代、任何社会都存在高消费现象，因此，高消费不等于消费主义。消费主义的主要特征之一是在大众传媒的推动、影响下，所有社会公众都被诱惑、吸引从而卷入其中的当代高消费生活观念和消费方式。

（二）消费主义在我国日常生活的兴起及影响

以上述消费主义的本质及其特征为参照，我国学者陈昕对我国是否存在消费主义倾向进行了全面深入的调查和研究，调查围绕"消费的高档名牌倾向""消费的广告名牌效应""消费的符号象征意义"等三个方面，在我国部分城乡居民中展开。结果显示：在我国城市居民消费主义倾向调查中，以上述三个方面为指标，具有"非消费主义倾向"的为18人占3.2%，具有"消费主义倾向"的为433人占77.3%，有效样本数为560人；在我国农村居民消费主义倾向的调查表明，消费主义生活方式已经通过城市、大众传媒以及城乡交流等途径扩散到了乡村地区，通过大量个案的深入访谈发现，对消费的符号象征意义的追求与人们的经济条件无关，比如房子，很多居民盖房子并不是为了居住，而是"见别人都在盖"，还有冰箱、彩电、交通工具等大件物品的购入,也多是"跟风"、受他人影响,为此,甚至可以不顾经济条件以压抑基本需要为代价去追求高消费和消费的符号象征意义。① 国外学者对我国的调研同样说明这一点:"很多迹象表明,虽然中国还远不够富裕和发达,但中国社会已经开始进入大众消费时代,特别是大都市和沿海经济发展较快的地区,'物的观'对人的包围已经形成,商品消费已经成为人们主要的生活形式。"② 另据国际知名战略咨询公司贝恩公司合伙人布鲁诺·兰纳的调查,2011 年中国奢侈品年消费额超两千亿元,跻身全球前三名。③ 由以上调研看,改革开放以来,消费主义生活方式在我国城乡社会已经出现并不断扩散和蔓延,在北京、上海以及东南沿海等经济发达地区消费主义生活方式已开始盛行。

受消费主义生活方式的影响,我国居民日常生活中片面追求高消费、追求商品的符号象征意义以及以消费水平高低来衡量人生价值的不良倾向日益凸显,奢侈主义、享乐之风在当代中国广为蔓延,一件衣服动辄上万元、一顿年夜饭十几万元早已不足为奇……进口轿车、豪华婚宴等等,在慨叹我国经济实力、人民生活水平高速增长的同时,不得不思考这种奢华、炫富背后所隐含的消费主义的潜在影响和危机。此外,消费主义的广泛传播,还引发了部分人奢求高消费、寅吃卯粮、超额超负荷消费等不良消费行为以及"灰黑色消费"的蔓延。如公款吃喝、公款旅游、送礼等假公济私的消费行为;大修庙宇、造坟、烧贡品等迷信愚昧的消费行为;吸毒、嫖娼、赌博等危害人类、不利于生活健康的消费行为等。④ 这些消费行为所带来的消费的畸形化和异化,不仅造成资源的严重浪费,引发社会不公,而且不利于社会稳定发展和人民身心健康,甚至关系到中华民族的兴衰和前途命运。

(三) 消费主义的意识形态性

消费主义作为一种崇尚商品符号价值的生活方式和价值观念,本身就

---

① 参见陈昕《救赎与消费:当代中国日常生活中的消费主义》,江苏人民出版社,2003,第 136~210 页。
② 〔英〕安吉拉·默克罗比:《后现代主义与大众文化》,田晓菲译,中央编译出版社,2000,序。
③ 周裕妩:《中国奢侈品年消费额超两千亿元》,《广州日报》,2012 年 3 月 6 日。
④ 参见孙书昌《鼓励红色消费,支持白色消费,限制灰色消费,禁止黑色消费》,《经济工作导刊》2009 年第 1 期。

是一种意识形态，自然具有意识形态的功能。"按照阿尔都塞的看法，今天的意识形态体现在两个层面：一是在公共领域层面的意识形态统治，一是私人领域层面的意识形态统治。"[1] 消费主义作为一种意识形态属于私人领域的意识形态，换言之，这样一种意识形态其功能实现主要不是通过政治权力的镇压，而是借助网络、电视、广播等大众传播媒介来激发人们的消费欲望，使人们陷于对商品和服务的无止境追求中，以获得生理和心理上的满足，从而使人们在消费带来的轻松愉悦的感官享受中实现对社会主流意识形态的认同。具体而言，消费主义的意识形态性主要体现在以下几点。

其一，在消费主义语境中，消费的主要不是商品的使用价值，而是商品所蕴含的特定时代、特定集团或特定社会的意识形态。美籍哲学家、社会学家马尔库塞曾一针见血地指出："生产机构及其所生产的商品和服务设施'出售'或强加给人们的是整个社会制度。公共运输和通讯工具，衣、食、住的各种商品，令人着迷的新闻娱乐产品，这一切带来的都是固定的态度和习惯，以及使消费者比较愉快地与生产者、进而与社会整体相联结的思想或情绪上的反应。"[2] 由此，人们通过消费商品所获得的满足感进而认同商品所蕴含的意识形态。

其二，消费主义作为一种生活方式和价值标准，具有一定的价值导向作用，操纵着人们的消费行为和消费对象。表面上看，在消费社会中，消费似乎是自由的，只要拥有货币，就可以购买人们想要的任何东西。但实际上，消费主义的消费是人为制造出来的一种强迫性消费，其中，占主导地位的既不是消费者也不是消费对象，而是人为制造的消费的幻象和作为符号意义的消费。

其三，全球化时代，消费主义不仅是西方资本主义意识形态维护其现行统治的重要手段，还是其推行全球化战略，实施全球化扩张和渗透的重要内容和方式。英国学者汤姆林森深刻指出："资本主义的文化重点就是消费的行为过程与经验的商品化……资本主义文化的扩散，实质

---

[1] 参见仰海峰《走向后马克思：从生产之境到符号之境》，中央编译出版社，2003，第36页。
[2] 〔美〕赫伯特·马尔库塞：《单向度的人——发达工业社会意识形态研究》，刘继译，上海译文出版社，2008，第11页。

就是消费主义文化的张扬,而这样的一种文化,会使所有文化体验都卷入到商品化的漩涡之中。"① 美国著名学者詹姆逊也认为,当代资本主义社会"已经没有旧式意识形态,只有商品消费,而商品消费同时就是其自身的意识形态"②。可见,消费主义作为资本主义的价值观念和生活方式,在全球化的潮涌下不断扩散并四处蔓延,成为后工业社会资本主义意识形态建构的重要方式和途径。

二 消费符号化对社会主义核心价值观日常生活化育的影响

剧作家米勒在《代价》剧本中有这样一段话:"许多年前,一个人如果难受,不知如何是好,他也许上教堂,也许闹革命,诸如此类。今天,你如果难受,不知所措,怎么解脱?去消费!"③ 的确,随着消费主义在我国的兴起,无论人们承认与否,消费已日渐成为现代社会人们排解情绪、获得认同的重要方式。个体通过消费来表达自我与他者的同一和差异,从而实现自我认同。国家通过对消费主义的掌控来实现主流意识形态的建构。在此意义上,消费认同作为现代社会的重要认同方式,无疑对社会主义核心价值观的培育和践行有着重要影响。

(一)消费符号化对社会主义核心价值观日常生活化育的积极意义

其一,拓展了社会主义核心价值观的日常化育方式。在消费社会中,消费符号化使消费具有建构认同的可能性。这一可能性内在于消费对象所内含的符号价值。现代社会,人们对商品的追求已不单单是其使用价值,而更多是对其符号象征意义或符号价值感兴趣。这意味着,人们消费某种物质、文化产品的前提是对该产品的符号象征意义的肯定和认同,而消费过程及消费体验无疑是对这一认同的加深或固化。某种意义上,认同的构建很多时候来自消费。我们衣食住行所穿、所吃、所听、所用等所消费的一切内容和消费方式,都反映了我们的价值判断和价值选择,表明了我们是谁,我们隶属的群体和我们所持的价值观念。我们通过消费将内含于产

---

① 〔英〕J. 汤姆林森:《文化帝国主义》,冯建三译,上海人民出版社,1999,第6页。
② 〔美〕弗·詹姆逊:《后现代主义与文化理论》,唐小兵译,北京大学出版社,1997,第29页。
③ 转引自徐海波《意识形态与大众文化》,人民出版社,2009,第189页。

品中的价值观念、符号意义等精神要素内化于身，从而形成一定的价值取向和行为方式。消费认同的实质便是通过这样一个符合消费者口味的审美形象的确立过程，将体现一定价值观念的生活方式推销给消费者，促使其在消费该物质、文化产品的过程中，实现对某种价值观念的认同。这一过程对于推进社会主义核心价值观向大众文化产品转化无疑具有重要借鉴。

其二，提高了人们认同并践行社会主义核心价值观的主动性和积极性。在文化多元化、传媒化、世俗化的时代背景下，传统的灌输式的说教很难实现人们对社会主义核心价值观的积极认同。相对而言，通过文化消费推进社会主义核心价值观日常化育，可以充分调动认同主体的积极性和主动性。在社会主义核心价值观向人们日常生活意识转化过程中，认同主体的自主性起着关键作用。消费认同就是消费主体自主地、有意识地消耗物质、文化产品的能动过程，充分体现了消费主体的自主性。如果将价值认同融于消费认同过程中，实现二者的有机统一，无疑为在消费过程中实现社会主义核心价值观培育提供了必要条件，可以充分调动日常行为主体的主动性和积极性，提高社会主义核心价值观日常化育的实效性。

其三，有利于推进社会主义核心价值观的符号化和生活化。实现社会主义核心价值观日常生活化育的重要条件是推进社会主义核心价值观由理论形态和官方意识形态向大众日常生活转化。为此，首先需要将社会主义核心价值观的理论表达通俗化、形象化和生活化。比如，可以将社会主义核心价值观的灵魂、主题、精髓、基石等内置在由文本、象征、人物、标志、仪式等具体可感的具象化活动中；也可以运用本土化的语言、艺术化的形象或民族风情将社会主义核心价值观的理论内涵和精神实质通过一定的文化创作或文化产品形象可感地表达出来。这样，既有助于社会主义核心价值观生活化、符号化，也有助于人们在消费文化产品过程中，潜移默化地接受文化产品所传达的价值观念和文化塑造，从而深化对社会主义核心价值观认同的情感体验和理性认知。

（二）消费符号化对社会主义核心价值观日常生活化育的消极意义

消费主义本质上是一种服务于资本的意识形态，它鼓励人们到消费中去寻求价值实现，于是，在永无止境的物欲追求中，人们的物质生活越来越富裕，精神生活却越来越贫乏，崇高的失落，意义的迷失，信仰的匮乏，理想的旁落，对社会主义核心价值观日常化育带来严重阻隔和影响。

其一，消费符号化容易使人们丧失对理想、信仰的追求，从而消解社会主义核心价值观日常化育的可能性。消费主义作为一种备受现代人崇尚的生活方式，它与前消费社会消费观念的根本区别在于，它鼓励人们到消费中去实现人生的意义和价值。也就是说，"生活在消费社会中的人们和他们的前辈的最大差异，并不在于物质需要以及满足这种需要的方式有了改变，而在于今天人们的生活目的、愿望、抱负和梦想发生了改变，他们的世界观和人生价值观发生了改变"①。在消费主义的影响下，世俗化、功利化的价值观念不断被认同，人们不再像原来那样不断追问形而上的社会理想和人生意义，也不再像原来那样讲求社会责任和集体责任，相反，无节制的物欲追求和物质享受成为生活的第一要义，关注自我、张扬个性、物质崇拜的价值取向日益深入人心。这样一来，消费者日渐成为被动消费商品景观的"常人"，既没有思想，也没有理想，终日留恋于消费、购物带来的短暂的物质快乐中，从而丧失了重塑理想、信仰的维度，对社会主义核心价值观日常生活化育产生不利影响。

其二，消费符号化大大增加了社会主义核心价值观日常生活化育的难度。在消费主义社会中，刺激、鼓励人们消费的因素，在客观上，是商品本身所表征的符号价值，在主观上，是消费者自身的炫耀和标榜心理，主客观的结合便形成了人们对"时尚"的推崇和追求。然而，当一种本是稀有的商品在商家和消费者的大力推动下，成为人人都可拥有的大众商品时，那些引领时尚和潮流的人就会挖空心思去寻找新的能够彰显自我个性的符号系统，而商家也会不遗余力地鼓励那些追求个性的人，怂恿他们应该拥有体现自己个性和时尚的东西，并以此和他人相区别，于是，人们就会被套牢在这种永无止境的符号追求中，还误以为自己拥有了前所未有的个性和自由。殊不知，个性、时尚等符号价值在大众传媒的渲染下，都是转瞬即逝的东西，是商家制造出来的假象。诚如德国社会学家、哲学家齐美尔所言："东西不是生产以后才会变得流行的，东西是为了流行才生产的。"② 这一假象容易导致人们沉迷于个性的追求和即时的享乐，而丧失终

---

① 罗钢、王中忱：《消费文化读本》，中国社会科学出版社，2003，第2页。
② 参见〔匈〕阿诺德·豪泽尔《艺术社会学》，居延安译，学林出版社，1987，第257页。

极关怀和长远的理想信念，从而阻碍了社会主义核心价值观的培育和践行。

其三，消费认同的虚假性容易消解社会主义核心价值观日常生活化育的现实根基。如前所述，消费符号化本身就是一种意识形态，尤其是当它服务于特定的政治权力时，它本身所负载的价值观念、政治倾向和文化因素，就会在人们的消费过程中不知不觉地发挥潜移默化的影响和渗透作用。当消费主义成为一种生活方式时，其潜在话语是人们对消费主义所宣扬的价值观念已实际信奉并认同和践行。然而，问题是，消费主义所提供的"美好生活"的景象，或者说消费主义建构的认同，是建立在媒体宣扬和个体的个性化追求之上，一旦这一认同随着消费的更新换代而被新的消费所消解和取代，那么，原有的认同就会转瞬即逝。而如果人们受经济能力所限，无法满足新的消费时，那么，现实的挫败感和虚无感，也会消解原有的认同。由此可见，消费认同缺乏现实的雄厚根基，很容易成为一种虚假的、短暂的认同，对社会主义核心价值观日常化育的影响，需要辩证看待。

最后，经由上述分析，在认识到消费既是拉动经济增长的重要力量，同时，消费主义的兴起和蔓延又会对社会产生诸多复杂影响的情况下，我们应该构建怎样的消费价值观来适应这个时代？进而，在认识到消费主义的意识形态功能及其正负价值时，我们又应当如何趋利避害，通过消费认同来培育和践行社会主义核心价值观呢？这无疑是社会主义核心价值观日常生活化育面临的重要课题。

第五章
社会主义核心价值观日常生活化育的实现条件

社会主义核心价值观作为社会主义意识形态的本质体现，意味着社会主义核心价值观培育是社会主义意识形态自觉建构的必然，意味着在社会主义核心价值观的价值诉求尚未真实展现之前，社会主义核心价值观建设不是一个自然而然的过程，而是一个需要不断发挥人的主体性力量创设各种条件来促使认同实现的过程。社会主义核心价值观日常生活化育需要以核心价值观培育的一般条件和特殊条件为前提和依据，进而不断提升主体文化自觉，缩小社会主义核心价值观与日常生活的间距，创设经济、政治、文化、社会"四位一体"社会条件，大力开展化民成俗的日常生活实践，为实现社会主义核心价值观认同提供必要支撑。

第一节 社会主义核心价值观日常生活化育的条件

日常生活是人最基本、最普遍的存在方式。以日常生活为研究视域考察社会主义核心价值观日常生活化育的条件，既要符合核心价值观化育的一般要求，又要遵循日常生活的基本活动图式。

一 核心价值观化育的一般条件

一般意义上，核心价值观的生成、变化、发展过程实质上是认同主体、认同客体和介体（环境因素）三者之间相互影响、相互作用的过程。由此，核心价值观化育的条件可以分为主体条件、客体条件和环境条件三个方面。

(一) 主体条件

核心价值观培育的主体条件主要包括两方面内容:一方面,核心价值观的培育主体首先应该是一个心智健全的人,这是主体成为社会人的前提,也是主体能够形成核心价值观认同的首要条件;另一方面,核心价值观培育本质上是对一定社会所倡导的科学信仰、理想信念、价值精神和社会规范等的认同,其实质是一种意识形态认同。意识形态认同的复杂性、抽象性、反复性要求:其一,主体需要具备一定的理论自觉,主动学习核心价值观的科学内涵,了解其基本特征,把握其精髓和实质;其二,主体需要接受一定的教育,具备一定的理论学习能力和理论思维能力;其三,主体需要具备一定的理性分析、判断能力,能够在多元文化形态和价值观念的交流、融合、碰撞、冲击中不迷失方向;其四,主体需要具备一定的社会实践能力,能够在现实生活实践中深化、提升对核心价值观的认识,加强、固化核心价值观认同。

(二) 客体条件

一般而言,核心价值观需要满足以下条件才能赢得人们的认同。首先,核心价值观在内容上要尽可能地反映广大民众的内在需求,反映民众的理想信仰和价值诉求,能够满足国家和社会的基本需要,并指导人们的实践,这是核心价值观价值性的具体体现,也是核心价值观培育的根基。马克思曾指出:"理论在一个国家实现的程度,总是取决于理论满足这个国家的需要的程度。"[1] 任何核心价值观的培育及践行,都与人们的需要有关。其次,核心价值观要得到尽可能多的社会成员的认同,在内容上还要有兼容性和共享性,即能够吸纳不同文化、不同意识形态理论的合理性成分,不断充实和发展自己,使其内容和精神实质能够被尽可能多的社会成员普遍接受和认可。再次,核心价值观在形式上要具有一定的实践性和规范性。实践性是人类把握世界的基本方式之一。以实践方式把握世界主要体现在改造客观世界的活动中。核心价值观不只是一种观念观,更是人们行动的指南。只有能付诸实践并现实转化为人们行为规范的核心价值观,才具有较强的统摄力,才能得到人们的普遍认同。我国传统核心价值观能

---

[1] 《马克思恩格斯文集》第 1 卷,人民出版社,2009,第 12 页。

够历经数千年王朝更迭而不衰,得到上自统治阶级、下至黎民百姓的普遍认同,与其核心价值观念的规范性、实践性和连续性是分不开的。最后,核心价值观要实现从理论形态、观念形态向人们日常生活实践转化,还必须转化话语表达方式和言说方式,创设与社会公众思维方式和解读心理相一致的话语观。

(三) 环境条件

核心价值观化育是主体在一定社会环境中,在诸多社会因素相互作用、相互影响下,逐步认识、了解进而认同并遵循核心价值观的动态过程。在此过程中,社会环境既是核心价值观化育的载体,又是主体与核心价值观相联系的中介和桥梁。正如马克思所言:"人创造环境,同样,环境也创造人。"[①] 列宁也指出:"一切都是经过中介,连成一体,通过过渡而联系的。"[②] 环境是一种巨大的社会力量,对核心价值观化育具有重大的推动或阻碍作用。这里的环境因素主要包括以下几点。

其一,经济条件。经济条件是指一定社会的生产力发展状况以及由此决定的生产关系和社会物质生活状况的综合,具体包括社会生产力发展水平、社会生产关系以及人们物质生活水平等因素。经济因素是诸多社会环境因素中最具决定性力量的因素。马克思多次强调:"物质生活的生产方式制约着整个社会生活、政治生活和精神生活的过程。"[③] 经济因素是整个社会生活和意识形态构建的决定性力量。一种意识形态或核心价值观能否被认同,与它所代表的社会的生产力发展水平、生产关系状况以及广大民众的物质生活状况有着密切的关系。统治阶级如果没有经济上的实现,不能给广大民众带来实实在在的物质利益或生活改善,不能以实际行动证明核心价值观的价值合理性,那么,即使使用强制手段,也很难得到人们的认同。正如马克思所言:"人们奋斗所争得的一切都同他们的利益相关"[④];"'思想'一旦离开'利益',就一定会使自己出丑。"[⑤] 只有雄厚的经济基础、丰裕的物质生活、良好的社会生态、发达的科学技术才是统治阶级政

---

① 《马克思恩格斯文集》第 1 卷,人民出版社,2009,第 545 页。
② 列宁:《哲学笔记》,中共中央党校出版社,1990,第 108 页。
③ 《马克思恩格斯文集》第 2 卷,人民出版社,2009,第 591 页。
④ 《马克思恩格斯全集》第 1 卷,人民出版社,1956,第 82 页。
⑤ 《马克思恩格斯全集》第 2 卷,人民出版社,1957,第 103 页。

绩的集中表现，才能构成核心价值观化育的坚实基础。

其二，政治条件。宏观上看，社会政治条件是一个社会或国家所面对的国际政治环境和国内政党、政治制度、政治体制、政权性质、政治思想和政治准则等众多要素的总称。其中，政治昌明、安定有序、公平正义、民主法治等是人们对社会政治条件的基本价值期许，也是社会核心价值观日常化育的基本政治条件。这就要求国家应该最大限度地调动广大民众的积极性，保护人民的正当权利，给予人民表达自己意见和建议的机会和权利，妥善协调社会各方利益关系，正确处理人民内部矛盾和其他社会矛盾，切实维护和实现社会公平和正义，从而为加强统治阶级的合法性地位奠定良好基础。亨廷顿指出："在民主国家，统治者的合法性通常依赖于他们满足一些关键选民对他们政绩的期望。"[①] 对于核心价值观日常化育而言，"政绩认同是关键。因为民众无论是对执政党的价值认同或制度认同，最终都要落脚到对执政党的政绩认同上。没有政绩，即使价值观再先进、政治制度再科学也无济于事"[②]。

其三，文化条件。文化是一个内涵和外延极广泛的范畴，泛指一切人类创造的可以习得的物质产品和精神产品的总和。这里的文化主要指精神文化。它是一个民族或国家在长期发展过程中积淀下来的历史文化、风土人情、传统习俗、生活方式、文学艺术、行为规范、思维方式、价值观念等的总和，其核心是人们的价值观念、思维方式与行为方式。文化作为一种知识背景和思维框架，对人们的思想情感、心理状态、价值判断、人格塑造、行为方式等有着重要影响，直接决定着人们的生存样态。美国文化人类学家格尔茨认为，文化就是人的"思维、情感和信仰的方式"、"实际行为方式"、"标准化认知取向"、"对行为进行规范性调适的机制"等"由人自己编织的意义之网"。[③] 社会核心价值观只有从文化中汲取有益于自己的营养成分，才能与广大民众的思想、心理、价值、观念等相契合，才能赢得广泛认同。同样，这一认同过程的形成，也离不开一个良好的有着丰富文化底蕴的社会文化环境的营造。

---

① 〔美〕塞缪尔·亨廷顿：《第三波——20世纪后期民主化浪潮》，刘军宁译，上海三联书店，1998，第59页。
② 谢方意：《政党执政能力与合法性相关研究》，《中共浙江省委党校学报》2006年第1期。
③ 〔美〕克利福德·格尔茨：《文化的解释》，韩莉译，译林出版社，1999，第5页。

其四，社会条件。这里的社会条件是除政治、经济、文化等外在社会环境因素以外的社会因素，主要包括家庭环境、学习或工作环境、社区环境等方面。不同的社会条件塑造了不同的社会主体和不同的价值认同。马克思强调："人的本质不是单个人所固有的抽象物，在其现实性上，它是一切社会关系的总和。"① 在所有社会条件中，家庭是影响个体核心价值观认同的首要因素。俗话说："近朱者赤，近墨者黑。"长辈的价值观念、政治态度、意识形态倾向等对后代具有直接的、奠基性的和长远的影响。学校作为专门的教育机构，是"意识形态国家机器"的重要组成部分，对青年一代核心价值观的培育起着关键的形塑作用，因此，备受统治阶级重视，古今中外概莫能外。此外，在社会生活中，因地缘、业缘、利益或其他因素而形成的各种社会共同体，它们的价值取向和信仰主张也对核心价值观培育存在重要影响。

二　社会主义核心价值观日常生活化育的特殊条件

实现社会主义核心价值观向日常生活转化，除了了解核心价值观培育的一般条件，还需要进一步分析日常生活的基本图式，即人们在日常生活中的特殊认知模式与行为模式，以提高社会主义核心价值观日常化育的针对性和实效性。

关于日常生活的基本图式，东欧新马克思主义的重要代表人物阿格妮丝·赫勒进行了深入研究，她认为，日常生活的一般图式实际是人们占有、进行日常生活的一般方式，或者说是人们的日常认知模式和行为模式，具体包括五个方面：实用主义、可能性原则、模仿、类比、过分一般化。② 在此基础上，衣俊卿揭示了我国日常生活的内在结构和基本图式："以重复性思维与重复性实践为主的自在的活动方式；以传统、习惯、常识、经验等为基本要素的经验主义的活动图式；以本能、血缘、天然情感为核心的自然主义的立根基础；以家庭、道德、宗教为主要组织者和调节者的自发的调控系统。"③ 综合两位学者的观点，日常生活的基本图式主要

---

① 《马克思恩格斯文集》第 1 卷，人民出版社，2009，第 501 页。
② 参见〔匈〕阿格妮丝·赫勒《日常生活》，衣俊卿译，重庆出版社，2010，第 176~196 页。
③ 衣俊卿：《现代化与日常生活批判》，人民出版社，2005，第 32 页。

包括以下几个方面的特性。

其一,重复性思维与重复性实践。日常生活作为"自在的类本质对象化领域",其自在自发的活动基础即重复性思维和重复性实践。所谓重复性是"指谓某种在某一时期产生于创造性思维的活动,而现在被自发地实践的思维"①及活动。重复性思维与重复性实践是日常生活的主要活动方式,二者在日常生活中发挥着不可或缺的作用。一方面,重复性思维与重复性实践保障了人的安全感。日常生活涉及的是人生存、发展所必需的基本条件和基本要素,只有这些基本条件和基本要素维持一定的稳定性和不变性,日常生活主体才能拥有熟悉感和安全感,而这只有重复性思维与重复性实践的自在性和自明性才能提供和确保。另一方面,重复性思维与重复性实践是日常生活与非日常生活成功开展的必要条件,在日常生活中,人们总是自觉、不自觉地遵循一种最大经济化原则,以期以最小的时间和精力投入获得最大的效益。而重复性思维与重复性实践恰恰满足了日常生活的这一需求,它使得"我们的能力可以获得解放,以便用于解决那些只有借着创造性实践(或创造性思维)才能对付的任务"②。这样,重复性思维和重复性实践不仅为人的创造力在非日常生活的充分发挥节省了时间和精力,而且满足了人的安全需要,是日常生活必不可少的活动方式。

然而,这一切都要以不损害人的创造性思维和创造性实践的有效发挥为前提。因为重复性思维和重复性实践是一种因循守旧、抱残守缺、缺乏批判性和创造性的惰性思维和实践,其消极影响是显而易见的,它"能够而且的确常常导致人的行为和思维中的某种僵硬。重复性实践(或思维)不断发起进攻,而在取得最佳结果的情况下,它甚至能蚕食本是创造性实践和思维的领地。它可能而且的确常常延缓我们去承认新事物,去辨别其中所内含的问题。在存在问题的情形中,即在需要创造性思维的情形中,我们常常试图以重复性思维侥幸过关或勉强应付。我们将会看到,这会导致日常生活的灾难;不仅如此,它也会阻碍个性的发展"③。因此,以重复性思维和重复性实践为主要思维方式和活动方式的日常生活实际上缺乏批

---

① 〔匈〕阿格妮丝·赫勒:《日常生活》,衣俊卿译,重庆出版社,2010,第137页。
② 〔匈〕阿格妮丝·赫勒:《日常生活》,衣俊卿译,重庆出版社,2010,第138页。
③ 〔匈〕阿格妮丝·赫勒:《日常生活》,衣俊卿译,重庆出版社,2010,第139~140页。

判和自我批判的能力，要想使社会发展进步，必须利用创造性思维和创造性实践。也正是在这个意义上，西方马克思主义者多对日常生活持批判态度，卢卡奇认为日常生活的重复性导致了社会的物化和异化，列菲伏尔主张对日常生活进行全面批判。赫勒则认为，日常生活并不必然是异化的领地，在日常生活中，人们也并不总是需要创造性思维和创造性实践。虽然"日常生活在总体上是对象化的。但是，这并不意味着每一具体的日常活动都是对象化，更不是说所有对象化都处在同样的层面上，具有同样的程度，更不必说具有同样的有效范围"①。比如，吃饭、睡觉是日常生活必不可少的组成部分，但却不是对象化。再比如，我们第一次跨越一个障碍物时，可能需要自觉的有意识的思维和实践来解决，但是，当后来我们无数次地跨越同样的障碍物时，则主要是运用重复性思维和实践来行事。也就是说，日常生活作为自在的类本质对象化领域"必然是一个以重复性思维和重复性实践为主要活动方式的自在的领域"②，过去如此，现在如此，未来也不会有实质性的改变。

其二，模仿、类比模式。承上，重复性思维、重复性实践之所以在日常生活中具有充分的肯定性作用，很重要的方面在于它满足了人们对安全、经济、效能等方面的需要。正是在这些需求的推动下，人们在日常生活中通过不断地模仿、类比实践习得必要的社会惯习与规则，日后当面临同样或类似的情形时，可以按照此类情况已有的惯例和经验进行分类以采取必要、有效的行动。其中，在日常生活所见的各种模仿中，行为模仿具有特殊的地位和内涵，它"不是指向单个习惯，而是指向一个或数个具有更高复杂性的行为模式"，"它要求占有社会意义上的特殊价值内涵、世界观和意识形态，作为这一进程的组成部分，个人使他的行为适合于体现了特定价值和特定意识形态立场的社会成规"③。换言之，模仿具有一定的社会导向性，它总是对具有一定社会意义或社会影响的行为进行仿效和趋同，以求得"我"隶属于其中的认同感。类比也具有模仿的成分，二者的区别在于，追求的效果不同，模仿的目的在于产生同一性，类比则在于产

---

① 〔匈〕阿格妮丝·赫勒：《日常生活》，衣俊卿译，重庆出版社，2010，第50页。
② 衣俊卿：《现代化与日常生活批判》，人民出版社，2005，第37页。
③ 〔匈〕阿格妮丝·赫勒：《日常生活》，衣俊卿译，重庆出版社，2010，第183页。

生相似性。在日常生活中，我们大多数的日常活动是类比引导的。通常，当我们不得不做决定或不得不对某人、某事表达意见时，我们通常会采取类比形式，也就是说，我们会把已有的经验、体验或案例归结为一个类型模式，然后按照这一模式进行规范的或习惯的决策与评价。因此，在日常生活中，如果我们要适当地经济地开展活动，模仿和类比模式是必不可少的活动方式。模仿、类比模式不仅有助于节约时间，提高行动效能，而且有助于主体获得"我在群体中"的安全感和归属感。

其三，实用主义与功利主义原则。在日常生活中，人们的日常思维和日常行为基本上是实用主义的，遵循最大经济化或最少费力的原则。这意味着理论和实践常常是直接统一的，人们对事物或行为的缘由很少追问，只是一贯遵循"如是性"逻辑。按照卢卡奇的观点："人们对自己周围的环境——只要它对人起作用——是根据其实际功用（而不是根据它的客观本质）来把握和判断的。"[①] 也就是说，在日常生活中，人们对事物的理解和认知基本上停留在"是什么"阶段，而对其"为什么"不感兴趣。比如说，人们只知道衣服是用来穿的，房子是用来住的，勺子是用来吃饭的，等等，人们在乎的只是其实际功用，至于其为什么是这样的，则甚少质疑和追问。这一实用主义特质在人类日常生活中广为渗透，即使在科学日益昌明的现代社会，日常思维的实用性依然存在并强大。用卢卡奇的话说："科学对日益广大的生活领域的支配并没有取消日常思维，日常思维也并没有被科学思维所取代。相反，即使在那些以前很少与日常生活的对象有直接关系的领域里也再生产着日常思维。"[②] 只不过，在科学的渗透和影响下，日常思维变得科学化了，而科学也在走向日常生活的过程中日益常识化和实用化。

与实用主义原则相伴而生的，是日常生活的功利主义原则，即在日常生活中，人们常常以事物对自身的好用性、有益性为标准来评判事物的价值。当事物能够最大限度满足主体的生存、安全或经济化需要时，对主体而言则是好的、有用的，相反，则是负价值。比如，农民和艺术家都认为麦田是"美"的，但二者的判断标准截然不同，农民认为麦田美是因为麦

[①] 〔匈〕卢卡契：《审美特性》，徐恒醇译，中国社会科学出版社，1986，第11页。
[②] 〔匈〕卢卡契：《审美特性》，徐恒醇译，中国社会科学出版社，1986，第76页。

田对他有用,艺术家则是出于审美,而不是因为麦田好画。由此可知,日常思维与非日常思维有着不同的特质,实用主义和功利主义原则是日常生活的基本特征。

其四,过分一般化。在日常生活的上述图式中,无论是重复性思维和重复性实践、模仿、类比模式还是实用主义与功利主义原则,都有可能导致过分一般化。因为这些思维和行为方式的共同之处都存在按照已有经验将事物纳入预制的类型、判断或行为模式的倾向。换言之,在日常生活中,人们总是按照自身已有的经验模式或社会通行、大众普遍认可的方式来开展日常生活,满足于人云亦云,随波逐流,这就是过分一般化,这就是"常人"的日常生活状态。对此,海德格尔曾深刻指出:"常人怎样享乐,我们就怎样享乐;常人对文学艺术怎样阅读怎样判断,我们就怎样阅读怎样判断;竟至常人怎样从'大众'脱身,我们就怎样抽身;常人对什么东西愤怒,我们就对什么东西愤怒。"[1] 在赫勒看来,这种过分一般化、平均化的生活状态在日常生活中具有两面性:一方面,它是经营日常生活所必需的、必不可少的,"在缺乏个人经验之处,我们在日常生活的水平上没有其他方式可用(这不适用于科学):由于我们已习惯于过分一般化,因而在生活框架中对经验的简单归类多半是'切中要害的'"[2];但另一方面,如果一般化让位于过分一般化,也会阻碍人的个性、批判性和创造性的发展,从而导致"日常生活的失败或灾变"。

通过对日常生活一般图式的分析使得社会主义核心价值观日常生活化育的意义更加凸显:首先,从日常生活基本图式的积极意义看,日常生活的重复性、模仿类比性、实用性等特点给人们提供了温暖、熟识、安全的"家"的感觉,这种感觉是人们从事一切日常与非日常活动的基础,也是社会主义核心价值观日常生活化育的旨归;此外,日常生活的功利性、经验性、模仿性等日常认知和行为逻辑也为社会主义核心价值观日常生活化育提供了重要借鉴。其次,从日常生活基本图式的消极方面看,日常生活的自在性、重复性、保守性、习惯性不仅具有抑制个体自觉性和创造性的倾向,而且日常生活的经验主义、实用主义、教条主义活动图式还具有侵

---

[1] 〔德〕海德格尔:《存在与时间》,陈嘉映等译,三联书店,1999,第147~148页。
[2] 〔匈〕阿格妮丝·赫勒:《日常生活》,衣俊卿译,重庆出版社,2010,第189~190页。

蚀政治、经济、科学、艺术等非日常生活领域的趋向,这无论是对个体发展还是社会进步都是一种严重束缚和阻滞。

这就必然要求社会主义核心价值观培育既要以大众日常生活为基础,又要对日常生活进行引导和提升。从这个意义上讲,强调社会主义核心价值观培育向日常生活转化,就是强调作为非日常生活世界的社会主义核心价值观和日常生活世界的和谐统一。为此,一方面,社会主义核心价值观要贴近日常生活、关注日常生活,把日常生活作为实现社会主义核心价值观培育与践行的基础和立足点,不断从日常生活中提炼现实经验的营养,关注和回答人们日常生活中提出的实际问题,把社会理想与社会现实统一起来,把"应然"和"实然"结合起来,实现事实与价值的融通。另一方面,主张社会主义核心价值观培育向日常生活转化,不是对日常生活的简单迎合,而是对人民主体性的凸显,体现了"大众化"的立场和方法,强调社会主义核心价值观要用贴近生活、贴近群众、贴近时代的语言和形式来克服、消解日常生活的自发性、保守性、惰性等局限性,从而引领日常生活健康发展。

第二节 社会主义核心价值观日常生活化育的必要条件

社会主义核心价值观日常生活化育同样也是价值主体、价值客体和价值介体三者之间相互影响、相互作用的过程,因此,社会主义核心价值观日常生活化育离不开一定的主体条件、客体条件和环境条件。基于此,以日常生活为思维框架,面向日常生活的社会主义核心价值观的培育与践行需要:其一,提升主体文化自觉,以增进社会主义核心价值观培育主体的积极性和主动性;其二,以满足人的内在需求为价值支撑,以符合人们日常认知特点的大众话语观的创制为基本条件,尽量缩小社会主义核心价值观与日常生活的间距;其三,以经济、政治、文化、社会"四位一体"社会条件的创设为基本保障;其四,大力开展化民成俗的日常生活实践活动,为社会主义核心价值观日常生活化育确立现实基础。

一 提升人的文化自觉

党的十九大报告明确指出,培育和践行社会主义核心价值观,要"把社会主义核心价值观融入社会发展各方面,转化为人们的情感认同和行为习惯。坚持全民行动、干部带头,从家庭做起,从娃娃抓起。深入挖掘中华优秀传统文化蕴含的思想观念、人文精神、道德规范,结合时代要求继承创新,让中华文化展现出永久魅力和时代风采"[①]。很明确,广大人民群众是社会主义核心价值观日常化育的主体。主体的存在状态或生活样法是影响社会主义核心价值观培育实效的重要因素。换言之,主体是以一种自在、自发的状态存在还是以一种理性、自觉的方式存在,直接影响着社会主义核心价值观的认同度。一般而言,如果主体处在一种自在自发的存在状态,那么,他就会沉溺于与这种生存状态相一致的日常生活中,而对于非日常生活则采取摈弃或不闻不问的态度,所以,处在这一生活状态的主体对于社会主义核心价值观一般不会积极主动地接受。而以理性、自觉方式存在的主体,其自主性、批判性、创造性相对较强,对事物或价值观的判断有自己独立的见解,对符合自身内在需求或与自身价值观念相一致的价值观,一般会积极主动地去认同。可见,主体的存在状态直接影响着社会主义核心价值观的培育与践行。从文化视角看,主体的存在状态实际是文化的深层表征,提高主体认同社会主义核心价值观的积极性实质是提升主体的文化自觉,改变主体的存在样态。依此逻辑推论,提升主体文化自觉,首先需要从文化说起。

文化是个内涵与外延甚为广泛、复杂的范畴,不同学科有不同的界定。自20世纪以来,学者们试图从哲学、人类学、社会学、语言学等不同角度来界定文化,然而,迄今为止还没有一个普遍公认的、令人满意的答案。在哲学上,文化一般被认为是哲学思想的表现形式,不同时代、不同地域的哲学决定着文化不同的风格。从存在主义角度看,文化是对人们生存方式的描述,或者说,人类生存本身就是一种文化的生存。英国学者马林诺思基认为,文化根本是一种"手段性的现实",要完整而准确地界定

---

① 习近平:《决胜全面建成小康社会 夺取新时代中国特色社会主义伟大胜利——在中国共产党第十九次全国代表大会上的报告》,人民出版社,2017,第42页。

文化，"只有靠功能的和制度的两方面周详的研究"①。在社会学上，当代美国社会学家戴维·波普诺认为："文化是一个群体或社会所共同具有的价值观和意义观，它具体包括物质文化、规范、符号、意义和价值观等内容。"② 不同学科的周详界说无法一一列举，由此，文化的复杂性略见一斑。综合各方观点，文化，从广义上看，与文明等同，文明是个大范畴，意指与自然相对的政治、经济、生产、科技、思想、观念等一切人类创造物。然而，在实际生活中，人们很少用文化来指称那些具体可感的、不断生灭变化的有形造物，而是指凝结在社会历史沉浮与变迁中相对不变的、稳定的、深层的东西，即文化是在历史中凝结而成的人的稳定的生活样态或生存方式。正是在这个意义上，文化的深层内涵不是具体有形的物质器物，也不简单表现为制度、思想文化或价值观念等精神成果，其深层本质表现为人的生存方式。作为人的生存方式，文化如同血液一样已贯穿在社会历史变迁和文明变换的各个层面，自发、深刻地影响着人的各种活动。

从人的存在方式看，无非是自在自发的存在或自觉自为的存在两种，与此相对应的文化则表现为（由传统、习惯、风俗、经验、人情、血缘等构成）自在的文化和（由科学、艺术、哲学、宗教等构成）自觉的文化。历史地看，在前工业社会，人们多是依赖自在文化的调节而自发地生存，只有统治阶层的少数人是自觉文化的践行者。而自人类社会进入工业文明以来，情况发生了根本的转变，人逐渐由自在自发存在向自觉自为存在转变，文化也由此经历了从传统到现代的历史性嬗变。这一过程在西方是随着工业化进程的发展自然而然实现的，在我国则表现为近代以来的多次自觉的文化启蒙。从"中学为体、西学为用"的洋务运动到"全盘性反传统主义"的五四新文化运动，近代以来的多次文化启蒙运动多表现为以自觉的现代工业文明精神来冲击、改变我国自在自发的传统文化基因。客观地分析，这种文化启蒙作为我国现代化进程不可或缺的重要内容，是积极的、必要的。然而，就结果而言，虽然我国历经多次文化启蒙，但如前所述，中国传统文化模式一定意义上仍然是阻滞我国现代化进程的重要因素。对此，衣俊卿认为其根本原因在于两个方面："从外在方面来看，中

---

① 〔英〕马林诺斯基：《文化论》，费孝通译，中国民间文艺出版社，1987，第94页。
② 〔美〕戴维·波普诺：《社会学》，辽宁人民出版社，1987，第137页。

国百余年的现代化不是表现为一个连续的和统一的进程，而是不断为各种历史事变所打断，因而，文化重建无法作为一个持续统一的进程而不断走向深化；从内在方面来看，文化激进主义的文化启蒙、文化重建或文化转型运动自身很不完善，基本上停留在表层启蒙上，没有触及到传统文化的深层本质和根基。"① 也就是说，这些文化启蒙运动多停留在思想呼吁的表层，没有从根本上触及广大民众赖以存在的传统自在自发文化的根基，从而使人的现代化以及社会的现代化等问题一再延滞。

自中华人民共和国成立，尤其是改革开放 40 年来，我国经济、政治、文化等各方面建设均取得了巨大成就。从物质文化层面看，我国物质文化建设取得了举世瞩目的成就：其一，我国社会生产力水平总体上显著提高，很多方面进入世界前列；经济保持中高速增长，国内生产总值自 2010 年开始稳居世界第二，对世界经济增长贡献率超过 30%；高铁、公路、桥梁、港口、机场等基础设施建设遥遥领先，高铁运营总里程、高速公路总里程和港口吞吐量均居世界第一位；220 多种主要工农业产品生产能力稳居世界第一位。② 这说明，原来我们所定位的社会主义初级阶段"落后的社会生产"——这一阶段性特征已发生了新的变化。其二，人民生活水平显著提高。改革开放以来，我国人民生活水平不断迈上新台阶，已经达到中等偏上收入国家水平；城镇居民人均可支配收入和农村居民人均可支配收入大幅提高；脱贫攻坚战取得决定性进展，六千多万贫困人口稳定脱贫，贫困发生率从百分之十点二下降到百分之四以下；教育事业全面发展，中西部和农村教育明显加强。就业状况持续改善，城镇新增就业年均一千三百万人以上；覆盖城乡居民的社会保障体系基本建立，人民健康和医疗卫生水平大幅提高，保障性住房建设稳步推进等等。③ 物质文化层面的进步说明，人民群众对物质文化需要的层次、内容提出了更高的要求。

从制度文化层面看，我们建立了一整套与经济、政治、文化、社会等各个领域相互衔接、相互联系的中国特色社会主义制度：人民代表大会制

---

① 衣俊卿：《现代化与日常生活批判》，人民出版社，2005，第 336 页。
② 参见习近平《决胜全面建成小康社会 夺取新时代中国特色社会主义伟大胜利——在中国共产党第十九次全国代表大会上的报告》，人民出版社，2017，第 3 页。
③ 参见习近平《决胜全面建成小康社会 夺取新时代中国特色社会主义伟大胜利——在中国共产党第十九次全国代表大会上的报告》，人民出版社，2017，第 5 页。

度，中国共产党领导的多党合作和政治协商制度，民族区域自治制度，基层群众自治制度，以公有制为主体、多种所有制经济共同发展的基本经济制度，以及建立在根本政治制度、基本政治制度、基本经济制度基础上的经济体制、政治体制、文化体制、社会体制等各项具体制度；民主法治建设迈出重大步伐：积极发展社会主义民主政治，不断加强中国特色社会主义制度建设，国家治理体系和治理能力现代化水平明显提高，党的领导体制机制不断完善；中国特色社会主义法治建设深入开展，法治国家、法治政府、法治社会建设统筹推进，中国特色社会主义法治体系日益完善，全社会法治观念明显增强。国家监察体制改革试点取得实效，行政体制改革、司法体制改革、权力运行制约和监督体系建设有效实施，全社会法治观念明显增强。这说明在全面深化改革、坚决破除各方面体制机制弊端的过程中，我国民主政治建设、法治体系建设等关键环节和领域取得重大突破。

再从思想文化建设层面看，我国思想文化建设取得重大进展：党对意识形态工作的领导不断加强，马克思主义在意识形态领域的指导地位更加鲜明；社会主义核心价值观和中华优秀传统文化不断弘扬，群众性精神文明创建活动深入开展；现代公共文化服务体系建设、文化产业蓬勃发展；文化"走出去"步伐不断加快，国家文化软实力和中华文化影响力大幅提升。这说明全党全社会全体人民在思想上的团结统一基础不断巩固。

然而，我们也必须看到，在我国经济、政治、文化繁荣发展的背后，影响满足人们美好生活需要的因素也很多。比如：不同区域、不同领域发展的不平衡不充分问题；收入分配差距仍然较大，还有几千万人口尚未脱贫；经济发展水平总体较好，但社会治理、法治化水平相对不高，文化建设相对滞后，社会建设也存在不少短板，生态文明建设问题较多；我国国内生产总值虽稳居世界第二，但人均国内生产总值只相当于世界平均水平的80%左右；在创新能力、产业层次、公共服务等方面与发达国家相比，仍有相当大的差距；离实现建成"富强民主文明和谐美丽"的社会主义现代化强国目标，还有很长的路要走；等等。这些问题是当前和今后一个时期制约我国经济社会文化发展的主要因素，也是培育和践行社会主义核心价值观必须直面的现实。

一定意义上，我们在某些领域发展了世界领先的生产力，建立了较为完善的社会主义市场经济体制和社会主义民主法治制度，但与之相契合的文化建设却相对滞后；社会主义核心价值观得以弘扬，但离"内化于心外化于行"的要求还有一定距离，与人们的日常生活之间也存在一定间距；在现实生活层面，各种思想文化的交流交融交锋依然复杂激烈，社会主义主流文化面对多元文化的冲击，某些方面的道德失范、信仰失落、精神空虚等问题，显得应对乏力，存在一定程度的无语和失语。这一"文化堕距"[①]，是社会主义核心价值观建设必须直面的文化实情，也是社会主义核心价值观日常生活化育无法超越的坚硬现实。为此，我们唯一能做的就是从根源上去寻找上述问题的症结所在，并尽力去解决它。

追根究底，中华人民共和国成立后的一系列政治经济文化体制建设与变革，虽然成绩斐然，但并没有从根本上触动日常生活世界的根基，或者说，人们的生活样态或存在方式并没有从根本上得以改变，人们的认知、行为模式依然在很大程度上受传统的自在自发文化基因的影响和制约。"中国社会本质上是一个巨大的日常生活世界"[②]。一部分中国人仍然以自在性、重复性为基础的生活方式从事着各种现代的非日常的活动和创造，这使得强大的日常生活图式常常蚕食和侵蚀自觉的精神活动和社会活动，官僚主义、经验主义、教条主义等现象在各种非日常生活中依然存在，自觉、理性、民主、法治、自主的非日常的社会运行机制还没有完全建立，这不仅直接阻碍着中国现代化进程的发展，而且影响了社会主义核心价值观的培育与践行。

基于此，从文化的深层本质体现为人的存在方式的角度看，推进社会主义核心价值观日常生活化育的根本着力点在于转变人的存在方式，提升人的文化自觉，使之由自在自发向自觉自为转化。"文化自觉"是由著名人类社会学家费孝通先生提出来的，意指"生活在一定文化中的人对其文化有'自知之明'，明白它的来历、形成过程、所具有的特色和它发展的趋向，不带任何'文化回归'的意思，不是要复旧，同时也不主张'全盘西化'或'坚守传统'。自知之明是为了加强对文化转型的自主能力，取

---

① 美国社会学家奥格本提出，意指文化各部分发展速度不一致导致的文化紧张或文化失衡状态。
② 衣俊卿：《现代化与日常生活批判》，人民出版社，2005，第341页。

得决定适应新环境、新时代文化选择的自主地位"①。可见，文化自觉是一种内在的精神力量，是主体对本民族、本国家文化的觉悟和觉醒，是对本民族、本国家文化发展规律和历史责任的正确把握和主动担当。由此，在推进社会主义核心价值观认同过程中，转变人的生活样态，提升人的文化自觉，关键是用科学理性精神和人本精神塑造现代主体，以提高人的主体性和创造性，调动主体认同并践行社会主义核心价值观的积极性和主动性。

本质上讲，文化自觉是人的主体自觉性在文化上的具体展现。人的主体自觉是人在由传统向现代转化过程中形成的现代人格必备的一种思维品质和实践精神。以西方的现代化过程和经验为借鉴，人的主体自觉性的养成主要来源于两个方面：一是体现在科学技术发展中的技术理性、科学思维等理性精神；二是体现在现代哲学、艺术文化等领域中的自主意识、批判意识、参与意识等人本精神。这是现代文明社会中自由自觉的现代主体不可或缺的基本素质，也是社会主义核心价值观日常生活化育所必不可少的主体性条件。通过科学理性精神所提供的科学思维和理性意识来逐步改变人们的日常思维方式，培育人们的创新意识和创新精神。通过以人为本精神的弘扬来改变传统日常思维的"如是性"模式，激发人的自主意识和批判意识，将传统日常生活主体改造成具有主体意识、批判意识、创新意识和积极参与意识的自觉个体，为实现社会主义核心价值观日常生活化育创设充分的主体条件。

二 缩小社会主义核心价值观与日常生活的间距

社会主义核心价值观是社会主义意识形态的本质体现。这意味着社会主义核心价值观不是人们日常生活经验的自发产物，而是无产阶级政党及其先进的理论家、思想家运用科学的思维方法对纷繁复杂的社会意识形态现象进行高度抽象、深层提炼的结果。作为一种高度凝练的思维的产物，它虽然源于生活，但实际又是高于生活的，这使其不可避免地与人们的日常生活存在一定间距。这一间距直接影响着社会主义核心价值观的培育与践行。因此，社会主义核心价值观的日常生活化育，还需要创设一定的客

---

① 费孝通：《师承·补课·治学》，生活·读书·新知三联书店，2002，第360页。

体条件来缩小这一间距。

（一）以满足人的内在需求为价值支撑，推进社会主义核心价值观的日常生活化育①

在日常生活视域中，一种核心价值观能否赢得社会普遍认同，关键看其是否符合人的内在需求，能否及时有效地兑现对大众的价值期许和利益许诺。社会主义核心价值观日常化育同样如此。

要满足人的内在需求，首先需要明确什么是人的内在需求。对于这一问题，目前学界还没有一个明晰的界定。人们通常把"人的内在需求"与"人的需要"在同等意义上使用。关于人的需要，不同视角有不同的规定。概括起来主要有：（1）欲望说。即人的需要主要表现为主体对客体的欲望或要求。袁贵仁认为："所谓人的需要，从其一般的意义上说，就是人同外部环境之间的一定联系的必要性，是人们对某种对象的渴求和欲望。"②（2）本能说。此观点多是以马克思关于人的需要"即他们的本性"为理论依据，并加以引申，认为人的需要是人内在的天然的规定性。（3）关系说或状态说。即人的需要是人的一种生存状态，是主体为维持生存发展而不得不与外界进行能量交换的一种摄取状态。李德顺认为，真正科学意义上的"需要"，是指同人的物质和精神生命存在相联系的某种依赖性，是人或主体的一种客观现实的状态。③ 总体上看，当前学界关于人的需要的观点，虽然视角不同，但多倾向于认为需要是主体对客体的依赖或渴求。这里存在的主要问题是：其一，从严格意义上讲，人的内在需求与人的需要不能完全等同。根据《现代汉语词典》和百度词条关于"需要"和"需求"的解释，需要是对"应该有或必须有的事物的欲望或期望"，通常以"缺乏感"的形式表达出来，强调了人基于本能或对外在事物的"必需"性。而需求是"由需要而产生的要求或索求"，它不仅包含"需要"，还内蕴了人对必需的求取和实现，是人从"内需、内求"到"必需、必求"的实现过程。可见，需求不等于需要。如果说需要仅停留在欲望、愿望等

---

① 参见陆树程、朱晨静《社会主义核心价值体系与人的内在需求》，《毛泽东邓小平理论研究》2011年第2期。
② 袁贵仁：《人的哲学》，工人出版社，1988，第92页。
③ 李德顺：《价值新论》，中国青年出版社，1993，第227页。

"需"的层面,那么,需求则在必需的基础上,更多强调主体内在的必然的需要的实现,是"需"与"求"的高度统一和满足。由此,从一般意义上看,人的内在需求是由人生存发展的本能所决定的欲望和要求的实现过程。其二,对人的内在需求的不同理解,本质上源于对人、人性或人的本质的不同解读。如"欲望说"和"关系说"比较倾向于从人的自然性和社会性角度认识人的内在需求,而"本能说"则是从人的一般本质出发来对其进行解读。这说明分析界定人的内在需求,仅明确内在需求的一般意义是远远不够的,还必须立足于"人"本身。

在唯物史观视阈中,人,从来不是一个超历史、超阶级的先验的本质规定,而是在具体的历史创造过程中的现实展现。正如马克思所言,人类"整个历史也无非是人类本性的不断改变而已"①,研究人的本质,"首先要研究人的一般本性,然后要研究在每个时代历史地发生了变化的人的本性"②。列宁也认为,事物的本质属性并非一个,而是多层面的,既有自然的质、功能的质,也有"不甚深刻的本质"和"更深刻的本质"之分。这在方法论上启示我们,应该多视角、多层面地认识和把握人及人的内在需求。根据马克思主义人学思想,人是一种复杂性的存在。人既是生物人与社会人的辩证统一体,又是历史人与现实人的辩证统一体,还是抽象人与具体人的辩证统一体。人的复杂多样性决定了人的内在需求内容及层次的复杂性和差异性。满足人的内在需求需要协调好人的不同需求的关系,实现人的多样需求的动态平衡。

首先,需要协调人的自然需求与社会需求的统一。人是生物人和社会人的辩证统一体。作为生物人,人是由分子、原子等无机实体进化而成的生物体。人的属性中天然具有无法摆脱的生物性的一面。恩格斯曾指出:"人来源于动物界这一事实已经决定人永远不能完全摆脱兽性,所以问题永远只能在于摆脱得多些或少些,在于兽性或人性的程度上的差异。"③源于人的生物性的自然本性是人的基本属性,也是人们认识、把握"人"的逻辑起点,但不是认识的终点。马克思进一步指出:"我们首先应当确定

---

① 《马克思恩格斯文集》第1卷,人民出版社,2009,第632页。
② 《马克思恩格斯文集》第5卷,人民出版社,2009,第704页。
③ 《马克思恩格斯文集》第9卷,人民出版社,2009,第106页。

人类生存的第一个前提，也就是一切历史的第一个前提，这个前提是：人们为了能够'创造历史'，必须能够生活。但是为了生活，首先就需要吃喝住穿以及其他一些东西。"① 这就是说，人们为了满足生存需求必须从事一定的生产活动，而人类的任何一项生产活动无不是在一定的社会关系中进行，并在需求实现过程中创造新的社会关系。可见，社会关系并不是外在于人的自然存在，而是人的本质体现。人本质上是自然存在和社会存在的统一体。"人作为自然存在物，而且作为有生命的自然存在物，一方面具有自然力、生命力，是能动的自然存在物；这些力量作为天赋和才能、作为欲望存在于人身上"②，成为人一切行为的首要出发点。但同时，人还是一种社会存在，"人的本质不是单个人所固有的抽象物，在其现实性上，它是一切社会关系的总和"③。人的社会性表明，人除了自然需求，还会在一定的社会关系中产生交往需求、道德需求、劳动需求、尊严需求等不同内容、不同层次的社会需求。因此，首先应该尽量满足人最基本的生存需求，在此基础上，根据经济社会发展的实际情况，逐步提高人的内在需求的满足程度。

其次，协调好人的现实需求与长远需求的关系。历史地看，人是历史人与现实人的辩证统一体。马克思主义唯物史观是"描述人们实践活动和实际发展过程的真正的实证科学"④。它不仅揭示了人及人类社会由低级向高级发展的基本规律，而且始终将立足点放在现实的人及其历史发展上。关于人的历史性，马克思认为，历史发展的每一个阶段，都是对前一阶段创造的生产力与生产关系的继承和发展，人的发展同样如此，所以，"历史不外是各个世代的依次交替。每一代都利用以前各代遗留下来的材料、资金和生产力"，同时，人还是一种具有超越性和创造性的存在，"每一代一方面在完全改变了的环境下继续从事所继承的活动，另一方面又通过完全改变了的活动来变更旧的环境"⑤。说明人不仅是传承过去更是面向未来的历史性存在。然而，现实中的个人，总是"在一定的物质的、不受他们

---

① 《马克思恩格斯文集》第1卷，人民出版社，2009，第531页。
② 《马克思恩格斯文集》第1卷，人民出版社，2009，第209页。
③ 《马克思恩格斯文集》第1卷，人民出版社，2009，第501页。
④ 《马克思恩格斯文集》第1卷，人民出版社，2009，第526页。
⑤ 《马克思恩格斯文集》第1卷，人民出版社，2009，第540页。

任意支配的界限、前提和条件下活动着的"个人,是现实的需要进行物质生产并满足人的各方面需求的人。在这里,马克思提醒人们,对于人的认识和把握,既要着眼于人的历史发展,又要关注人的现实存在,只有立足于人的历史发展过程,才能对现实的个人做出客观的富有时代意蕴的阐释和说明。人的历史性和现实性表明,人的内在需求也是历史与现实的统一。一方面,人的内在需求是随着人的历史发展而产生、发展和实现的;另一方面,人的内在需求的产生和实现还受到现实的生存环境和具体条件的制约,也就是说,一个社会能够在多大程度上满足人的内在需求不是由人的主观意志决定的,而是由其特定的生产力和生产关系决定。因此,对待人的内在需求也应坚持历史与现实辩证统一的观点。

再次,协调好人的个体需求与公共需求的关系。一定意义上,人还是抽象人和具体人的辩证统一。人们通常认为,马克思对人的解读实现了抽象的人向具体的人的转变。事实的确如此。然而,马克思并没有完全抛弃对人的抽象,只是他对人的抽象不同于前人,马克思之前的哲学家仅从先天的抽象的人性出发规定人的本质(如黑格尔将人的本质抽象为"绝对精神"或"自由意识";费尔巴哈认为人是一种绝对的无差别的类存在),马克思则是从具体的、现实的、历史的人的一般性或共同性来把握人的本质。在《1844年经济学哲学手稿》中,马克思从人的劳动和人与动物的区别出发,认为人的本质在于"自由的有意识的活动";从《关于费尔巴哈的提纲》开始,马克思抛弃了用人的本质来诠释历史的观点,而转用社会关系和生产实践来阐释人的本性,指出人的本质"在其现实性上是一切社会关系的总和"。说明人的本质与不同的条件相结合会有不同的展现。根据唯物辩证法,一般总是寓于个别之中,并通过个别来体现。我们在肯定抽象的人的一般性的同时,也不能忽视具体的人的特殊性。因为"正是人的特殊性使人成为个体,成为现实的、单个的社会存在物"[①],并在人的一般性、普遍性中自为地存在着。具体的人的特殊性在现实生活中一般表现为个体内在需求的差异性。不仅不同的个体有着不同的内在需求,即使同一个体在不同的发展阶段也存在不同的内在需求。但,无论个体的内在需求如何差异,处在特定历史时空

---

① 《马克思恩格斯文集》第1卷,人民出版社,2009,第188页。

的人总会存在共同的需求和愿望,这些共同需求实际上是个体内在需求的集中和概括。坚持人是抽象的人和具体的人的辩证统一,需要正确处理个体需求和公共需求的关系。

最后,协调好人的真实需求与虚假需求的关系。人的内在需求还有真实需求和虚假需求之分。马尔库塞认为,真实的需求应该符合这样的标准:"最充分地利用人类现有的物质资源和智力资源,使个人和所有个人得到最充分的发展。"① 相反,虚假的需求则是指那些"为了特定的社会利益而从外部强加在个人身上的那些需要,使艰辛、侵略、痛苦和非正义永恒化的需要"②。也就是说,真实的需求实际是一种符合生存发展要求的合理的需求,是人基于生存、健康、自主等的基本需求,而虚假需求则是一种异化的无度占有符号价值的不合理需求。也有学者将虚假需求称为"扭曲的"需求,认为这种需求是对人的生存、健康、自身素养和才能的提高以及对社会所做奉献的增长等缺少任何积极意义的需求,主要包括对奢侈物质享受的需求、对货币金钱的追逐、对颓废精神享受的需求等。③ 正确对待人的真实需求和虚假需求,需要确保人的真实需求的合理满足,降低人的虚假需求,弘扬健康、合理、文明、向上的需求。

承上所述,人的内在需求,作为人生存发展本能的必然要求和内在期望,是人的本质在需求层面的具体展现。人的复杂、多层面性决定了人的内在需求的复杂多样性。尽可能全面满足人的内在需求,是社会主义核心价值观日常生活化育的重要支点。为此,一方面,要正确处理人的自然需求与社会需求、当前需求与长远需求、个体需求与公共需求、真实需求与虚假需求的关系,实现四者的动态平衡:一是在满足人的基本生存需求的基础上渐次提升人的社会需求;二是尽可能满足人的当前需求,在此基础上鼓励人们超越眼前利益,追求长远需求的实现;三是统筹个体需求和公共需求,尽量满足全体成员的共同需求,同时也要照顾到特殊个体或群体的内在需求。另一方面,也要重点突出,区别对待。从当前人民群众最关

---

① 〔美〕赫伯特·马尔库塞:《单向度的人:发达工业社会意识形态研究》,刘继译,上海译文出版社,2008,第6~7页。
② 〔美〕赫伯特·马尔库塞:《单向度的人:发达工业社会意识形态研究》,刘继译,上海译文出版社,2008,第6页。
③ 参见郭宝宏《论人的需要》,经济科学出版社,2008,第40~41页。

心、最迫切、最直接的内在需求出发，着力解决民生需求、社会分配相对不公、贫富差距、党内权力腐败等问题，构建与社会主义核心价值观所表达的理想诉求相一致的现实基础，实现人的内在需求的复归，为社会主义核心价值观的日常生活化育提供有力支撑。

(二) 创设符合人们日常认知特点的大众话语观

话语观是价值观的外在表达。面向日常生活的社会主义核心价值观的培育与践行，必须向大众说出形象生动、可理解、可信赖的语言，不仅让普通民众都听懂、了解，更要让他们信服和把握，为此，创设与大众认知模式和思维模式相一致的大众话语观，成为社会主义核心价值观日常生活化育的另一重要条件。

所谓话语观，主要由术语、意义和言说方式三个要素构成，表现为三要素之间的一种联系样态，其中"尤以对一定术语（概念）的意义建构、诠释与发散分享为核心，在此前提下，言说方式的优化也不容忽视"，"话语观的中心功能是通过一系列的符号（概念、词句、图形、数字等）和言说方式，有效传布和分享各种信息和意义，以便确定用以指导人们言行的价值观和行为规范结构"。[①] 大众话语观是面向大众日常生活，符合大众思维方式和言说方式的语言表述系统。

在社会主义核心价值观日常生活化育过程中，话语观表达与其培育实效有着密切的关系。语言是思想、理论或价值观的直接载体，不同的语言表达了不同的思想理论内涵，反映了不同时代的价值取向。比如，阶级斗争、计划经济、斗资防修、割资本主义尾巴等语词与改革开放、市场经济、以人为本、和谐社会等语言所蕴含的思想内容和反映的时代背景截然不同。同时，语言还是意识形态的直接现实，不同的语言表征着不同的意识形态现象。比如，古希腊的语言是哲学的，古罗马的语言是法律的，古代中国的语言是世俗的、礼制的，西方封建时期的语言是宗教的，现代国家的语言是人本的、科学的，等等。此外，语言对社会意识形态还起着一定的过滤作用。一方面，语言相对于人的现实体验而言，是相对贫乏的。

[①] 邱柏生：《试论开展社会主义核心价值体系教育的话语体系支撑》，《思想理论教育导刊》2010年第11期。

美国学者弗洛姆认为,"语言通过它的词汇、语法和句法,通过固定在其上的整个精神来决定哪些经验能进入我们的意识中"①,在这一过程中,实际上许多体验、经验都被语言过滤掉了。另一方面,语言一经形成,便会逐渐脱离生活,甚至会遮蔽生活的真相,形成"语词拜物教"的现象。我国学者俞吾金认为,"语词拜物教"现象的生成,即语词代替现实,观念演变为意识形态,从而成为统治阶级操控人们的工具,这不是例外,而是规律。② 由此可见,转换社会主义核心价值观的话语观和言说方式,尽量减少语言对社会主义意识形态的过滤作用,重要的是创设与大众日常思维方式和解读心理相一致的话语观,以增强对大众的吸引力、影响力和凝聚力。

当前,影响社会主义核心价值观日常化育的最大难题是——怎样使社会主义核心价值观的科学内涵和精神实质得以准确而又不抽象地表达,使人民群众不觉得社会主义核心价值观是远离自己的抽象理论教条。换言之,"要让群众掌握社会主义核心价值观的精髓和实质,使人们容易理解和记住其中最重要、最关键的价值观念,当务之急是——如何凝练社会主义核心价值观"③。这一问题突出表现在以下三个方面:其一,社会主义核心价值观的内容虽然丰富、全面,但表述较为复杂,不便于记忆,这是影响广大民众理解、接受社会主义核心价值观的重要障碍。其二,社会主义核心价值观的理论表述偏抽象和学理化,现实解释力不足,是制约大众认同社会主义核心价值观的另一重要方面。其三,社会主义核心价值观的宣教方式较为单一。就大学生而言,他们了解社会主义核心价值观的主要渠道是思想政治理论课,然而,利用思想政治理论课进行社会主义核心价值观宣传教育的效果并不尽如人意。据调查,有近40%的大学生认为其效果不佳甚至毫无效果,究其原因,排在前两位的是"内容和以前政治课学的重复,缺乏新意"和"方法陈旧,教学手段单一",比例分别高达63.4%和60%。④ 因此,要增强社会主义核心价值观的宣教效果,在形式上就一

---

① 〔美〕弗洛姆:《在幻想锁链的彼岸》,湖南人民出版社,1986,第125页。
② 参见俞吾金《意识形态论》(修订版),人民出版社,2009,第277页。
③ 韩震:《如何凝练社会主义核心价值观》,《光明日报》2011年2月14日。
④ 黄蓉生、习蓉晖:《论提炼社会主义核心价值观的深厚基础》,《学校党建与思想教育》2010年第8期。

定要形象化、生动化、生活化。实践证明，将社会主义核心价值观转化为简单易记、通俗易懂的价值观念是社会主义核心价值观日常生活化育的有效途径。

因此，转换社会主义核心价值观的话语表达观，不断优化其言说方式，尽可能消除话语差异，创设面向日常生活的大众话语观，依然是当前社会主义核心价值观研究的重大课题。以日常生活为研究视域和思维框架，创设社会主义核心价值观日常化育的大众话语观，或者说，应该体现以下原则：其一，体现由社会主义观到社会主义价值观再到社会主义核心价值观的逻辑推演性，以确保其社会主义性质。其二，大众性与日常性原则。社会主义核心价值观的大众话语观应该是广大民众人人奉行、时时奉行而不自知的日用常行。其三，民族性原则。社会主义核心价值观应该体现中华优秀传统文化的精华，延续中华民族的血脉。其四，普世性原则。普世性原则不同于西方的普世价值，不能一概简单拒绝或轻易否认，否则容易置身于人类文明创造的主流之外。从人类文明演进看，大凡成熟的核心价值观，多以普世面目出现，中国古代的"仁义礼智信"、西方的"自由、人权、民主、平等、博爱"等都是以普世性的面目文明于世，共产主义作为人类最崇高的理想，同样具有普世性，因此，社会主义核心价值的提炼应该提升到普世性的高度，汲取人类文明的集体智慧。其五，崇高性和时代性。社会主义核心价值观必须反映时代的精神状况，占据民族精神的制高点，才具有强大的现实解释力和道德感召力。

最后，需要指出的是，创设面向日常生活的社会主义核心价值观培育的大众话语观，强调社会主义核心价值观言说方式的大众化、生活化和通俗化，并不是要将社会主义核心价值观与日常生活混为一谈，更不是要降低其精神格调，走向低俗化和庸俗化，而是"源于生活又高于生活，它服务于人们的现实生活，又不全是生活本身，更多的是给人以一种精神导引的美感，有一种灵魂洗礼般的感悟，又是一种体验崇高与贞洁的心灵历程"[①]。这是我们创设社会主义核心价值观的大众话语表达与言说方式，推进社会主义核心价值观日常化育的重要目标之一。

---

① 邱柏生：《试论开展社会主义核心价值体系教育的话语体系支撑》，《思想理论教育导刊》2010年第11期。

三 创设与社会主义核心价值诉求相一致的社会条件

以上分别从主、客体两方面分析了社会主义核心价值观日常生活化育的实现条件。除此之外，社会主义核心价值观的日常化育不是简单的主客体之间的价值同构问题，而是社会主义核心价值观的理想诉求和价值许诺能否实现的问题。实现社会主义核心价值观的理想诉求和价值许诺，离不开经济、政治、社会、文化等一系列社会条件的创设和支撑。

（一）推进经济持续发展，协调利益关系，创设社会主义核心价值观日常化育的经济条件

根本上讲，经济发展水平及状况是影响社会主义核心价值观认同最基础、最重要的因素和条件。马克思、恩格斯多次强调："物质生活的生产方式制约着整个社会生活、政治生活和精神生活的过程。不是人们的意识决定人们的存在，相反，是人们的社会存在决定人们的意识"[①]；"每一历史时代的经济生产以及必然由此产生的社会结构，是该时代政治的和精神的历史的基础"[②]。可见，人们对社会主义核心价值观认同与否最终由社会经济发展水平、分配状况等经济基础决定。

自中华人民共和国成立以来，经过长期努力，中国特色社会主义进入新时代。我国经济建设和全面深化改革取得重大成就和突破，人民生活水平大幅度提高。尤其是十八大以来，我国"经济保持中高速增长，在世界主要国家中名列前茅，国内生产总值从五十四万亿元增长到八十万亿元，稳居世界第二，对世界经济增长贡献率超过百分之三十。供给侧结构性改革深入推进，经济结构不断优化，数字经济等新兴产业蓬勃发展，高铁、公路、桥梁、港口、机场等基础设施建设快速推进。农业现代化稳步推进，粮食生产能力达到一万二千亿斤。城镇化率年均提高一点二个百分点，八千多万农业转移人口成为城镇居民"[③]。2018年3月5日李克强总理在政府工作报告中也指出，十八大以来的五年间，我国经济实力不断跃

[①]《马克思恩格斯文集》第2卷，人民出版社，2009，第591页。
[②]《马克思恩格斯文集》第2卷，人民出版社，2009，第9页。
[③] 习近平：《决胜全面建成小康社会 夺取新时代中国特色社会主义伟大胜利——在中国共产党第十九次全国代表大会上的报告》，人民出版社，2017，第40~41页。

升,人民生活持续改善,"居民消费价格年均上涨1.9%,保持较低水平。城镇新增就业6600万人以上,13亿多人口的大国实现了比较充分就业";"脱贫攻坚取得决定性进展,贫困人口减少6800多万,易地扶贫搬迁830万人,贫困发生率由10.2%下降到3.1%。居民收入年均增长7.4%,超过经济增速,形成世界上人口最多的中等收入群体"①。从国内看,与1952年我国人均GDP119美元相较,我国人均GDP增长了约40倍,接近国际公认的"中等收入"发展水平;从世界范围看,在世界经济普遍不景气的情况下,我国经济始终保持中高速增长。这些成就的取得大大增加了广大人民群众对社会主义经济建设、社会主义制度的信心和满意度。根据美国Pew Research Center发布的关于中国的民意调查:随着中国经济的迅猛发展,中国人对中国特色社会主义发展方向和发展道路的满意度由2012年的48%上升到86%,说明大多数中国人对中国特色社会主义制度及其发展方向持肯定的态度。对中国特色社会主义制度及其发展道路的肯定和满意度的提升,实质就是对以马克思主义为指导的、以中国特色社会主义共同理想为主题的社会主义核心价值观的肯定和认同,由此,经济发展状况在社会主义核心价值观培育中的作用可见一斑。

然而,毋庸讳言,我国经济在发展过程中也存在不少困难和挑战,如果解决不好,将直接阻滞人们对社会主义核心价值观的认同。如十九大报告中指出的,"发展不平衡不充分的一些突出问题尚未解决,发展质量和效益还不高,创新能力不够强,实体经济水平有待提高,生态环境保护任重道远;民生领域还有不少短板,脱贫攻坚任务艰巨,城乡区域发展和收入分配差距依然较大,群众在就业、教育、医疗、居住、养老等方面面临不少难题",在这些问题中,有些问题如"创新能力不高、经济结构不均衡"等可以通过经济结构的调整、创新能力的培育等得以提升和解决,因而,问题不大。但是,有些问题如社会贫富差距问题、民生问题、阶层固化问题、收入分配差距问题等,这些问题一定程度上是与社会主义本质相背离的。一旦收入差距太过悬殊,社会财富过度集中到少数人手中,而大

---

① 李克强:《政府工作报告——2018年3月5日在第十三届全国人民代表大会第一次会议上》,中华人民共和国中央人民政府:http://www.gov.cn/premier/2018-03/22/content_5276608.htm,2018年6月1日。

多数人却承担着改革的代价，这不仅违背了社会主义共同富裕的价值许诺，而且很容易让人产生对社会主义共同理想和社会主义核心价值观的质疑，进而影响其认同。再者，收入分配不公，利益分化严重，行业差别明显，对公务员、工人、农民的不同制度和政策安排等，明显违背了社会主义的公平、公正原则。而社会公平、正义是人们认同社会主义核心价值观的重要心理基础。按照美国学者诺斯的观点，意识形态总是不可避免地与公平、公正等伦理道德评价相互交织在一起，"对收入分配的恰当评价是任何一种意识形态的重要组成部分"，"当人们的经验与其思想不相符时，他们就会改变其意识形态观点"①。可见，由利益分化、贫富差距导致的社会不公现象严重影响着人们对社会主义核心价值观的认同。这些问题的存在不仅明显背离了社会主义核心价值观的价值追求和利益许诺，而且严重妨碍了社会主义优越性的发挥，削弱了社会主义意识形态的现实解释力和说服力，从而对社会主义核心价值观日常生活化育造成了极为不利的影响。

基于此，要使社会主义核心价值观真正成为"兴国之魂"，成为中国特色社会主义发展方向的导引，就必须大力发展先进生产力，推进经济持续发展，为培育和践行社会主义核心价值观奠定稳固的现实基础。为此，首先，需要继续大力发展先进生产力，实现经济又好又快增长。生产力始终是社会历史发展的决定性力量。没有生产力大发展，就不可能实现民富国强，社会主义核心价值观认同就没有坚实基础和可靠保障。通常情况下，生产力发展水平不高，社会财富有限，人民生活得不到很好满足和改善，就很容易产生对国家或社会制度的不满和抱怨，进而阻碍社会核心价值的认同。唯有大力发展生产力，尤其是先进生产力，不断满足人们日益增长的物质文化需求，提高人们生活质量，改善人们生活状况，使人们不再为生计奔波、发愁，人们对国家、社会的满意度和认同度才能逐步提高。这就需要保持、实现经济又好又快增长。所谓"又好又快"是指经济发展不再以单纯追求经济发展速度为基本目标，而是向经济增长质量和效益转变，向增进人民福祉转变。根据国际经验，人民福祉是人民能够享受

---

① 〔美〕道格拉斯·C.诺斯：《经济史中的结构与变迁》，陈郁等译，上海三联书店，1994，第53~54页。

的经济社会发展的终端成果，是人民对经济发展成果的客观享受和主观体验，体现着人民对经济发展、生活改善的满意度和主观幸福感。因此，只有从人民群众最关心、最直接、最现实的利益问题出发，即从增进人民福祉出发，一方面，积极主动解决人民群众最迫切的现实生活问题，改善人民生活品质；另一方面，要引导人民过有意义的生活，提高人民的生活满意度和主观幸福感，以此缩短现实生活与社会主义核心价值观的间距，增进社会主义核心价值观日常化育的现实基础。

其次，协调利益关系，完善利益分配和利益平衡制度，实现好、维护好、发展好人民群众的根本利益。当今社会，利益分配不是一个单纯的经济问题，而是衡量社会公平正义的重要标尺。一个社会如果利益分配公正，收入差距不大，每个人都有稳定合理的收入，那么人们对现实生活就容易产生满足感和归属感，就容易融入对国家和社会理想的追求和奋斗中，进而增强对社会核心价值的认同感。反之，收入差距超过必要的限度，贫富分化严重，社会主流意识形态所承诺的价值目标和利益许诺无法真实兑现，就会削弱人们对主流意识形态的认同，甚至会产生反政府、反社会的情绪和主张。因此，国家必须采取有效措施协调利益关系，规范收入分配秩序，防止利益分化弱化人们对社会主义核心价值观的认知：通过提高居民收入在国民收入分配中的比重，提高按劳分配在国民初次分配中的比重；通过加大对高收入者的税收调节力度、扩大中等收入者比重，提高低收入者的收入等方式，促进社会机会公平；通过规范收入分配秩序，有效保护合法收入，坚决取缔非法收入，整顿不合理收入，尽快扭转收入差距扩大的趋势；根据实际情况，建立合理有效的利益补偿制度，对改革、转制过程中牺牲较大的群体和社会弱势群体、低收入群体给予相应的补偿；加快完善社会保障观，扩大社会保障资金投入，以制度保障促进社会公平正义，使社会各阶层的人都能共享经济发展成果，从而最大限度促进不同阶层对社会主义核心价值观的认同与践行。

（二）预防惩治腐败，提高党和政府的公信力，创设社会主义核心价值观日常生活化育的政治条件

领导干部带头践行社会主义核心价值观，是社会主义核心价值观价值展现的现实典范，对人民群众的认同、践行起表率和示范作用。社会主核心价值理念在中国革命时期之所以被人民群众广泛认同,很大程度上依赖于广大党员干部以身作则自觉践行马克思主义、社会主义价值观念。而如今部分领导干部口头讲一套,实际做一套,所言所行相去甚远,其行为的不认同直接导致人民群众对社会主义核心价值观的排斥和抵触。尤其是近年来,党内权力腐败严重,直接打击了广大人民群众对党和政府的信心,妨碍了人们对社会主义核心价值观的认知。

现有的调查报告可以明显说明这一点。在社科院的调查报告中,近76.03%的人认为贪污腐败直接影响了社会主义核心价值观的认同。① 在侯惠勤等的调查报告中,只有24%的人坚信党能根治腐败。② 说明贪污腐败已严重打击了人民群众对党和政府的信任,对马克思主义、社会主义的信心,甚至影响了人们对社会主义理想信念的坚持和对我国未来发展的预期。2009年12月"人民论坛"发起的千人调查中,在当前以及未来10年我国面临的10个严峻挑战中,"腐败问题突破民众承受底线"排在首位;③ 2010年7月,同样是"人民论坛"策划的"中国会掉入中等收入陷阱吗?"的调查中,排在第1位的依然是——"官员腐败"是中国可能掉入"中等收入陷阱"的最大诱因。④ 暂不提这种说法是否夸大、是否值得商榷,它至少反映了人民群众的真实意愿,说明腐败在现实生活中的严重影响和危害,成为中国未来发展和社会主义核心价值观培育的重大隐患。所幸,自2012年12月中央八项规定实施至今,全国累计查处违反中央八项规定精神问题17万多起,总计给予12万多人党纪处分。⑤ 这些数字表明了党中央打击贪污腐败的力度,同时也增强了人民群众对党治污防腐的信心。

但是,必须看到,部分领导干部的贪污腐败行为严重背离了党的宗旨

---

① 程恩富、郑一明、冯颜利等:《近年社会主义核心价值体系建设情况的调查研究报告》,《毛泽东邓小平理论研究》2011年第2期。
② 侯惠勤、杨亚军、黄明理:《关于"四信"问题的调查分析》,《淮阴师范学院学报》2003年第6期。
③ 高源、马静:《"未来10年10大挑战"调查报告》,《人民论坛》2009年12月(下)。
④ 人民论坛"特别策划"组:《中国会掉入中等收入陷阱吗》,《人民论坛》2010年7月(上)。
⑤ 《党的十八大以来查处17万多起违反八项规定问题》,中国共产党新闻网,http://fanfu.people.com.cn/n1/2017/0630/c64371-29374257.html,2017年12月20日。

和人民的根本利益，不仅造成了大量的经济损失，而且动摇了党的执政基础，损害了政治系统的权威，给党和政府的公信力和合法性带来严重挑战。同时，部分领导干部行为上对社会主义核心价值观的不认同，还扰乱了人们的思想，降低了人民群众对党和政府的信任和信心，对社会政治心理产生不良影响。除此之外，更为严重的是，腐败存在一定的"落势化"倾向，即腐败的渗透和蔓延趋势日益增大。对此，中央党校林喆教授认为，现在的"落势化"主要表现为腐败从高职位向下落，即向科级干部及科级以下的干部下落，这表明腐败现象在向基层渗透，这种现象的可怕之处在于，这是干部权力意识的腐败。[①]它让很多公职人员觉得，只要有权就应该去用，从而发生了权力主体的转移，公职人员不再是人民的公仆，而是权力的实质主体，手中的权力也不再是人民的赋权，而是谋取个人私利的私权。如果不严加防范和控制，久而久之，腐败就会"成为一种生活方式，成为人人都要去适应的生活方式，甚至开始成为社会中一种被人们接受或默认的价值"[②]。这不仅侵蚀了社会的基础秩序，使得正常的社会制度无法有效运行，而且严重影响了党和政府在人民心目中的威信和形象，进而影响党的指导思想和社会主义核心价值观在人民群众中的接受和认同。因此，培育和践行社会主义核心价值观必须从预防、惩治腐败，提高党和政府的公信力开始。

首先，建立健全预防反腐观。当前，我国各项预防反腐制度不断完善，但仍然无法遏制腐败的滋生。究其原因在于：其一，权力运行没有得到很好的制约，预防、监督、制约公共权力的力量薄弱，没有形成综合态势；其二，制度执行乏力，缺乏刚性；其三，公职人员的权力观、价值观问题。基于此，建立健全预防反腐观，至少应该在以下三个方面有所突破：第一，加强党员干部的理想信念教育和廉洁从政教育，从思想上打牢防腐堤坝，使其树立正确的价值观和权力观。第二，加大腐败惩戒力度，建立健全反腐法治观。一方面，要不断增大腐败的成本和风险系数，使腐败分子慑于其严重后果而加大自我约束，不再以身试法；另一方面，在健

[①] 参见人民论坛"特别策划"组《中国会掉入中等收入陷阱吗》，《人民论坛》2010年7月（上）。
[②] 孙立平：《重建社会：转型社会的秩序再造》，社会科学文献出版社，2009，第196页。

全法制反腐的同时，加大执法力度，真正做到有法可依、执法必严、违法必究。最近几年，我国虽然加大了制度反腐力度，制定了一系列反腐政策和党规，如《关于实行党政领导干部问责的暂行规定》《中国共产党巡视工作条例（试行）》《国有企业领导人员廉洁从业若干规定》等，然而，一个完整系统的"反腐败"法律观仍然没有形成，有待尽快建构落实。第三，充分发挥新闻监督和群众监督的力量和作用。信息时代，网络、通信技术的便捷，为新闻监督和网络反腐提供了重要平台和技术条件；人民群众的民主意识、法律意识、权利意识也不断增强，充分发挥人民群众的主体性作用，使"人民反腐成为凸显核心价值观人民主体性的重要机制"[①]。

其次，开展政府绩效评估，强化政府公共性，提高党和政府的公信力。开展政府绩效评估，推进公共型、服务型政府建设，是提高党和政府公信力的重要方式和途径。绩效是一切活动或对象追求的终极目标，是活动对象的行为和结果表现。政府绩效是"政府行政管理活动所取得的业绩、成就和实际效果"，在政府绩效评估中，"效力、效率和公正"等是重要的引导和评估标准。[②] 通过政府绩效评估，可以评价、监督政府基本责任的落实情况、公民基本权利的实现情况、社会公平正义的实现情况等，有利于转换政府角色，强化政府的公共性和公开性，是提高党和政府公信力的重要方面。而政府公信力的提高主要在于提高社会公共服务的能力和提高公共产品的供应能力，让人们尽可能享有充分的社会救助和社会保障，以满足各阶层公民的不同公共需求。当前，我国政府在这方面的职能发挥还不是很充分，在科教文卫等领域向社会提供的公共产品和公共服务还很不够。除此之外，公共职能的运行、评估、监督观还不健全，政府权力运行的公共性和公开性也有待提高等。

在社会主义核心价值观的价值诉求和利益许诺尚不能现实展现之前，这些方面的缺失以及贪污腐败、官僚主义的屡禁不止，严重损害了党和政府的威信和形象，进而危及人们对社会主义核心价值观的认同。因此，必须加大预防惩治腐败的力度，加强政府绩效评估，提高党和政府的公信

---

① 陈新汉：《人民反腐是凸显核心价值体系人民主体性的重要机制》，《思想理论研究》2011年3月（上）。
② 参见王逸《困境与变革：政府绩效评估发展论纲》，湖南人民出版社，2007，第7~8页。

力，为社会主义核心价值观日常生活化育创设与其价值预期相一致的政治环境和条件。

（三）增强主流文化影响力，把握文化主导权，创设社会主义核心价值观日常生活化育的文化条件

中共十七届六中全会指出，当今时代，"文化越来越成为民族凝聚力和创造力的重要源泉、越来越成为综合国力竞争的重要因素、越来越成为经济社会发展的重要支撑"，而在我国文化图景中，"社会主义核心价值观是兴国之魂，是社会主义先进文化的精髓，决定着中国特色社会主义发展方向"。① 党的十九大指出："文化是一个国家、一个民族的灵魂。文化兴国运兴，文化强民族强。没有高度的文化自信，没有文化的繁荣兴盛，就没有中华民族伟大复兴。要坚持中国特色社会主义文化发展道路，激发全民族文化创新创造活力，建设社会主义文化强国。"② 因此，坚持社会主义先进文化的前进方向，建设文化强国，必须以建设社会主义核心价值观为根本任务，为社会主义核心价值观日常生活化育创设必要的文化条件。

首先，要不断增强主流文化的主导力和影响力。在我国多元文化图景中，既有主流文化（或主导文化），又有传统文化和大众文化。其中，主流文化是以马克思主义为指导，以培育"四有"新人为目标，面向世界、面向未来、面向现代化的民族的科学的大众的文化，是有中国特色的社会主义先进文化。社会主义核心价值观是这一先进文化的核心和精髓。随着大众文化在我国的兴起和流行，中国特色社会主义主流文化遭遇到严重挑战，主流文化主导力不足、影响力式微阻碍了社会主义核心价值观的培育和践行。为此，增强主流文化在多元文化发展中的影响力和主导力，为社会主义核心价值观日常生活化育营造良好的文化氛围和社会态势，是实现核心价值认同的重要文化条件。其一，加大宣传解释工作的渗透力、吸引力和说服力。自社会主义核心价值观提出以来，在舆论宣传阵地一直占有话语优势，对人们了解社会主义核心价值观发挥了重要作用。然而，占领宣传阵地并不等于赢得了大众的普遍认同，其中存在的问题主要是"形式

---

① 《中共十七届六中全会在京举行》，《人民日报》2011年10月19日。
② 习近平：《决胜全面建成小康社会　夺取新时代中国特色社会主义伟大胜利——在中国共产党第十九次全国代表大会上的报告》，人民出版社，2017，第40~41页。

主义严重，泛泛而谈的多，有针对性的少，官样文章多，生动活泼的少，量多质次，效果不佳，往往不仅不能入群众的脑，甚至连许多党政干部都不愿意看"[1]。基于此，在社会主义核心价值观的美好前景尚未真实展现的前提下，宣传推广是获得民众认同的必由之路，但是，宣传工作必须要实化、细化、具象化，改变"以会议落实会议，以文件贯彻文件"的形式主义做法，以形式多样的活动、具体有效的政策、现代化的手段和富有时代气息的内容来渗透、传播社会主义核心价值观，以增强其覆盖面、说服力和吸引力。其二，加强主导文化对大众文化的引领力。主导文化对大众文化的引领主要体现在两个方面：一方面，以社会主义先进文化引领大众文化的前进方向，提升大众文化的科学性、人文性和现代性，摒弃其功利性、庸俗性和低级性，从而提高大众文化的审美情趣和文化趣味；另一方面，以先进文化指导大众思想文化建设，提高大众审美情趣和高尚情操。在多元文化时代，"面对同一编码系统，观众在解码时可以从自身观念出发加以认同，也可以用不同的声音来进行协调式的解读，还可以采取完全对抗的符码加以解读"[2]。这说明对大众文化，大众并不是盲目受大众文化的支配，而是有选择地接受，基于此，有必要以先进文化来提升大众的审美情趣和情操，培养大众养成科学、理性、健康的审美价值观。

其次，牢牢掌控文化主导权。"文化主导权"理论是西方马克思主义创始人之一，同时也是意大利共产党主要创始人之一的葛兰西提出的重要思想。葛兰西认为，领导权有两种，一种是政治领导权，另一种是文化领导权，即"'统治'和'智识与道德的领导权'……一个社会集团能够也必须在赢得政权之前开始行使'领导权'；当它行使政权的时候就最终成了统治者，但它即使是牢牢地掌握住了政权，也必须继续以往的领导"[3]。这说明国家政权无论是建立之前，还是建立之后，都必须牢牢掌握文化领导权，只有这样才能获得统治的合法性，维护国家的稳定。这一统治合法性的获得不是来自暴力，不是被统治阶级的消极、间接认同，而是单独个

---

[1] 何锡蓉、曹泳鑫：《核心价值体系建构与价值观研究》，上海社会科学院出版社，2008，第68页。
[2] 徐海波：《意识形态与大众文化》，人民出版社，2009，第183页。
[3] 〔意〕安东尼奥·葛兰西：《狱中札记》，曹雷雨等译，中国社会科学出版社，2000，第38页。

人的积极、自愿的认同。换言之，通过思想的掌控，以理服人，不战而胜，使被统治阶级积极、自愿地认同统治阶级的统治，是葛兰西文化领导权的核心和要义所在。毛泽东讲得更为透彻："掌握思想领导是掌握一切领导的第一位。"① 掌握文化领导权，就是牢牢掌握社会主义先进文化在意识形态领域的指导权、主动权和话语权。为此，必须坚持党管媒体的原则，坚持主导文化占领意识形态和舆论传播阵地；坚持用马克思主义武装全党，教育人民；加强党员干部队伍建设，培养真正的马克思主义者做社会主义事业的接班人；加强马克思主义队伍建设，培育忠诚于马克思主义的理论工作者和专家队伍，确保马克思主义指导地位不动摇；不断推进马克思主义中国化、时代化和大众化，积极探索马克思主义深入大众日常生活进而向大众日常生活转化的形式和途径，为社会主义先进文化的精髓——社会主义核心价值观从理论形态向大众意识和行为方式转化，创设良好的文化态势和条件。

（四）切实改善民生，促进社会公平，创设社会主义核心价值观日常生活化育的社会条件

民生是社会主义核心价值观认同的社会基础。民生不振，民心难聚。当前我国社会中出现的民生问题是影响人们认同社会主义核心价值观的重要社会根源，因此，切实保障和改善民生，促进社会公平，是社会主义核心价值观日常生活化育的必要社会条件。

民生，简言之，就是民众的生计问题，即广大民众在日常生活中遇到的衣食住行、生老病死等基本生存和生活问题。用马克思的话说，即"为了生活，首先就需要吃喝住穿以及其他一些东西"。在社会学上，民生是"一个社会的成员，如何从社会和政府获得自己生存和发展的社会资源和社会机会，来支撑自己的物质生活和精神生活的问题"②。可见，民生是关系人们生存、发展的基本问题。民生不振，社会难安。如果一个国家连老百姓基本的生存、生活问题都无法保障，就难免社会动荡，怨声载道，影响社会的安定有序发展，国家也会因此丧失社会道义上的制高点，失去凝心聚力的社会整合力量，其倡导的核心价值观自然也会因民心不济而无法

---

① 《毛泽东文集》第 2 卷，人民出版社，1993，第 435 页。
② 郑杭生：《社会建设要以改善民生为重点》，《北京党史》2008 年第 1 期。

获得大众的广泛认同。相反，如果一个国家能够及时有效地保障并不断改善民生，自然会赢得民众的支持和真心服膺，从而为核心价值观日常化育奠定良好的社会基础。

就我国而言，改革开放三十多年来，我国人民物质生活水平实现了从贫困向温饱再到小康的连续跨越，民生改善成就举世公认，人民的物质文化生活得到极大改观，社会主义优越性得以充分彰显，"为人民服务""三个有利于标准""改革开放"等社会主义核心价值理念也得到民众普遍认同。然而，随着我国经济的快速发展，社会发展相对滞后，社会利益分化、贫富差距不断扩大。目前，我国基尼系数在 0.5 左右[①]，早已超过国际通用标准 0.4 的警戒状态。这意味着我国收入悬殊，社会分配严重不公。贫富差距的逐渐拉大，一定程度上导致经济发展与民生改善、社会发展相背离，使得医疗、就业、住房、社会保障等基本民生问题日益凸显。据调查，当前以及未来 10 年我国面临的 10 个严峻挑战中，贫富差距逐步拉大、分配不公、高房价与低收入的矛盾、上学难、看病难、就业更难等民生问题居多。[②] 民生不振，民心难聚。在人们基本的民生问题没有解决的情况下，空谈什么核心价值观和信仰，是不现实的，也是违背社会主义公平、正义、共同富裕等核心价值诉求的。

因此，切实保障和改善民生，促进社会公平，创设与社会主义核心价值诉求相一致的社会生态，是实现社会主义核心价值观认同的必要社会条件。为此，首先需要克服经济发展与民生改善的失衡，实现二者协调发展。有学者指出，"中国当前的民生问题主要不是经济发展不足的问题，而是国家发展失衡，即经济与民生失衡的问题"[③]。经济发展主要体现在国家经济发展速度、经济总体实力、国民生产总值等方面的提高和增强，民生改善主要体现在人民生活状况、社会服务和社会保障的改善等方面。一般而言，民生改善以经济发展为前提，但二者并不直接对应，经济发展未必会带来民生的直接、自然改善。民生改善更多是经济政策和国家宏观调

[①] 《社科院专家：社会收入差距扩大基尼系数达 0.5》，中国新闻网，http://www.chinanews.com.cn/cj/2010/12-15/2723411.shtml，2010 年 12 月 15 日。

[②] 高源、马静：《"未来 10 年 10 大挑战"调查报告》，《人民论坛》2009 年 12 月（下）。

[③] 周道华：《改善民生与社会主义核心价值体系建设》，《福建论坛》（人文社会科学版）2009 年第 8 期。

控的结果。在我国经济发展模式中，长期以来一直存在"先生产、后生活"，效率优先兼顾公平的倾向，导致我国民生改善一直滞后于经济发展。这在特定的历史阶段固然是重要和必要的，但未必是经济社会和谐发展的长久之计，所以，必须转变这一发展模式，真正做到以人为本，以民众生活改善为根本旨向，推动经济社会协调发展，为社会主义核心价值观认同确立现实基础。其次，建立健全民生保障观。改善民生是一项复杂的社会系统工程，它不仅仅是一种简单的增加经济投入的问题，它需要进一步改变政府职能，建立致力于社会发展和民生改善的服务型政府观；需要建立健全惠及全民的公共产品供给和公共服务观；需要建立能够广泛容纳社会成员的就业观；需要建立健全保障弱势群体和低收入群众基本生活的社会保障观。通过较为完善的民生保障观的建立，使人民群众切实感受到实实在在的物质利益和现实生活的改观，从而"把改善民生作为社会主义核心价值观认同的利益机制"①，为社会主义核心价值观的培育和践行创设必要的社会条件。

四 大力开展化民成俗的日常生活实践活动

化民成俗的日常生活实践是我国传统核心价值观日常生活化育的成功经验，对社会主义核心价值观建设具有重要的方法论意义。习近平总书记在十九大报告中指出："要把社会主义核心价值观融入社会发展各方面，转化为人们的情感认同和行为习惯。"② 那么，如何将核心价值观融入社会生活，进而转化为人们真心认同并自觉践行的行为习惯呢？礼俗濡化的形下之道、礼法合一的规约之道、化民易俗的践行之道是培育和践行社会主义核心价值观的重要借鉴。

（一）礼俗濡化的形下之道

礼俗濡化，也称礼之俗化，是礼由"形而上"的观念形态向"形而下"的风俗或习俗转化的过程，同时也是中国传统核心价值观自上而下的

---

① 谭培文：《以改善民生为利益机制推进社会主义核心价值认同》，《马克思主义研究》2010年第5期。
② 习近平：《决胜全面建成小康社会 夺取新时代中国特色社会主义伟大胜利——在中国共产党第十九次全国代表大会上的报告》，人民出版社，2017，第42页。

教化习得过程。具体而言,礼,是中国古代调整人伦关系,维护社会秩序的重要规范,在中国传统核心价值观中居于核心地位。古人常曰:儒者不明礼,六籍皆茫然。《论语》有言:"非礼勿视,非礼勿听,非礼勿言,非礼勿动。"荀子也强调:"人无礼则不生,事无礼则不成,国家无礼则不宁。"说明古人对"礼"非常重视,无论君王贵族,还是黎民百姓,都要尊礼而行。俗,即风俗、习俗,是人们基于特定生活环境而形成的固定的生活习惯或生活方式。礼之俗化,即礼从价值观层面向人们生活方式的转化,这一转化是借助社会风俗或习俗的力量实现的,其实质是价值观对人的影响和教化,与人通过风俗、习俗习得并内化价值观为特定生活方式,从而实现对核心价值观的自觉认同与真诚实践的双向互动过程。

通过这一双向互动过程,以"礼"为表现形态的中国传统核心价值观顺利实现了与人们日常生活的对接和转化,这样一来,核心价值观就不再是高悬于人们日常生活之上的"形上之物",而是融渗在人们日常生活的风俗习惯之中,是人们在现实生活中可感、可知、可行的"形下之用",由此,便架构了价值世界通往生活世界的桥梁。这是中国传统核心价值观被广泛认同并影响至今的根本原因所在。换言之,中华文化以及中国历代统治者从来不是仅仅告诉人们一些大道理,而是把这些道理外化在具体的民风、习俗当中,从而为核心价值观的孕育构建一个由习俗、惯例、伦理规则等构成的生活世界。在这个生活世界中,核心价值观通过外化的具体的风俗习惯来规范人们的日常行为,告诉人们什么是对,什么是错;而人们只要置身于这样一个由礼俗乡风构建的日常生活世界中,自然会受其熏染,即使没有外在力量的强制,也会自觉不自觉地遵从其价值要求。这一点对于新时代培育和践行社会主义核心价值观,尤其是推动核心价值观从理论形态、观念形态向人们日常生活的风俗习惯转化具有重要借鉴和启发。

(二)礼法合一的规约之道

以礼入法、礼法规约,通过法的强制力来规范人们的日常行为,进而在日常行为实践中借助法的约束力来实现主体对核心价值的体悟与践行,是中国传统核心价值观培育的另一有效途径。这一途径实际上是通过两个环节来实现的:其一是"以礼入法",即核心价值观的法治化。中国自西周时便确立了"以礼为法、以德配天""礼法合一、德主刑辅"的治国理念。史载:"礼之所去,刑之所取,失礼则入刑,相为表里者也。"(《后汉书·陈宠传》)更是清楚地表明了"礼—法"之间的辩证关系。一方面,"礼"需要借助法治化的形式来贯彻实施,另一方面,"法"也需要通过"礼"的合理性论证来增强其合法性地位。礼与法的互证关系说明,一种价值体系要想融入人们的日常生活实践中,法律的规约是必不可少的。其二是"纳礼入律",即法的伦理化过程,以法来彰显国家的核心价值导向。如史书记载:"刑者礼之表,礼者民之防,二者相须犹口与舌然。"(《唐律》)"礼义以为纲纪,养化以为本,明刑以为助"(《隋书》)更是明确指出了中国传统社会"礼本法表"的治理特点。以上两个环节,无论是"以礼入法",还是"纳礼入律",其目的都一样,都是实现制度与价值的融合,最终,以制度的强制性和规约性来推进核心价值的贯彻与践行。

正是在这一理念的影响下,中国古代的统治者们非常重视核心价值培育的制度建设,从"罢黜百家,独尊儒术"开始,便通过生活化的礼法制度、以儒学为核心的教育制度、士阶层的身先垂范制度、严苛的奖惩制度等一系列法律制度,自上而下构建了一整套核心价值培育机制,从根本上保障了中国传统核心价值观建设的成效。2016年10月,党中央审议通过了《关于进一步把社会主义核心价值观融入法治建设的指导意见》,明确提出了社会主义核心价值观法治化建设的思路和任务,对此,深入系统研究中国传统核心价值观礼法合一的体系建构,对于拓展新时代社会主义核心价值观法治化建设的方法与途径无疑具有重要借鉴价值。

(三) 化民易俗的践行之道

在中国古代,礼俗濡化、礼法规约经过长期发展以后,开始向乡村社会下移渗透,一些区域性的乡俗民约逐渐发展起来。乡俗民约,即乡约,是一定区域的乡民们基于共同的生活经验而制定的旨在抑恶扬善、和睦乡邻、美化乡风民俗的一种民间自治制度。这种乡约自治思想最早可以追溯到周代,《周礼》有云:"五人为伍,十人为联,四闾为族,八闾为联。使之相保、相受,刑罚庆赏相及、相共,以受邦职,以役国事,以相葬埋。"这一思想后经孟子阐发为"出入相友,守望相助,疾病相扶,患难与共",

成为千百年来后世称道追求的社会理想。比如宋代有名的《蓝田吕氏乡约》，是我国最早的成文乡约。该乡约用通俗易懂的语言明确规定了乡党邻里之间"德业相劝、患难相恤、过失相规、礼俗相交"等乡俗规约，使得该地区风俗大变，善行广布。到了明代，乡约的发展受到官府的重视。明朝开国皇帝朱元璋亲自制定《教民六谕》，教化百姓要"孝敬父母，恭敬长上，和睦乡里，教训子孙，各安生理，毋作非为"，并推动制定了一系列乡民互助、百姓亲睦、风俗淳厚的乡约制度，使中国乡村社会的治理体系逐步完备起来。清朝初期，基本上沿袭了明代的乡约传统。后来的一些统治者喜欢颁布圣谕，比如康熙皇帝颁布了《圣谕十六条》，倡导百姓要"敦孝悌，重人伦；笃宗教，昭雍睦；和乡党，息争讼；重农桑，足衣食；尚节俭，惜财用；黜异端，崇正学；明礼治，厚风俗；训子弟，禁非为；讲法律，儆愚顽"等；雍正皇帝撰写了《圣谕广训》，这些圣谕相较以前的乡约，在内容上更加全面，从百姓的衣食住用行、安全、教育、风俗等方方面面都制定了明确的规范；从形式上看，要求刊刻成编，颁布天下，更便于圣谕传播，便于保持乡约自治与官方教化的一致性，从而达到广教化厚风俗的目的。

乡约，作为古代中国乡村社会自治的一种有效形式，主要是通过化民易俗的生活实践来实现的。"化民易俗"，化，即教化，俗，即习俗、风俗、乡俗等，易俗，即改变陈规陋俗，塑造国家需要的新的社会风尚。《礼记·学记》记载，化民易俗，使"近者悦服，远者怀之，此谓之大成"，意思是说，教化百姓、改变风俗，让近处的人心悦诚服，让远处的人心怀敬意，把国家意志转化为移风易俗的生活实践，让人们在由乡俗民约构成的生活实践中，革除陈规陋习，培育新的生活方式，是治国、平天下的最好方式。同理可鉴，培育和践行社会主义核心价值观，亦可将核心价值观植入乡风民俗之中，转化为一种具体的生活实践的改造，借此融入人们日常生活的方方面面，化无形为有形，变理念为实践，进而在全社会形成一种人人皆可为、人人皆愿为的社会风尚，让社会主义核心价值观真正在全社会蔚然成风。

总体上看，我国传统核心价值观培育的成功之处在于，不仅仅是通过权力自上而下地建构了一套完备的礼法规约教化体系，更重要的是形成了一种与传统社会结构、传统社会生活方式相契合的礼俗濡化、化民成俗的日常化育之道，从而为核心价值观从理论形态向日常观念、日常习俗转化提供了便利通道，这一点对于新时代培育和践行社会主义核心价值观、建设社会主义文化强国无疑具有重要的方法论意义。

其一，推进社会主义核心价值观日常化。在日常生活中，人们通常喜欢用"好坏""善恶"等标准来评判他人的日常行为，而不是理论化、系统化的社会主义核心价值观。基于此，推进社会主义核心价值观日常化，就是要推进社会主义核心价值观从理论形态向人们日常接受、认可的日常形态转化。好人好事、善意善行就是实现这一转化的有效途径。善，本质上与社会主义核心价值观具有内在的一致性。一方面，"善"是人类最基本的道德诉求和价值评价标准。以"善"为起点，意在善，重在行，弘扬善、践行善，通过善来调动、激发人们对社会主义核心价值观的认同和遵奉，这在本质上是符合社会主义核心价值诉求的，是社会主义核心价值观落地生根的有益探索。另一方面，作为我国要弘扬确立的价值目标和价值评价的根本标准，社会主义核心价值观也是一种善，而且是"大善"和"至善"，最终决定并制约着善意善行推进发展的方向和旨趣。因此，在日常生活中，倡导、培育"意在善，贵在行"的好人好事、善人善行活动，在全社会大行良善之风，是推进社会主义核心价值观日常化的有效途径，也是社会主义核心价值观日常生活化育的重要实现方式。

其二，推进社会主义核心价值观具体化。其实，就是推进社会主义核心价值观从观念形态向人们的日常行为、日常生活实践转化。具体可以通过开展"孝老敬老、勤俭节约、敬业奉献、诚信互助"等各种群众性道德实践活动，大兴群众良善之举，推进社会主义核心价值观落地生根。比如，可以结合各地区实际和地区特色，创建一系列群众性道德实践活动。在这方面，河北省推出的"善行河北"道德实践活动，特色突出，活动形式多样，得到广大民众的积极响应和广泛参与。"石家庄地区围绕'学雷锋、倡善行、树新风、建设幸福石家庄'主题，组织开展了'春风送暖、燃情夏日、感恩秋阳、冬季爱歌、日行一善、与诚信通行'等一系列群众性道德实践活动，引导人们学雷锋，行善事，树奉献新风、互助新风、诚信新风、敬老新风，做无私奉献、乐于助人、诚实守信、敬老孝老的幸福石家庄人；保定市围绕'人人是保定形象，处处是城市窗口'主题，开展了'善行古城、文明保定'实践活动;廊坊市开展了'善行河北·爱在廊坊'学雷锋志愿服务活动;承德、张家口、唐山、邢台等地区分别开展了'积善承德、情暖张垣、善行唐山、情暖泉城'等各具区域特色的道德实践活动"[1]。"纸上得来终觉浅,绝知此事要躬行"。通过一系列群众性道德实践活动的开展,吸引广大群众自觉参与其中,并从中体悟核心价值的真谛,大力弘扬乐善行善、爱岗敬业、诚信友善的善行义举。

其三,推进社会主义核心价值观的形象化。即推进社会主义核心价值观向现实的、具体的典型模范转化,充分激发先进典范的引领效应。事实上,模仿是人的一种本能,也是人社会化的重要表现。典型模范之所以能成为社会楷模,必然集社会主导价值和道德理想于一身,也可以说,他们本身就是社会核心价值的现实展现和实践形态,通过他们的率先垂范,抽象的价值理念变成了一个个原生态的生活实践,自然容易引发的人们情感共鸣和行为模仿。因此,挖掘和培树来自各行各业平凡生活中的先进典型和模范代表,激发广大群众向善、从善、行善、尚善的优秀品质和认同、践行社会主义核心价值观的自觉,进而带动、引领更多的人跟随并仿效,从而形成好人好事不断、典型模范层出不穷的生动局面,为社会主义核心价值观形象化营造良好的社会态势。

其四,推进社会主义核心价值观生活化。生活之树常青,很大程度上源于生活之河流动不息,永不停滞。推进社会主义核心价值观生活化,在此意义上意味着,社会主义核心价值观日常生活化育的常态化和长效化。任何一个民族或国家的核心价值观建构都不是朝夕之功,除了需要天长日久、"日用而不知"的日常生活实践来不断体认和践行,还需要长效化、常态化的制度建设来加以规范和保障。因此,推进社会主义核心价值观生活化,一方面,需要将社会主义核心价值理念纳入法律法规的制定过程中,借助法律的强制性和约束性,为核心价值的培育和践行提供法律支持和制度保障;另一方面,还需要将社会主义核心价值观的培树与社会治理结合起来,在社会治理中融入核心价值理念和要求,在核心价值培育中引进社会治理的相关工作机制,如利益表达机制、矛盾协调机制、社会激励

---

[1] 参见中共河北省委宣传部、河北省精神文明建设委员会办公室《"善行河北"主题道德实践活动纪实》,河北人民出版社,2012,第33~55页。

机制等，创新社会治理模式，实现社会治理效能和核心价值培育的互相促进和提升。进而，将核心价值渗透、融入市民公约、乡俗乡规、行业准则、学生守则等日常行为规章中，通过日常行为规范和日常行为准则使社会主义核心价值观成为人们日常生活的基本遵循。

第六章
社会主义核心价值观日常生活化育的运行机制

在上一章中,我们主要分析了社会主义核心价值观日常生活化育的实现条件,如何将这些条件有机整合起来,使之协调运作以发挥最优效能,离不开机制的有效运行;在日常生活中,日常生活主体的自在、自发性决定了其不会自觉、主动地接受并遵循社会主义核心价值观,因此,需要机制来加以引导、激励、规范和约束。机制具有生成结果、保障效果的功能。推进社会主义核心价值观日常生活化育是一项长期性、持久性的工作,不可能一蹴而就、立竿见影,因此,合理、有效的运行机制是培育和践行社会主义核心价值观的重要保障。

第一节 社会主义核心价值观日常生活化育机制界说

"机制"在现代科学研究中是个应用范围极广的概念,无论是自然科学还是社会科学都把机制看作透过现象认识事物本质的核心范畴之一。机制引申到不同领域,便产生了不同的机制。社会主义核心价值观日常生活化育机制是机制范畴和运作原理在社会主义核心价值观培育领域的延伸和应用。要研究和探讨社会主义核心价值观日常化育的相关机制问题,首先需要从机制、化育机制和社会主义核心价值观日常化育机制的一般界定开始。

一　基本概念界定

（一）机制

何谓机制？不同领域、不同学科、不同视角有着不同的解释。首先，从词源来看，机制一词"源于希腊文（mēchanē），意指机器、机械"[1]。在英语中，机制通常用 mechanism 或 regime 来表示。根据《牛津现代高级英汉双解词典》的解释，mechanism 多用来指机械系统各部分之间的构成要素及其相互制约的关系；regime 多指一种固定的模式、一种统治或行政管理方法等。《辞海》将机制定义为"机器的构造和动作原理"[2]。《现代汉语词典》从四个方面对机制加以界定："机器的构造和工作原理；机体的构造、功能和相互关系；某些自然现象的物理、化学规律；泛指一个工作系统的组织或部分之间相互作用的过程和方式。"[3] 其次，从机制的引申和应用来看，在自然科学中，机制多用来指事物的内部结构、各要素的相互关系及其运作原理和功能。如在医学或生物学研究中，机制常用来分析生物的结构、功能及其内在关系。在社会科学中，不同学科对机制的理解有不同的侧重。陈秉公认为："在社会科学领域里，机制指社会结构、组织内部结构及其运行过程和原理，或社会政治、经济、文化活动各要素之间的相互关系、运行过程及其综合效应。"[4] 郑杭生等认为，机制在社会学中有三个含义："一是指事物各组成要素的相互联系，即结构；二是指事物在有规律性的运动中发挥的作用、效应，即功能；三是指发挥功能的作用过程和作用原理。把这三者综合起来，更概括地说，机制就是'带规律性的模式'。"[5]

综合以上关于机制的各种词义和不同学科的运用，本书认为，在一般意义上，机制是指事物系统内部各要素之间相互联结、相互作用的方式、结构和功能。理解这一概念，关键要把握两个方面：一方面，事物系统内部各要素的存在及不同功能是机制形成的前提，因为只有具有不同功能的

---

[1] 参见郑杭生、李强《社会运行导论》，中国人民大学出版社，1993，第347页。
[2] 《辞海》中卷，上海辞书出版社，1989，第3270页。
[3] 《现代汉语词典》，商务印书馆，2005，第628页。
[4] 陈秉公：《21世纪思想政治教育工作创新理论体系》，吉林教育出版社，2000，第356页。
[5] 郑杭生、李强：《社会运行导论》，中国人民大学出版社，1993，第348页。

各要素的存在，才产生一个如何协调各要素之间关系的问题；另一方面，事物各要素之间关系的协调总是遵循一定的原则，表现为一种具体的运行方式。机制就是按照一定原则和一定运行方式将各要素联系起来使之协调运行，从而实现整体功能的运作过程和运作方式。从机制的运行方式看，机制一般分为行政—计划式运行机制、指导—服务式运行机制和监督—指导式运行机制等三种。从机制的功能来看，机制一般有激励机制、制约机制、保障机制等。其中，激励机制主要是调动主体积极性的一种机制；制约机制是一种约束、保证系统有序、规范运行的机制；保障机制是为系统运行提供物质或精神支持的机制。当然，这种划分并不是绝对的，各种机制总是互相影响、互相制约，从而作为一个有机系统来发挥整体功能的。

（二）化育机制

如前文所述，化育，即教化和培育，是一定主体对客体（包括自我）于自身的意义或价值的肯定、接受、推崇乃至内化为行为的过程。以此为参照，化育机制实际是化育主体、化育客体、化育介体三者之间相互影响、相互作用的联结方式，以及通过它们之间的有机联系而达到认同目的的各部分之间的运行方式。其中，化育主体、化育客体、化育介体（即化育的社会条件）是化育机制形成的三个基本要素，沟通、联结三个基本要素使之耦合并有效运作的原理或原则主要表现为动力机制、运行机制、调控机制、反馈机制、引导机制、制约机制、奖惩机制等。

（三）社会主义核心价值观化育机制

社会主义核心价值观化育机制是社会主义核心价值观由科学理论形态内化为个体日常认知和行为模式的过程。在这一过程中，社会主义核心价值观化育机制是社会主义核心价值观化育各要素在一定机理或原理的协调下形成的相互联系、相互影响的联结方式，以及通过它们之间的有机协作而实现认同目标的各要素之间的运行方式。具体而言，社会主义核心价值观化育机制包括三个方面的内涵：其一，社会主义核心价值观化育机制是个有机系统，是通过社会主义核心价值观化育过程各环节、各要素的相互协作而实现系统整体功能的有机系统。其二，社会主义核心价值观化育机制是社会主义核心价值观化育主体、化育客体和化育介体三者之间相互联系、相互作用的联结方式的集合。其三，社会主义核心价值观化育各环节、各要素的有机运行离不开一定原理或机理的作用,也就是说,社会主义核心价值观化育各要素是在一定机理的协调和作用下产生趋向目标的联结方式和运行方式。在这里,协调社会主义核心价值观各化育要素有机运行的原理或机理,就是我们所要研究和探讨的社会主义核心价值观的化育机制。

二 社会主义核心价值观日常生活化育机制的构建原则

在研究、探讨社会主义核心价值观日常生活化育机制之前,首先需要明确构建社会主义核心价值观日常化育机制的基本原则。这些原则是对社会主义核心价值观日常化育机制构建的方向性和有效性的规定,决定着社会主义核心价值观日常化育机制何以可能的问题。只有机制构建原则得以明确,社会主义核心价值观日常化育机制的构建才有明确的针对性和方向性。本书是以日常生活为研究视域和思维框架来分析、探讨社会主义核心价值观的日常生活化育,换言之,日常生活是社会主义核心价值观化育的本原基础和基本场域,因此,社会主义核心价值观日常化育机制的构建原则还必须遵循大众日常生活的一般图式和行为逻辑。

其一,利益原则。构建面向日常生活的社会主义核心价值观的化育机制,首先需要了解大众日常生活的一般图式和行为逻辑。如前文所述,东欧新马克思主义的重要代表人物阿格妮丝·赫勒认为,人们的"日常思维和日常行为基本上是实用主义的,遵循最少费力的原则"[1]。我国学者衣俊卿认为,"人的活动总是自觉或不自觉地遵循一种最大经济化原则"[2]。

两位学者的观点一致表明,无论是最少费力原则还是最大经济化原则,其实质即利益原则,利益是人们日常行为活动的根本出发点和归宿。换言之,人们在日常生活中总是以自身衣食住行等利益满足与否为标准来认识和理解社会主义核心价值观。人们的这一认知、行为图式决定了社会主义核心价值观认同机制的构建必须遵循人们日常生活的利益原则,把满足广大民众的根本利益需求作为实现社会主义核心价值观日常化育的重要价值支撑。

---

[1] 〔匈〕阿格妮丝·赫勒:《日常生活》,衣俊卿译,重庆出版社,2010,第177页。
[2] 衣俊卿:《现代化与日常生活批判》,人民出版社,2005,第37页。

其二，渗透性原则。当前，对广大民众最具影响力的文化因素，除传统文化以外，便是渗透在大众日常生活中以商品形式出现的大众文化。大众文化通过现代资本与市场的运作，利用大众传播媒介，成为实现国家意识形态认同的重要文化形态。英国文化研究学者汤普森认为："今天的意识形态并不是那么清楚表述的一种学说……而是一种特别的大众生产的文化物品，使之成为一种'社会凝合剂'。……在每一社会层次上，在愉快消费的行为中，假如社会凝合剂使得现代世界越来越僵化、齐一化和动摇不了，文化产业的产品就会把人们拴在压迫他们的社会秩序上。"[1] 汤普森的见解颇为深刻。当今资本主义意识形态并不是通过严苛的理论教化来赢得大众的认同，而主要是大众文化的娱乐和消费使然。大众文化通过将自身的价值观念制造成各种文化产品，在愉悦大众的同时悄悄地将主流意识形态渗透到大众日常生活中，诱使大众接受其价值观念，于悄无声息中完成意识形态的整合工作。这对于实现日常生活视域中社会主义核心价值观认同无疑极富借鉴性。当下中国，随着市场经济和现代传媒的发展，大众文化对日常生活的渗透和影响已不可小觑。因此，社会主义核心价值观认同机制的构建必须遵循渗透性原则，积极寻求社会主义核心价值观与大众文化的契合点，推动社会主义核心价值观由抽象的理论形态向大众文化商品转化，使大众在消费这些文化商品的过程中实现社会主义核心价值观的大众化认同。

其三，差异性原则。差异性原则是指社会主义核心价值观日常化育机制的构建应该按照不同领域、不同群体的特点进行域分和群分，重点突出，区别对待。首先，社会主义核心价值观内容本身是一个逻辑严谨、层次分明的科学理论观，其不同内容对于不同主体而言体现了广泛性和针对性的统一。其次，社会主义核心价值观认同主体赖以生存的世界是一个由日常生活和非日常生活共同构成的生活世界。日常生活与非日常生活活动图式的不同以及不同生活主体的群体性差异是社会主义核心价值观日常化育机制进行域分和群分的内在依据。再次，社会主义核心价值观的化育主体不再是20世纪上半叶对马克思主义、社会主义一无所知或知之不多的大众，而是接受了几十年马克思主义教育并且在生活领域、个性、兴趣、知

---

[1] 〔英〕约翰·B. 汤普森：《意识形态与现代文化》，高铦等译，译林出版社，2005，第115页。

识结构、文化层次等多方面存在重大差异的异质共同体，因此，社会主义核心价值观化育机制的构建，要针对不同群体，重点突出，区别对待。广大党员干部是社会主义核心价值观培育的重点对象，尤其是中高级官员，手中大都握有公共权力，他们对社会主义核心价值观的理解和认同，直接影响着人民群众对社会主义核心价值观的态度。因此，对广大党员干部要重点加强马克思主义理论教育，促使其树立科学的政绩观和权力观，真正做到从思想上、信仰上认同马克思主义，在工作中践行马克思主义；对于普通党员和青年学生来说，重点解决理想信念与现实矛盾的关系，对他们要经常进行共产主义、社会主义理想信念教育，加强民族精神和创新精神的培养，以使社会主义伟大事业后继有人；对于普通大众而言，要以具体的物化、政策化的形式引导他们现实体验马克思主义、社会主义带给日常生活的改变，从而逐步增进人们对社会主义核心价值观的接受和认同。

其四，感性化原则。感性化原则是社会主义核心价值观日常化育机制构建的重要原则之一，它要求社会主义核心价值观由理论形态向具体化、形象化、制度化存在方式转变，这一转变既符合现代人的生活节奏，又符合人们的日常认知特点和规律。首先，从现实生活看，日常生活是人们休养生息、养精蓄锐的基地和港湾，现代生活节奏的加快，竞争压力的增大，使得人们在日常生活中更愿意通过娱乐化、大众化的方式，而不是抽象的理论思辨，来学习、接受意识形态的规范和要求，这就需要将社会主义核心价值观感性化，通过典型示范、具体规范和可操作性的规章制度等形式来使社会成员具体感受、体验社会主义核心价值观的真谛和要求。其次，从人们日常认知特点和规律看，社会主义核心价值观以具体的、直接的感性化方式内蕴于日常生活中，可以使生活于其中的人们不知不觉地、潜移默化地接受其规范和要求，符合人们由低级到高级、由感性到理性的日常认知特点和规律。正是在此意义上，社会主义核心价值观只有感性化，并与人们的现实日常生活融为一体，才能赢得社会普遍认同。

第二节　社会主义核心价值观日常生活化育机制及其运行

党的十九大报告明确指出："社会主义核心价值观是当代中国精神的

集中体现，凝结着全体人民共同的价值追求。要以培养担当民族复兴大任的时代新人为着眼点，强化教育引导、实践养成、制度保障，发挥社会主义核心价值观对国民教育、精神文明创建、精神文化产品创作生产传播的引领作用，把社会主义核心价值观融入社会发展各方面，转化为人们的情感认同和行为习惯。"① 这实际上从教育途径、社会实践、文化创造及转化等方面确立了社会主义核心价值观日常生活化育的具体实践路径，表明社会主义核心价值观不是停留在理论形态或宣传层面的泛泛空谈，而是要融入生活，指导实践，最终成为全社会普遍遵循的价值标准，成为人们日常生活的基本规范和价值准则。在这一精神指导下，推进社会主义核心价值观的日常化育，离不开利益激励机制、制度保障机制、传媒引导机制、常识转化机制、态势激发机制等相关机制的构建和有效运行。

一 利益激励机制及其运行

利益激励机制是通过利益的许诺、分配、协调、褒惩等方式来推动、激励社会成员积极、主动认同社会主义核心价值观的动力调节系统。利益之所以能够成为激励人们自觉认同社会主义核心价值观的动力机制根源于利益与价值的内在关系。价值本质上是主、客体之间的关系效应，其必然表现为人们需要或利益的满足状况。任何价值活动从观念形态向现实形态的转化，都是以一定的利益关系为基本依据。如果一种核心价值观能够顺利兑现对广大民众的利益许诺或利益分配体现了社会的公平正义，那么，该核心价值观便能很快赢得社会的广泛遵守与践行。反之，则会被广大民众置若罔闻。正是基于此，马克思反复强调："人们奋斗所得的一切都同他们的利益相关"②；"'思想'一旦离开'利益'，就一定会使自己出丑。"③ 毛泽东也多次强调："一切空话都是无用的，必须给人民以看得见的物质利益。"④ 邓小平也多次指出："讲社会主义……归根到底要看生产力是否发展，人民收入是否增加。这是压倒一切的标准。空讲社会主义不

---

① 习近平：《决胜全面建成小康社会　夺取新时代中国特色社会主义伟大胜利——在中国共产党第十九次全国代表大会上的报告》，人民出版社，2017，第42页。
② 《马克思恩格斯全集》第1卷，人民出版社，1956，第82页。
③ 《马克思恩格斯全集》第2卷，人民出版社，1957，第103页。
④ 《毛泽东著作选读》（下），人民出版社，1986，第563页。

行，人民不信。"① 由此可见，实现好、维护好、发展好人民群众的根本利益是激励人们积极主动认同社会主义核心价值观的重要机制保障。

利益在社会主义核心价值观日常化育过程中是如何发挥作用的呢？或者说，利益激励机制是如何运行的呢？回答这一问题，首先需要明确利益与激励的内涵。一般意义上，激励是促使人朝向一定目标行动的动机或倾向。西方学者认为，激励是人的一种内心状态，"一切内心要争取的条件：希望、愿望、动力等都构成人的激励"②。我国学者认为，激励就是调动人的积极性的过程，"激励的核心问题是动机是否被激发"③。简言之，激励就是在一定因素的影响下，激发人的动机使其产生并保持一定行为的过程。在激励的构成因素中，利益是动机生成的重要因素之一。所谓利益即好处。也有学者将利益与幸福、快乐等主观感受结合起来进行诠释，如霍尔巴赫认为："利益，就是每个按照他的气质和特有的观念，把自己的安乐寄托在上面的那个对象。由此可见，利益就是我们每个人看作是对自己的幸福不可缺少的东西。"④ 还有学者从需要出发来界定利益，认为"利益是人们满足一定需要的持续较长的目的"⑤，或者说，利益是人之需要的转化或外在表现，反映了主体需要与客体对象之间的矛盾关系。这一矛盾在人与自然的关系中主要表现为物质利益或物质关系，在人与人之间的关系中则体现为一种社会关系，即利益是主体在满足自身需要的过程中通过一定社会关系体现出来的价值追求。换言之，追求利益是人的重要动机或激励的重要构成要素。利益激励就是充分发挥利益在人的动机、行为生成发展过程中的积极作用。

在价值认同过程中，利益同样是激励人们积极、自觉培育和践行社会主义核心价值观的重要驱动力。这主要体现在，人们对社会主义核心价值观的理解和接受首先不是看其理论表述是否科学合理，而是看其能否又好又快地兑现其利益许诺或实现人们的价值诉求。也就是说，人们一般不是

---

① 《邓小平文选》第 2 卷，人民出版社，1994，第 314 页。
② 〔美〕小詹姆斯·H. 唐纳利：《管理学基础》，司徒淳译，中国人民大学出版社，1982，第 195 页。
③ 蒋丽君主编《管理学原理》，浙江大学出版社，2004，第 238 页。
④ 〔法〕霍尔巴赫：《自然的体系》（上），管士滨译，商务印书馆，1999，第 259~260 页。
⑤ 〔捷〕奥塔·锡克：《经济·利益·政治》，王福民等译，中国社会科学出版社，1984，第 263 页。

以一种理性思维来看待社会主义核心价值观，而是以一种价值契合的现实体验来完成对社会主义核心价值观的价值同构。当社会主义核心价值观既符合人们的内在需求，又能及时有效地实现对人们的价值期许或利益许诺时，社会主义核心价值观自然会得到社会普遍认同。相反，如果它在一定时期内不能满足人们的利益需求，也无法及时兑现其价值许诺，那么它不可避免地会丧失对公众的影响力。人类历史上诸种核心价值观稳固与否，大都遵循这一简单逻辑。由此决定了充分发挥利益的激励作用是推进社会主义核心价值观日常生活化育的重要机制保障。

要充分发挥利益的激励功能，就必须确保利益激励机制各运行环节的协同运作和有效运转。为此，首先，需要明确利益激励的方向和目标。也就是说，要把抽象的价值标准或激励目标具体化、量化和可操作化，使之成为众所周知并切实可行的目标导向。其次，确立利益激励的强度和手段。即采取适时、适度的利益奖惩方式，充分调动人的积极性和主动性。否则，利益激励时机、方式不恰当，激励强度不适中可能会取得相反的效果。再次，做好利益激励的评估与反馈。利益激励评估主要是看人们的思想观念和行为活动是否与利益激励目标相一致，对于符合利益激励目标的思想或行为给予一定的物质或精神奖励，反之，不符合的不仅不给予奖励，严重的甚至应该给予惩罚。利益激励反馈是将利益激励结果反馈到利益激励目标和利益激励手段等环节，重新对利益激励机制进行调整和修补，从而对被激励者展开新一轮的激励。

社会主义核心价值观日常化育的各要素依据上述几个环环相扣、紧密协作的环节进行运作，一定程度上就能形成社会主义核心价值观日常化育的利益激励机制。当前，针对我国利益分配中存在的收入差距不断扩大、利益分配明显不公等问题，通过利益激励机制推进社会主义核心价值观的培育，需要着力完善以下几个环节。

其一，健全完善合理的利益分配机制。合理的利益分配机制是协调社会成员经济利益关系，促进社会公平的重要利益激励目标。健全完善合理的利益分配机制，重在缩小收入差距、防止两极分化，实现社会主义日益增长的经济利益和物质财富的全民共享，保证社会资源和物质利益在不同阶层、不同群体中的合理分配，使每个社会成员的合理利益都能够得到有效保障，从而为人们认同社会主义核心价值观提供坚实的物质基础。改革开放以来，随着社会主义市场经济体制的建立和发展，我国社会利益分配观发生了重大变革，计划经济时代的平均主义利益分配观逐渐被"以按劳分配为主体、多种分配方式并存的分配制度"与"坚持效率优先、兼顾公平"的分配原则所取代。在这一利益分配观变革过程中，人们对坚持"效率优先，兼顾公平"的利益分配原则的认知存在一定的思维偏差，认为应该先发展经济，只有经济发展了，才有条件谈分配，即只有先把"蛋糕"做大，才能分好"蛋糕"，这种看法有一定道理，在特定经济条件下也是必要的。然而，在社会发展、民生改善明显滞后于经济发展，利益分配严重不公、贫富差距不断扩大的社会格局下，应该对这一分配政策加以适时调整，坚持利益分配的多数满意原则，使不同阶层、不同群体的利益差距保持在公众能够承受的合理区间内，即只有将"蛋糕"分得好，才能有效调动广大民众的积极性，才能把"蛋糕做大"。也就是说，经济发展和利益的公平、合理分配是可以同时兼顾、相互促进的。为此，需要进一步深化收入分配制度改革，无论是初次分配还是再分配都要处理好效率与公平的关系，健全完善合理的利益分配机制，优化利益差距，为社会主义核心价值观日常生活化育充分发挥利益机制的调解作用。

其二，健全完善利益平衡机制。适度、合理的收入差距是激发社会成员劳动积极性、提高社会生产效率的重要杠杆，也是社会主义本质——实现共同富裕的内在要求和本质体现。当前，我国区域之间、城乡之间、阶层之间收入差距存在不断扩大之势，如前所述，基尼系数突破国际警戒线，贫富差距超过了合理界限，原有的合理的利益平衡格局被破坏，阻碍了社会主义优越性的现实展现，影响了人们对社会主义核心价值观的认知和接受。为此，健全完善利益平衡机制，首先，需要国家加大利益平衡调节力度，缩小收入差距，防止利益失衡对社会主义核心价值观认同的弱化；其次，在二次分配中切实把公平放在优先位置，加大力度依法保护合法收入，取缔非法收入，采取有效措施调节过高收入，严格整顿不合理收入，逐步平衡收入差距，使之保持在人们可承受的范围以内；再次，建立完善利益补偿机制，对于在社会改革过程中为国家、社会整体利益做出牺牲的群体给予适当补偿，尽可能平衡不同阶层、不同群体的利益差异，为社会主义核心价值观日常化育奠定公平正义的社会环境。

其三，建立完善利益保障机制。构建利益保障机制就是要实现好、维护好、发展好人民群众的根本利益,切实解决关系人民群众切身利益的问题。衡量一个社会利益保障机制是否健全主要看三个方面:一是能不能充分就业,二是能否解决住房问题,三是社会保障是否健全。当前,对我国广大人民群众而言,最为突出的问题是就业、住房、医疗、社会保障等基本民生问题有待改善。为此,健全完善利益保障机制,通过利益调节激励人们认同社会主义核心价值观必须以切实保障、改善民生为突破口,实施积极的就业政策,多渠道开发就业岗位,鼓励推动创业带动就业,建立完善公共就业服务观;加大住房调控力度,逐步完善政府财政投入、信贷支持、税费减免等政策,大力推进保障性住房建设,切实解决高房价、住房难问题;加强社会保障观建设,完善政府公共服务职能,建立健全惠及全民的公共产品供给和公共服务观以及保障弱势群体和低收入群众基本生活的社会保障观,切实维护和保障人民群众的利益实现。只有人民群众的切身利益得到了真实关切和有效保障,他们才会真心拥护和真正信服社会主义核心价值观,社会主义核心价值观日常化育才具有凝聚人心的现实力量。

其四,建立健全利益表达、协调机制。随着社会主义市场经济的深入发展以及社会阶层的不断分化,社会利益关系变得日益复杂。社会利益格局的变化迫切需要沟通、协调、整合不同阶层的不同利益诉求,建立健全公众利益表达机制,一方面,引导广大民众通过合理、合法的途径有效表达各自的利益诉求,切实维护和保障公民的政治、经济、文化等各项基本权益;另一方面,健全完善社会舆情反馈机制,加强对社会成员利益舆情的调查、分析和及时疏导、沟通,将有可能危及社会安定、引发社会动荡的利益冲突控制在萌发状态并尽快协调解决,防止社会不稳定因素和不良社会情绪的积聚,尽可能减少利益冲突对社会稳定的影响和冲击,通过实实在在地帮助人们解决实际利益问题,引导人们自觉培育和践行社会主义核心价值观。

二 态势激发机制及其运行

态势激发机制是以社会主义核心价值观的价值预设为背景和参照,创设、营造一定的社会态势,使身处这一态势中的人不知不觉地、潜移默化地接受这一态势的影响、辐射和激发,从而自觉或不自觉地接受、认同社会主义核心价值观的社会调节系统。这里的"态势",实际上就是物理学上所说的"场"域,通过场源、场实体、场因子、场力等多种场因素的综合效应,可以有效地激发人们对社会主义核心价值观的认同。基于此,对于态势激发机制的分析,首先需要从"场"开始说起。

"场"是物理学的一个重要范畴,首先由著名物理学家法拉第提出,并确立了电磁场理论。随后,在自然科学的启发下,"场"理论不断被引入社会科学研究中。以韦特海默、考夫卡等为代表的格式塔心理学派的先驱们首先将"场"概念引入心理学研究中,创立了心理场论,如德国心理学家勒温将人的行为看成环境的函数关系,认为人的行为 = f(个人×环境)。[①] 之后,社会学家迪尔凯姆将"场"理论引申到社会学研究中,认为"任何事物都必须在一定的'场'中才能存在和表现出来,因此,必须把社会现象放在整个社会生活的背景上去作综合的考察,去发掘存在和影响它们的各种社会联系"[②]。法国另一社会学家布迪厄对"场"概念进行了更为详细的阐释,认为在高度分化的社会里,社会作为一个"大场域"是由一个个具有相对自主性的小世界、小场域构成的,这些小场域本身就是具有一定逻辑性和必然性的客观关系空间。比如,道德场就是社会大场域中的一个小场域,是"构成一定道德情境的各因子之间在相互作用过程中因传递、交换其信息、能量、物质所产生的进而影响道德主体的道德选择和道德行为的一种道德特殊形态和空间"[③]。综上所述,虽然物理学、心理学、社会学、伦理学等不同学科对"场"有着不同的阐释,但在其不同视角的考察中也存在一些方法论上的相似性。如:都将"场"作为一种客观存在的关系系统来加以分析和阐述;在"场"中存在着相互吸引或相互排斥的不同的场力;各种不同场力的博弈形成了场的不同态势;人总是生活在一定的场域中,"场"对人的心理变化、行为选择和价值认同具有重要的形塑作用。

社会主义核心价值观日常生活化育也是在一定的场域中生成、展开的。不同的场域对社会主义核心价值观培育有着不同的影响。由于社会主

---

① 参见《心理学大辞典》,北京师范大学出版社,1989,第57~58页。
② 〔法〕埃米尔·迪尔凯姆:《社会学方法的规则》,华夏出版社,1999,前言第5页。
③ 易法健:《道德场论》,湖南教育出版社,2001,第65页。

义核心价值观的价值期许和利益许诺尚未现实展现，与人们的日常生活之间还存在一定间距，因此，推进社会主义核心价值观日常化育需要创设、营造与其价值许诺相一致或相近似的认同场。社会主义核心价值观认同场是人们在现实生活中进行价值评判或行为选择时所置身于其中的价值场，其实质是一定价值主体和价值客体相互作用、相互联结的媒介、空间和场所。它通过营造一定的社会氛围或社会态势对生活于其中的人们形成一定的"势压"，为人们的行为选择和价值评判提供现实的场域。在这一场域中，社会客观存在的多元价值观念以及无数"他人"的价值取向和价值选择相互交织在一起，便形成了一个强度不一的价值场，这一价值场如同自然界的磁场一样，使置身其中的每一个人都不同程度地受其影响。在一定意义上，社会主义核心价值观认同的生成就是由构成这一价值场的价值社会场、价值情景场和价值心理场等不同"场"的相互作用、协同运作的结果。它的生成、运演和发展对场主体价值认同的形成具有重要的激发效应。具体而言，这一激发效应主要体现在促使社会主义核心价值观培育生成的从众效应、模仿效应和暗示效应上。

其一，促使社会主义核心价值观生成从众效应。人总是生活在一定的场域中。社会主义核心价值观认同场域的营造有利于促使人们形成自觉认同社会主义核心价值观的从众心理。从众是指置身于一定场域中的人们总会自觉、不自觉地受到"场"的压力，从而"表现出与群体中多数人一致的行为倾向"[1]。在法国社会心理学家勒庞看来，从众是群体的一般特征，"聚集成群的人，他们的感情和思想全都采取一个方向，他们自觉的个性消失了，形成了一种集体心理"[2]。生活在一定场域中的群体都具有维持这一群体同一性的明显倾向和显著机制，对于同特定场域和特定群体的价值取向和行为方式相一致的个体，会比较容易得到群体的接受、认同和优待；相反，对于偏离群体价值的成员，群体则会反感、厌恶甚至拒绝其进入。就社会主义核心价值观认同而言，营造一种绝大部分社会成员普遍认同社会主义核心价值观的主流态势，可以对其他社会成员形成一种社会性

---

[1] 沙莲香：《社会心理学》，中国人民大学出版社，2002，第214页。
[2] 〔法〕古斯塔夫·勒庞：《乌合之众——大众心理研究》，冯克利译，广西师范大学出版社，2007，第45页。

心理压力，促使其尽快调整自身的价值取向和价值观念使之与社会主流价值观念相一致，从而通过对社会主义核心价值观的认同生成对社会的归属感和依附感。

其二，促使社会主义核心价值观生成模仿效应。模仿是通过学习、仿效榜样或先进典型的行为模式和思想样式，从而获得与其相一致的价值选择和价值同构的心理过程。模仿是人类的本能，"人一方面本来具有向善的本性，另一方面又力求克服某种人性的弱点，因而往往把道德榜样作为自己在道德上得以提升的参照和目标"①。通过仿照、借鉴他人成功经验而获得知识是人的社会化的重要体现。就社会主义核心价值观日常化育而言，被模仿的对象或先进典型往往与社会主义核心价值观具有内在的一致性。一方面，榜样或先进典型作为社会楷模和时代先锋，是一定社会核心价值观的人格化和外显，集中体现着社会的价值导向和行为规范，通过榜样的身先垂范，容易使人们产生情感共鸣和行为模仿，从而在榜样的感染带动下自觉地接受并践行一定的社会核心价值观；另一方面，一定意义上，榜样和先进典型是社会核心价值的实践形态或现实展现，社会核心价值观需要通过现实生活中一个个生动鲜活的典型范例来加以诠释和印证，由此使得榜样自然成为社会核心价值的象征和代名词。榜样与社会核心价值的这一内在联系使社会主义核心价值观生成的模仿效应成为可能。在榜样和先进典型的行为示范和人格感召下，社会普通成员也会自然而然产生一种模仿或仿效效应，因此，"引导受教育者模仿和学习某些品德高尚者的道德认识、道德感情、道德意志的综合道德教育方法"，不仅是一种"最具感染力的道德教育方法"②，而且是促进核心价值观日常化育的有效途径。

其三，促使社会主义核心价值观生成暗示效应。暗示效应是指通过有意识地设置一定的场域、营造一定的社会态势或采用一定的诱导方法对人的心理和行为产生一定影响，使人们按照一定方式去行动或接受、认同一定价值观念，从而使其思想和行为与社会或暗示者的预期相符合的社会心理现象。按照马克思主义的观点，"人的本质不是单个人所固有的抽象物。

---

① 廖小平：《论道德榜样——对现代社会道德榜样的检视》，《道德与文明》2007年第2期。
② 王海明：《论道德榜样》，《贵州社会科学》2007年第3期。

在其现实性上,它是一切社会关系的总和"[1]。这说明人总是置身于一定的社会场域中,受到多种社会关系的影响和制约,不同的社会场域和社会关系所营造的社会氛围和社会态势对人的思想和行为有着不同的暗示效应。法国社会心理学家勒庞也曾深刻指出:"一切取决于群体所接受的暗示具有什么性质","它(暗示)可以让一个守财奴变得挥霍无度,把怀疑论者改造成信徒,把老实人变成罪犯,把懦夫变成豪杰", "这全看环境如何"。[2] 因此,推进社会主义核心价值观认同需要营造与其价值预设相一致的社会态势,潜移默化地影响社会成员的思想和行为,促使社会成员生成对社会主义核心价值观的积极、肯定的政治评价和自觉模仿效应。

"场"激发效应的生成主要依赖于一定社会态势的营造,即"造势"。所谓"造势",简言之,主要是通过一定物质的或精神的、有形的或无形的、强制的或自发的方式、手段或运动等途径创造一定的社会氛围或社会情境,使置身其中的人在耳濡目染中潜移默化地接受这一态势的影响和熏陶,进而逐渐接受其规范和调节,产生与其价值诉求相一致的思想和行为的过程。这一过程实际是态势营造各要素或态势激发机制各环节协调运作从而发挥整体效能的过程。具体而言,态势激发机制各运行环节主要包括:第一,明确态势激发的目标。态势营造主体首先需要从一定的社会现实出发,确立具体可行的目标观和掌控标准,为态势的营造明确方向和操作尺度。第二,选择态势营造的方式和手段。在"造势"目标的指导下,对营造态势的具体手段和方式进行实际选择和甄别,以确定其中最恰当、最有效的"造势"途径。通常情况下,一种态势的营造是多种"造势"手段综合作用的结果。第三,对"造势"过程进行监督和调控。按照适时、适度、客观、科学的原则对"造势"过程进行监控,以确保态势运行顺畅,防止出现偏差,尽量避免事后控制。成功的"造势"运动必然要求上述各环节的有效运行,而这些环节的有效运行离不开"造势"主体的适度掌控。

对社会主义核心价值观日常化育而言,利于社会主义核心价值观日常

---

[1] 《马克思恩格斯文集》第1卷,人民出版社,2009,第501页。
[2] 〔法〕古斯塔夫·勒庞:《乌合之众——大众心理研究》,冯克利译,广西师范大学出版社,2007,第53页。

化育的社会态势的创设，首先需要发挥国家或政府的控制力量。从根本上讲，社会主义核心价值观日常化育态势的营造是国家或政府对认同主、客环境的宏观掌控。适时、适度的控制是推进社会主义核心价值观日常化育的重要态势保障。英国哲学家罗素认为，最初的社会凝聚机制，是通过个人心理来起作用的，基本上不需要政府的控制。但在现代社会中，"一个健全而进步的社会不仅需要集中控制，而且也需要个人和集团的创造力。没有控制，就会出现无政府状态；没有创造力，社会就会停滞不前"[1]。由此，社会主义核心价值观日常化育态势的营造必须在国家或政府适时、适度的掌控下进行。在这方面，国内外有不少经验可循。比如，西方的总统选举就是一场凭借大众传媒、选举演说、政治承诺、公共设施、增加福利等手段来进行意识操纵的造势运动。这一点在美国几位知名学者的论述中显露无疑：美国主流社会学家费尔德和默顿指出："在我们的社会里，控制人们观点和信仰的人，很少采用肉体强制的办法，更多的是采用群体诱惑的办法。无线电广播和广告正在取代恐吓和强制。"[2] 这里的"群体诱惑"的办法其实就是态势的从众和暗示效应。美国作家维达尔也指出："美国的政治精英有个特点，就是拥有令人羡慕的本领，能说服人违反自身利益去投票。"美国大众传媒专家席勒更是一针见血地指出："可以完全准确地把美国界定为一个分散的社会，在这里，操纵成为控制的主要工具之一"，"在操纵是社会控制的基本手段的地方，比如在美国，制定和完善操纵技术手段的工作，比起其他种类的智力活动，受到的重视要大得多"[3]。上述几位美国学者的观点充分说明，造势技术或操纵技术在美国已达到炉火纯青的地步，甚至能够让反对者倒戈。再如，在新加坡，通过开展社会运动来营造良好的社会态势，是推动新加坡核心价值认同的重要方式之一。据不完全统计，新加坡每年开展的全国性运动有几十个，其中比较著名的有"文明礼貌运动""尊老爱幼运动""敬老周运动""忠诚周运动""国民意识周运动""华族文化月""马来族文化月""印度文化月"

---

[1] 参见〔英〕罗素《权威与个人》，储智勇译，中国社会科学出版社，1990，第73页。
[2] 参见〔俄〕谢·卡拉·穆尔扎《论意识操纵》上，徐昌翰等译，社会科学文献出版社，2004，第41页。
[3] 参见〔俄〕谢·卡拉·穆尔扎《论意识操纵》上，徐昌翰等译，社会科学文献出版社，2004，第42~43页。

等。这些运动多是围绕新加坡核心价值观认同展开的。运动赢得了群众，也教育了群众。通过上述运动的开展，进一步弘扬了先进价值观，抵制了西方腐朽价值观的侵蚀，强化了人们对新加坡核心价值观的理解和践行。

在我国，通过社会革命、运动的方式来营造社会态势，启发民智，大大促进了人们对马克思主义、社会主义的理解和认同。我们党之所以能在非常艰难的社会条件下带领广大人民群众依靠"小米加步枪"，赶走侵略者，打败国民党反动军队，最终取得新民主主义革命和社会主义革命的伟大胜利，很大程度上是通过社会造势激发人民主体性和革命性的结果。中华人民共和国成立后，又通过农业学大寨、工业学大庆、工农兵学哲学、全民学习《实践论》和《矛盾论》等一系列社会造势运动，"不仅以最快的速度实现了马克思主义的中国化和大众化，而且对中国国民进行了以马克思主义为中介的思想启蒙，促使新中国的大众树立起新的世界观和价值观"[1]。这一点在中华人民共和国成立初的流行话语中可见一斑——"没有共产党就没有新中国""多快好省建设社会主义"等——这一串串熟悉的话语，是当时人民群众日常生活集体无意识的流露，表明马克思主义已深入人心，社会主义价值观念与人们的日常生活达到了水乳交融。然而，改革开放三十多年来，人们的物质、文化生活得到极大丰富，但与此相伴而生的是精神生活在一定程度上的困顿和贫乏，这与新中国前三十年物质匮乏但人们政治热情高涨、精神生活富足的境况形成了鲜明的对比。基于此，有学者提出了"日常生活适度政治化"的主张，认为"面对今天人们世界观和价值观迷失的情况，我们需要重新思考新中国前三十年日常生活的政治化及其影响，实现马克思主义中国化与日常生活适度政治化的结合"[2]。在这里，"日常生活的适度政治化"其实就是在人们日常生活中营造一种积极、合理的政治态势，以避免日常生活的过度世俗化、平庸化趋向，使人们无论是生产还是生活，都受这一态势的影响和辐射，从而激发人们的政治热情和对社会主义核心价值观认同的积极效应。

在态势激发机制中，除国家宏观控制外，另一重要环节便是对民众的教化。所谓教化，即教世化民、政教风化、教育感化之意。我国自古就有

---

[1] 赵司空：《对新中国前三十年日常生活政治化的思考》，《马克思主义研究》2010年第10期。
[2] 赵司空：《对新中国前三十年日常生活政治化的思考》，《马克思主义研究》2010年第10期。

教化的传统，孔子首倡"仁"说，并以"周礼"为社会理想进行教世化民，营造儒学教化态势。孟子言："善政得民财，善教得民心。"① 荀子又云："论礼乐，正身行，广教化，美风俗。"② 董仲舒曰："凡教化不立，而万民不正也；治天下，莫不以教化为大务。"③ 一般意义上，教化是通过一定的德行感化或有效的社会教育形式，创造一定的社会态势，促使社会成员接受、认同社会主导价值观念的过程。党的十七大报告明确指出，要"切实把社会主义核心价值观融入国民教育和精神文明建设全过程，转化为人民的自觉追求"。而要使社会主义核心价值观真正为人们所认同并转化为自觉追求，就必须重视社会主义核心价值观的教化作用，也就是要将社会主义核心价值观的内容最大限度地融入和贯穿到人们日常生活的各个领域、方面和始终。理论如果不回归生活就会被生活遗忘。社会主义核心价值观虽然根植于人民日常生活，但确以一种抽象的理论形态呈现出来。要把抽象的理论形态内容转化为人们熟悉的、容易接受的内容，就必须与日常教化联结起来，创造社会主义核心价值观认同的生活化态势。

最后，态势的创造与激发是一个非常复杂的社会系统工程。除国家掌控、社会教化等环节外，传媒引导、常识转化、制度保障等方式也是态势营造的必要环节和条件。只有这些机制协同运转、高度耦合，社会主义核心价值观的态势优势才能有效创造和激发出来。

三 传媒引导机制及其运行

传媒引导机制是指通过报纸、杂志、广播、电视、网络等大众传播媒介的宣传、辐射和渗透，促使人们了解、认同社会主义核心价值观的价值引导系统。关于大众传媒，英国学者汤普森将其构想为"象征货品通过信息/讯息的传输与储存而进行的体制化生产和普遍化传布"④。换言之，大众传媒是凭借报纸、杂志、广播、电视、网络等传播媒介专门从事收集、复制及传播信息的职能机构。随着社会技术进步和信息化发展，在不到一

---

① 《孟子·尽心上》。
② 《荀子·王制》。
③ 《汉书·董仲舒传》。
④ 〔英〕约翰·B. 汤普森：《意识形态与现代文化》，高铦等译，译林出版社，2005，第240页。

百年的时间里,大众传媒的影响几乎无孔不入,"人们除了工作和睡觉外,用于大众媒介的时间超过其它任何活动"。① 大众传媒不仅成为人们重要的生活方式,而且是人们获取信息、沟通交流、认同社会的主要渠道。因此,社会主义核心价值观日常生活化育,需要充分重视并发挥大众传媒引导机制的功能和作用。

社会主义核心价值观作为社会主义意识形态的本质体现,决定了社会主义核心价值观认同不可能自发形成,某种程度上,需要极大释放大众传媒的宣传教化功能。大众传媒自身的性质和功能决定了它在社会主义核心价值观日常化育过程中充当着重要角色。

从大众传媒的特性看,汤普森认为,大众传媒的特点主要集中在四个方面:"象征货品的体制化生产与传布;生产与接收之间设立的分离;时间与空间有效性的拓展;以及象征形式的公共流通。"② 具体而言,"象征货品的体制化生产与传布"和"象征形式的公共流通"实际上是指大众传媒具有大批量复制、体制化生产特定的符号——意义观,并使之公开传播和流通,以设置公众价值观念议程的特点。所谓设置价值观念议程是指大众传媒通过选择并强调一定的话题,使公众了解这一问题的重要性及其所宣扬和倡导的是什么样的价值观,从而促使人们了解并接受这一价值观。这说明,大众传媒"远远不止是信息和观点的传播者。也许在多数时候,它在使人们怎样想(What to think)这点上较难奏效,但在使受众想什么(What to think about)上十分有效"③。可见,确定议题,影响公众价值观念的选择和判断是大众传媒的重要特征之一。"生产与接收之间设立的分离;时间与空间有效性的拓展",这两个特点说明大众传媒具有分隔施众与受众、拓展传播空间的特性,这使其在社会环境检测、价值观念沟通与协调等方面具有天然优势。美国著名传媒人普里策有个形象的比喻,"倘若一个国家是一条航行在大海上的船,新闻记者就是船头的瞭望者,他要在一望无边的海面上观察一切,审视海上的不测风云和浅滩暗礁,及时发

---

① 〔美〕威尔伯·施拉姆等:《传播学概论》,陈亮等译,新华出版社,1984,第17页。
② 〔英〕约翰·B.汤普森:《意识形态与现代文化》,高铦等译,译林出版社,2005,第240页。
③ 〔美〕斯坦利·巴兰、丹尼斯·戴维斯:《大众传播理论:基础、争鸣与未来》,曹书乐译,清华大学出版社,2004,第307页。

出警告"①。还有学者用"社会雷达"来比拟大众传媒在检测社会环境、了解社会舆情、沟通价值分歧、协调大众利益等方面的作用和功能。总之，上述特征说明，大众传媒作为一种文化的技术性力量，具备塑造大众价值观和文化习性的特质和潜能，是当今影响大众核心价值认同的重要力量和方式。

　　大众传媒的特性决定了它的意识形态功能。首先，大众传媒虽然不是当今意识形态运作的唯一场所，但是，作为特定符号——意义观的体制化生产与传布，大众传媒在现代社会意识形态运作中占据着核心地位。也就是说，"我们今天生活在这样的世界里：文化经验在深层次上由各种大众传播媒体的象征形式传布所形成。正是这种现代文化的传媒化而不是所谓的社会生活世俗化和理性化提供了主要的参照框架"②，它为人们了解、认知社会，为社会意识形态功能的有效发挥提供了详细资料。其次，大众传媒由于具有分隔施众与受众、拓展传播空间等特性，这使其能将象征形式传输到空间与时间上比较分散的、广大的潜在受众，从而大大拓展了意识形态运作的范围。再次，大众传媒所传输的信息本身也具有明显的意识形态性。这主要体现在大众传媒通过对各种信息进行编码，按照这些信息与社会领域的中心与边缘的关系进行分类和阐释，并将其置于不同影响力和不同重要性的语境中，赋予其不同的话语权，从而使公众相信处在中心位置的信息的合法性，进而影响公众的价值选择和价值认同。对于媒介的这一意识形态形塑功能，美国学者博德里拉认为："如今，媒介只不过是一种奇妙无比的工具，使现实与真实以及所有的历史或政治之真全都失去稳定性……我们沉迷于媒介，失去它们便难以为继……这一结果不是因为我们渴求文化、交流和信息，而是由于媒介的操作颠倒真伪、摧毁意义。人们渴求作秀和拟仿……便是对历史及政治理智的最后通牒做自发的全面抵制。"③ 说明在大众传媒时代，无论是大众传播机构及其组织本身还是其所传布的信息都不再是具有自身意义的自足的独立体，而是被赋予一定意识形态功能的符码观，它在改变人们生活方式，塑造社会善恶美丑，推进社

---

① 参见张国良《新闻媒介与社会》，上海人民出版社，2001，第64页。
② 〔英〕约翰·B.汤普森：《意识形态与现代文化》，高铦等译，译林出版社，2005，第286页。
③ 参见〔美〕马克·波斯特《第二媒介时代》，范静晔译，南京大学出版社，2000，第20页。

会核心价值认同等方面发挥着举足轻重的作用。因此，必须高度重视大众传媒在社会主义核心价值观认同构建中的作用，将健全、完善大众传播媒介作为推进社会主义核心价值观日常生活化育的主要渠道。

大众传媒意识形态功能的实现是传媒引导机制各环节有机整合、协同运转的结果。传媒引导机制的运行环节主要包括：第一，明确传媒引导的内容，即传媒向广大公众发布的信息应该是有选择的、有价值的信息，应该具有一定的价值导向性和社会引领性，亦即具有明确的意识形态性。第二，引导媒介的选择。媒介作为沟通社会主导意识形态与公众的桥梁和中介，不同的媒介具有不同的覆盖范围和适用对象，这就需要针对不同媒介的特点和分工，有选择、有重点地进行信息传播，以提高信息传播的针对性和有效性。第三，传媒引导对象对信息的接受和反映。传媒引导对象是具有主体性和能动性的人，他们对传媒发布的信息有一个根据自己的前理解或认知模式进行分析、选择、权衡取舍的过程。这一过程主要包括决定是否接收该信息、选择接收内容进而对接收信息加以内化和外化等方面。传媒引导机制各环节的有效运行要求，必须高度重视大众传媒在社会主义核心价值观认同构建中的作用，将健全、完善大众传播媒介作为推进社会主义核心价值观日常化育的主要渠道。

其一，巩固、加强主流传媒的主导作用。主流传媒也称传统传媒，是指在党和政府领导下通过报纸、电视、广播等三种主要传播形式定期向公众发布信息或提供教育、娱乐等活动的大众传播形式。中华人民共和国成立后，经过多年发展，我国主流传媒已逐渐发展成熟，在舆论宣传、政策引导、信息传播等方面积累了丰富的经验，在广大群众中拥有举足轻重的影响力和公信力，是推进社会主义核心价值观宣传、普及的主要阵地。然而，毋庸讳言，在网络等新兴媒体的影响和冲击下，主流媒体在社会主义核心价值观传播过程中存在刻板、单一，效果不佳，对社会主义核心价值观认同的议程设置、传播机制创新动力不足等问题。在新兴媒体的众声喧哗中，主流媒体"要么是铺天盖地正襟危坐的政治宣传，要么是在影响较大的社会事件中保持缄默，回避论争"[①]，这直接影响了主流媒体的存在方

---

① 陈叙、操慧：《新闻媒体在社会主义核心价值体系建设中的问题及思考》，《四川师范大学学报》（社会科学版）2010 年第 6 期。

式和对社会主义核心价值观认同的引领力。为此，首先要加大对主流媒体建设的投入力度，加强宣传主阵地建设。报刊、广播、电视是人们的基本教科书，时时刻刻影响着人们的精神世界。要增强主流媒体的影响力和号召力，就要有版面、有时段，就要取消低俗、媚俗的娱乐节目和商业广告，这就需要加大政府的投入力度，加大对社会主义先进文化尤其是社会主义核心价值观的宣传和普及。其次，要变革传统主流媒体的理论宣传模式，改变传统宣教模式话语刻板、说教意图明显的不足，采用群众喜闻乐见的形式和内容，将理论宣传与群众日常生活结合起来，善于捕捉社会生活中与社会主义核心价值观有关的议题，及时、适当地加以宣传和引导，掌握社会主义核心价值观认同宣传普及的话语权和引导权。再次，引入大众评价观，对主流媒体在社会主义核心价值观认同中的传播行为进行评议和监督。媒体是政府与民众的传声筒。要充分发挥主流媒体在社会主义核心价值观认同中的积极作用，必须重视民众的参与，开辟民众参与、监督的通道，让广大民众出谋划策并实际参与到社会主义核心价值的建构与维系中来，避免资本权力与政治权力的异化。列宁曾指出："报纸的作用并不只限于传播思想、进行政治教育和争取政治上的同盟者。报纸不仅是集体的宣传员和集体的鼓动员，而且是集体的组织者。就后一点来说，报纸可以比作脚手架，它搭在正在建造的建筑物周围，显示出建筑物的轮廓，便于各个建筑工人之间进行联络。"[1] 推进社会主义核心价值观认同，就是以大众传媒尤其是主流传媒为主渠道，促进政府与民众价值观念的沟通和协调，实现社会主义核心价值观对大众价值观念的整合和引导。

其二，创建社会主义核心价值观日常化育的网络平台，充分发挥、拓展新兴媒体的辐射作用。新兴媒体是相对于传统主流媒体而言的，它是指在信息、网络技术支撑下发展起来的新的媒体形态，如数字广播、数字电视、数字报纸、数字杂志、手机电视、手机新闻、网络、微博等信息网络媒体形式。随着信息科学技术的迅猛发展，新兴媒体日新月异，现已成为数以万计民众的重要日常生活实践和文化行为。我国自1994年被国际社会正式承认为有互联网的国家以来，至今已走过24个年头。截至2017年12月，根据中国互联网络信息中心发布的第41次《中国互联网络发展状况统计报告》，中国

---

[1] 《列宁全集》第5卷，人民出版社，1986，第8页。

网民已突破 7.72 亿，普及率达到 55.8%，超过全球平均水平（51.7%）4.1 个百分点，其中，手机网民规模达 7.53 亿，占比达 97.5%，台式电脑、笔记本电脑、平板电脑的使用率均出现下降。① 移动互联网络的迅猛发展及其在日常生活中的普及，正深刻影响着人们的生活方式和价值观念，也日益成为社会主义核心价值观日常生活化育的新阵地和新平台。

充分发挥新兴媒体的辐射作用，创建社会主义核心价值观日常化育的网络平台，首先，需要明确社会主义核心价值观日常化育网络平台构建的原则与方法。结合社会主义核心价值观的理论特性和网络传播的规律特点，按照引导与监督相结合、教育与服务相统一、网上与网下相衔接的原则，采用网络说理法、网络课堂法、网络模拟法、网络对话法、网络释放法等多种网络教育、引导法，创建社会主义核心价值观日常化育网络平台（以下称网络平台），用社会主义先进文化的精髓占领网络文化高地。其次，培育网络平台主体。要在网络环境中推进社会主义核心价值观认同，需要强化理论宣传、教育工作者的社会责任，培育一批思想强、作风正、熟悉社会主义核心价值观理论本质和传播特点的知识分子；需要组建社会主义核心价值观网络评论员队伍，加强舆论引导；需要组建网络平台管理队伍，加强网络监管。再次，建立健全网络平台保障机制。主要是强化领导权威保障机制，在网络环境中进行社会主义核心价值观宣传、推广，必须坚持党的权威领导；完善网络技术管理机制，为网络平台的正常运行提供技术支持；建立健全网络舆情监管和重大事件迅速反应、联动机制，为掌握网络舆情动态，加强信息监管，寻找社会主义核心价值观日常化育的合适议题，占领舆论先机掌握主导权。最后，加大网络平台管理力度，提高网络平台引导、监管效能。习近平总书记曾强调指出："加强网络文化建设和管理，充分发挥互联网在我国社会主义文化建设中的重要作用有利于提高全民族的思想道德素质和科学文化素质，有利于扩大宣传思想工作的阵地，有利于扩大社会主义精神文明的辐射力和感染力，有利于增强我国的软实力。"② 因此，加大对网络平台传播内容的监督管理和审查力度，

---

① 《CNNIC 发布第 41 次〈中国互联网络发展状况统计报告〉》，中国网信网，http://www.cac.gov.cn/2018-01/31/c_1122347026.htm，2018 年 6 月 5 日。

② 习近平：《以创新的精神加强网络文化建设和管理》，《人民日报》2017 年 1 月 24 日。

遏制低俗、庸俗、媚俗文化的传播，抵制西方敌对势力的思想文化渗透，牢牢把握网上舆论的主导权，为社会主义核心价值观日常化育营造文明健康的网络环境。

其三，建立健全大众文化产品渗透机制。如前所述，随着文化传媒化、世俗化的发展，当下，整个社会已身处大众传媒和大众文化的包围之中，人们每天花费大量的时间看电视、上网、听音乐、读书报、看杂志等，参与各种各样的媒介文化。一定意义上，大众文化成为人们日常生活的主宰，成为人们现实生活中无处不在的背景。对此，国外一些学者认为媒介文化正在瓦解人的潜能和创造力。[①] 不仅如此，大众文化还对人的行为和价值选择发挥着重要的潜移默化的影响。从本质上讲，大众文化是在现代资本逻辑和市场逻辑的运作下，利用大众传播媒介，为满足大众的各种文化需求而大批量生产的商品文化。作为以商品形式出现的大众文化，同市场上其他商品一样，具有价值和使用价值。大众文化的使用价值主要体现在满足大众的文化需求上，因而，自然承载着意识形态的建构功能。大众文化的价值主要是一种符号价值，通过消费符号价值用以彰显政治、经济、文化等阶级或阶层差别，控制大众的思想意识和社会的主流价值观念，这已是现代社会意识形态功能实现的重要方式和途径。正如英国文化研究学者汤普森认为："它（即意识形态）存在于文化产业的产品之中，这些产品供人们娱乐，人们在消费这些产品时就再现了这些产品所忠实反映的社会现实。今天的意识形态并不是那么清楚表述的一种学说……而是一种特别的大众生产的文化物品，使之成为一种'社会凝合剂'。……在每一社会层次上，在愉快消费的行为中，假如社会凝合剂使得现代世界越来越僵化、齐一化和动摇不了，文化产业的产品就会把人们拴在压迫他们的社会秩序上。"[②] 汤普森的见解颇为深刻。当今资本主义意识形态并不是通过严苛的理论教化来赢得大众的认同，而是大众文化的娱乐和消费使然。大众文化通过将自身的价值观念制造成各种文化产品，一方面，在愉悦大众的同时悄悄地将主流意识形态渗透到大众的日常生活中，诱使大众接受其价值观念；另一方面，催生着消费文化的生成，使大众在满足于文

---

① Douglas Keller: Media Culture. Landon and New York: Routledge, 1995.
② 〔英〕约翰·汤普森：《意识形态与现代文化》，高铦等译，译林出版社，2005，第115页。

化消费的体验中悄无声息地完成意识形态的整合工作。

由此，大众文化的意识形态功能不可小觑。当今时代，仅靠抽象、刻板的理论传播、教育来实现社会核心价值观的日常化育已不可行，而是更多需要借助大众文化形式来向广大民众传播、渗透核心价值理念。美国著名学者卡斯特认为，认同是在文化特质或相关的整套文化特质的基础上建构意义的过程。[1] 党的十七届六中全会明确指出，必须把社会主义核心价值观"体现到精神文化产品创作生产传播各方面"[2]。党的十九大报告进一步指出："发挥社会主义核心价值观对国民教育、精神文明创建、精神文化产品创作生产传播的引领作用，把社会主义核心价值观融入社会发展各方面，转化为人们的情感认同和行为习惯。"这实际上指出了社会主义核心价值观日常化育必须以一定的文化产品形式为载体，通过将社会主义核心价值观转化、渗透在特定的文化产品的创造、生产和传播过程中，使公众在消费这些文化产品的同时逐渐接受、认可社会主义核心价值观。

为此，首先要积极寻求社会主义核心价值观与大众文化的契合点，推动社会主义核心价值观向文化商品转化，从而使消费者在消费这些文化商品的过程中完成社会主义核心价值观的大众化认同。近年来，深入大众日常生活颇受大众好评的《潜伏》《建国大业》《辛亥革命》等影视文化作品就是一个恰当的契合点，值得仿效。其次，依托大众传媒，加强舆论引导。进一步拓展社会主义核心价值观的传播途径，借助互联网、网络游戏、红色网站、手机短信等传播媒介，以语言文字、网页网游、影像数据等信息方式推动马克思主义向大众日常生活的传播和渗透。最后，加强对大众文化市场的监管和法治建设，建立健全法律制衡机制，以有效规避大众文化的低俗性、媚俗性和逐利性等负面效应，充分利用大众文化的生产、传播机制，推进社会主义核心价值观日常化育的普遍实现。

四　常识转化机制及其运行

常识转化机制，简言之，就是社会主义核心价值观由形而上的思想上

---

[1] 〔美〕曼纽尔·卡斯特：《认同的力量》，夏铸九等译，社会科学文献出版社，2003，第2页。

[2] 《中共十七届六中全会在京举行》，《人民日报》2011年10月19日。

层建筑或理论形态向大众社会心理、社会公共意识和大众日常话语转化的过程，也是社会主义价值理想、价值观念和价值规范获得大众支持认可、取得合法性的过程。这一过程主要是通过常识的社会整合机制实现的。

要了解常识化机制的运行，首先需要明确常识、常识的价值定位及其构成要素。常识，也称日常意识或日常思维方式，是日常生活中长期积淀的各种不证自明的知识系统。任平认为，常识是"人们在日常生活交往中获得的群体意识、社会心理和社会经验的总称，也是在日常生活领域支配大众的共识"[1]。孙正聿认为："常识是人类世世代代经验的产物，是人类的最具基础性的概念框架。它为人们提供最具普遍性的世界图景，并使人们的经验世界得到最直接的自我理解和最广泛的相互理解。"[2] 美国实用主义大师詹姆士认为："我们对事物的各种思想方法是远古的祖先所发现的，它们经历了此后所有时代的经验还能保存下来。它们形成人类心智发展上一个大的平衡阶段，也就是常识阶段。其他阶段向它接枝移植，但是永远不能代替它。"[3] 上述几位知名学者的观点一致说明，常识是人类在长期的日常生活实践中积淀的具有普遍性的群体意识、社会心理、风俗习惯、经验共识等的总称。从常识的框架结构看，常识源于经验并超越于、适用于经验，是经验的普遍化结果，对经验的依附性是常识的本质特征；从常识的思维方式看，常识是形成于日常生活并应用于日常生活的直观的、自明性、非反思的日常思维方式；从常识的功能看，常识是人类在长期历史积淀中形成的约定俗成的价值准则和行为规范，"它在最实际的水平上和最广泛的日常生活中发挥其对人类维持自身存在的生活价值。它还以其独特的隐喻形式而拓展和延伸其适用范围和使用价值，从而使常识的价值规范以'文化传统'的形式得以世代延续，由此构成人类的、民族的以及个体的普遍性的价值观念"[4]。说明常识不仅具有描述和解释功能，而且作为一种长期的文化积淀已经渗透到人们的血液中，成为人们进行行为选择和价值评价的不可动摇的前定的行为规范和认知结构，对人的思想和行为具有规定与否定的双重规范作用。它不仅规定了人们什么能做、什么不能做以

---

[1] 任平：《当代视野中的马克思》，江苏人民出版社，2003，第545页。
[2] 孙正聿：《非常识的常识化》，《求是学刊》1996年第2期。
[3] 〔美〕詹姆士：《实用主义》，陈羽纶等译，商务印书馆，1979，第88页。
[4] 孙正聿：《非常识的常识化》，《求是学刊》1996年第2期。

及怎样做，还规范着人们想什么、不想什么以及怎样想，换言之，它对人们思想、行为的形成与发展具有重要的模铸功能。正是在常识的规范、形塑中，社会心理、社会意识逐渐达成共识，各种不同的价值观念和行为方式逐渐得到最广泛的理解和认同。常识的这一价值规范功能，说明常识转化机制是实现社会主义核心价值观日常化育的重要途径。

推进社会主义核心价值观向大众生活常识化转化，实际是社会主义核心价值观向日常生活的下移和沉淀，并与大众日常意识形态相融合，从而形成公共价值或公众意识形态的过程。在传统与现代、现代与后现代并存的社会背景中，这一过程深受各种新知识、新技术、新文化、新思想等变量的影响和制约，因此，研究探索社会主义核心价值观认同的常识化机制还需要进一步挖掘常识化过程中相对稳定的、不变的因素。这些因素主要包括：其一，公众日常心理。公众日常心理与个体的日常心理体验相对应，是指人们在日常生活、日常交往中形成的风俗习俗、社会风尚、生活习性、行为模式等公共心理形式，具有一定的普遍性、自发性、传统性和稳定性等特征。其二，经验。一般意义上，经验是指由实践得来的知识或技能。从经验的来源看，经验主要包括两部分：一部分是源自前人的、历史的经验；另一部分是来自他人的间接的经验。在日常生活中，经验主要通过日常生活主体自发的模仿、类比和社会的教育、示范而得以延续，从而形成常识。由此可见，常识源于经验，但并不直接等同于经验，尤其不同于个体经验，从经验到常识的过程，即常识化过程。其三，超经验知识。超经验知识实际是指各种非常识知识，主要包括科学、艺术、哲学、宗教等各种专门化知识。在知识经济时代，通过信息网络技术和大众传播媒介，大量的超经验知识竞相涌入日常生活领域，互相争夺话语霸权，并以各种非日常知识变革、更新常识，引发了常识水平的提高和常识化过程的更新速度。其四，常识社会结构。承上所述，常识之所以被各种超经验知识或非日常知识所青睐，关键在于，"常识本身是所有社会交往实践耦合结构的一部分，承担着或被赋予着在精神上控制社会的功能"[①]。也就是说，一个社会的精神形态要成为社会的主导意识形态，必须获得大众的认同和支持，即必须经过合法化过程，而合法化的基本领域就是常识领域，

[①] 任平：《当代视野中的马克思》，江苏人民出版社，2003，第554页。

一切精神形态或价值观念的合法化途径就是常识化途径。正是在此意义上，我们认为，合法化的关键就是常识化，合法化过程就是常识社会结构的形成过程，而合法性的丧失即常识社会结构的解构过程。其五，日常话语观。日常话语观，简言之，即日常语言，是常识向大众意识转化的载体和工具，发挥着凝聚、汇集常识其他要素的功能。以上五个要素构成了常识的基本内容。

常识转化机制的运行不是这五个要素的简单相加或机械混合，而是这些要素在相互关联、相互耦合中形成的有机整合，这一整合主要包括以下两个环节。

其一，常识的社会整合环节。常识的社会整合是指个体心理、意识、经验经由社会交往和整合在向社会心理、意识、经验转化过程中形成的结构与功能相互作用、相互协调的耦合关联系统。这一过程主要通过三个环节来实现：日常交往实践整合、日常交往意识整合和日常交往经验整合。首先，在日常交往实践中，社会精神层面的整合或价值观念的整合必须通过个体或群体的日常生活交往实践才能实现。无论是主动交往还是被动交往，社会物质层面的交往实践都是精神整合和价值共识得以形成的前提和基础。其次，日常意识交往是常识化思维整合的基本机制。通过日常意识交往可以将个体心理转化、整合为社会的或民族的、相对稳定的共同心理结构和文化生态，这一精神结构本质上吸纳与其相似或相近的价值观念，拒斥与其相异或相左的文化、心理和价值观念，再加以广泛的社会推广、传播和普及，久而久之就可以形成被大众普遍接受和认同的公众意识形态或大众日常心态。再次，日常经验交往整合尤其是各种超经验知识的交往（即非日常知识）和竞争是促进社会核心价值认同形成的重要机制保障。在日常生活中，除源自历史和他人的日常经验是核心价值观认同的重要载体之外，各种超经验知识（包括社会主义核心价值观）要成为社会的主导意识，要在思想上和精神上影响和控制大众，就必须占领常识领域。而要占领常识领域，就必须不断以新的知识观变革、更新常识，赋予常识新的价值和意义。其中，最主要的超经验知识有科学、艺术、哲学和宗教等。以科学来更新、变革常识，其实质是科学的常识化。科学的常识化不仅仅是科学知识或技能的推广和普及化，更重要的是科学的思维方式的变革和科学精神、创新精神的培育和养成。以哲学来变革、更新常识，其实质是哲学的常识化。哲学的常识化不是用哲学来化常识，而是以哲学理性、批判、反思等思维方式来变革常识的世界图景和价值观念，提升人的主体性和自觉性。以艺术来变革、更新常识，其实质是艺术的日常化，是以艺术的审美体验、思维方式和价值追求来变革日常生活，提升日常生活的品位和质量；等等。这些超经验知识的常识化大大拓展了社会主义核心价值观认同的途径和渠道，同时也说明，社会主义核心价值观日常化育必须占领常识领域，只有通过常识的社会整合机制，才能在思想上、心理上和精神上影响大众，从而真正成为大众的价值共识和社会的主导意识形态。

其二，社会主导意识形态向常识化意识形态转化环节。常识转化机制还包括社会主导意识形态或社会核心价值观由理论形态向常识化形态转化的过程。孙正聿认为，"人类对世界的解释和对自身的规范取决于人们所占有和使用的概念框架的不同性质及其所达到水平"[1]，从这些概念框架的实际存在形态看，这些概念框架主要分为三个层面：理论形态的概念框架、制度形态的概念框架和常识的概念框架。其中，理论形态的概念框架主要是指停留在学理层面的道德规范和价值观，它们虽然源于日常生活，但实际是对日常生活反思和整合的结果，是一种外在于日常生活并对日常生活起引导和制约作用的规范力量。这一外在力量的生命力如何，关键在于它能否接受常识的检验，能否为人们日常生活所接受。正如学者杜维明所言："在中国的社会里，一套道理有无说服力，就要看在百姓人伦日用之间有没有实际上的作用。"[2] 换言之，处在理论形态的社会核心价值观只有转化为常识，并通过常识化的道德、价值规范表现出来才具有现实且长久的生命力，才能得到民众的普遍认同和践行，否则只能成为被束之高阁的形上之说。在理论形态的概念框架与常识化的概念框架之间，促使社会核心价值观由理论形态向常识化转化的中介，即制度形态的概念框架，也就是被称之为制度化、模式化的东西。美国文化学者格尔茨曾指出："思想……为了在社会中找到一个不仅是知识上的存在，而且还是一个物质的存在，它们必须被制度化。"[3] 这里的制度化其实就是在一定权力的支持

---

[1] 孙正聿：《非常识的常识化》，《求是学刊》1996年第2期。
[2] 杜维明：《现代精神与儒家传统》，生活·读书·新知三联书店，1997，第390页。
[3] 〔美〕克利福德·格尔茨：《文化的解释》，韩莉译，译林出版社，1999，第372页。

下,将一种思想观或价值观转化为具体的政策、法规、社会习俗等形式,以此使之具有强制性的引导力和约束力。社会主义核心价值观要由形而上的思想上层建筑或理论形态转化为大众日常认知与行为的价值共识和基本遵循同样离不开常识转化这一制度化、模式化过程。为此,需要将社会主义核心价值观的价值规范和价值观念转化为一定的制度或规则,内置在人们生产、生活中,无论个体是否接受,都必须严格遵守,以此作为一种制度和模式固化下来,成为人们生产、生活的普遍遵守,从而在日用常行中推进人们对社会主义核心价值观的认同和践行。

五 制度保障机制及其运行

制度保障机制是指通过制定一定的规则或规范将社会主义核心价值观的主旨和精髓内置其中,使人们在遵从、践履规则、规范的同时,逐渐接受并内化社会主义核心价值观的规范调节系统。一般而言,制度就是调节、约束人们各种行为的规则或规范。科学合理的制度,有利于个体行为的形塑和社会秩序的健康运行。美国学者诺斯认为,"制度是一个社会的游戏规则,或规范地说,它们是决定人们的相互关系而人为设定的一些制约"[1],这些"制度制约既包括对人们所从事的某些活动予以禁止的方面,有时也包括允许人们在怎样的条件下可以从事某些活动的方面。因此,正如这里所定义的,它们是为人类发生相互关系所提供的框架"[2]。简言之,制度是规定人们何者可为、何者不可为的尺度和框架,它为人们社会交往的顺利开展和社会秩序的良序运行提供了基本规约。"制度好可以使坏人无法任意横行,制度不好可以使好人无法充分做好事,甚至走向反面。"[3]优良的社会制度是推进社会主义核心价值观日常化育的重要机制保障。

制度保障机制的功能发挥源于制度的秩序整合与建构功能。一方面,制度是社会秩序有效运行的保障力量。与道德、宗教、个人魅力等软约束相比,制度的强制性、普遍性和规范性是维护社会秩序稳定、有序运转的

---

[1] 〔美〕道格拉斯·C.诺斯:《制度、制度变迁与经济绩效》,刘守英译,上海三联书店,1994,第3页。
[2] 〔美〕道格拉斯·C.诺斯:《制度、制度变迁与经济绩效》,刘守英译,上海三联书店,1994,第5页。
[3] 《邓小平文选》第2卷,人民出版社,1994,第333页。

重要保障。正如阿尔都塞所言:"为了培养人、改造人和使人们能够符合他们的生存条件要求,任何社会都必须具有意识形态。正如马克思所指出的,历史是对人类生存条件的不断改造,即使在社会主义社会也是如此;因而人类必须不断地改造自己,以适应这些条件。这种'适应'不能放任自流,而应该始终有人来负责、指导和监督。"[1] 制度的魅力就在于此,无论人们是否愿意,只要人们生活在社会中,就必须接受制度的规约,否则,就无法融入这个社会。另一方面,制度还具有整合社会精神秩序的功能。制度的这一整合功能主要体现在对作为社会精神秩序核心的核心价值观的确立和建构上。从客观上讲,任何一种制度都不是与价值无涉的,而是一定价值理念的负载和表达,制度的制定实际上向人们彰显的是这种价值理念的权威和地位,制度的实行就是为了保障这种价值理念的确立和认同。正是在此意义上,"制度的强制性与权威性是它所表达的价值理念获得权威性核心地位的力量保证,制度的公共性与普遍性是该价值理念获得广泛认同的机制保证,制度的稳定性与确定性是该价值理念持久性与明确性的基础保证"[2]。制度的上述特质使其成为推进社会主义核心价值观认同的重要保障力量。人们通过对制度的遵守和服从,逐渐接受、认可制度所蕴含的价值理念,从而使自己的价值取向和价值观念与制度所彰明的主导价值观念相一致。

上述制度保障功能的充分发挥,离不开制度保障机制各环节的有效运行。制度保障机制的动态运行过程包括制度的制定、制度的实施与监控、制度运行保障等环节。第一,制度制定环节。即制度制定者对制度保障机制运行的方向和目标做出具体、明确规定的过程。制度制定的着眼点是制度保障机制的目标实现和机制的协调、有机运转。第二,制度的实施与监控环节。制度实施与监控是指采用激励、约束等手段和方式作用于制度实施对象,使之自觉或不自觉地遵从制度约束,接受制度实施主体的监督、检查和调控,从而确保各要素协调运转、充分耦合,顺利实现预定目标的过程。第三,制度运行保障环节。即通过一定的奖惩或补偿措施促使制度

---

[1] 〔法〕路易·阿尔都塞:《保卫马克思》,顾良译,商务印书馆,1984,第205页。
[2] 冯秀军:《教化·规约·生成——古代中华民族精神化育研究》,中国社会科学出版社,2009,第156页。

实施对象接受、认同并践行一定制度规范的过程。制度保障机制的有效运行是上述各环节的高度整合和协同运作的结果。

制度保障机制的运行图式要求人们在制定各项公共规章制度时，要充分考虑社会主义核心价值观的价值规范和实践要求，将社会主义核心价值观的根本理念和基本要求以具体的行为准则或道德、法律规范的形式内置在各种规章制度中，通过制度的规范和约束使社会主义核心价值观成为人们日常生活与非日常生活的基本遵循，从而促使社会主义核心价值观日常化育向规范化、制度化、常规化方向发展，为实现社会主义核心价值观的日常化育提供强有力的制度保障。为此，需要着重做好以下几个环节的工作。

其一，建立健全政策法规保障机制。社会主义核心价值观的日常生活化育，仅靠占领宣传、教育阵地是不够的（当然，我们并不否认宣教是实现核心价值观认同的主阵地和主渠道）。建设从而实现社会主义核心价值观认同是一个长期的复杂的社会系统工程，必须充分发挥政策法规对社会主义核心价值观认同的规约和保障作用。政策法规是社会交往、社会行为得以开展的准则和规范，也是社会良序运行的重要保障。任何社会的核心价值观要获得社会普遍认同并成为社会成员的思想共识和行为准则，都离不开政策法规对核心价值的规范和展现。从历史上以及发达国家或地区的核心价值观认同实践经验来看，许多在我国尚处在道德规范层面的问题，如关爱儿童、孝敬老人、社会公德、言论倾向等，在这些国家（如美国、新加坡等）已上升到法律层面，并对公众行为和核心价值认同起到了很好的约束和规范作用。比如法国学者魁奈曾将我国传统的礼法制度形象地称之为"礼制法庭"，认为它是中国古代的"最高法庭"，精辟地概括了政策法规对我国传统核心价值观认同的整合和建构功能。[①] 再如，"在美国，一直把社会主义视为敌对的意识形态而加以严格限制，造成中国的文化及文化产品，如电影、书籍很少进入美国市场"[②]，而美国的文化及文化产品却充斥中国市场，席卷全球。相比之下，我国在这方面的立法进程相对缓

---

① 参见〔法〕魁奈《中华帝国的专制制度》，谈敏译，商务印书馆，1992，第54页。
② 孟迎辉、邓泉国：《西方国家对意识形态的管制措施及启示》，《党政干部学刊》2009年第8期。

慢。因此，需要逐步将社会主义核心价值观的基本内容上升和细化为具体的政策或法律条文，通过国家法律法规的强制性、规范性和威慑性来增强民众对社会主义核心价值观的遵从、认可和信服。尤其是对危害国家安全、破坏社会稳定的邪恶势力，贪污腐败等严重背离社会主义核心价值观本旨和要求的行为要予以法律严惩，以维护认同社会主义核心价值观群体的利益不受伤害，彰显社会的公平正义，推进社会主义核心价值观的日常化育有序进行。

其二，建立健全社会激励约束机制。通过将社会主义核心价值观细化为具体的行为准则，将其渗透到广大民众日常生活和非日常生活的方方面面，成为社会各行各业和百姓日常生活的基本遵循，使民众在社会生活实践中了解、体验并实际践行社会主义核心价值观。刘云山曾指出："建立健全有效的激励约束机制，注重在日常管理中体现价值导向，使符合核心价值观的行为得到鼓励，违背核心价值观的行为受到制约。"[①] 这就要求各级政府和职能部门在制定政策法规时，充分发挥政策法规的导向和制约作用，逐步形成推进社会主义核心价值观认同的激励机制，如核心价值观认同代价补偿机制、核心价值观认同储蓄机制、诚信管理体制等。通过这些激励机制，引导人们自觉遵从社会主义核心价值观的要求，约束人们的不当行为和不良习惯，逐步培养民众对社会主义核心价值观的敬畏之心和自律心理，使之真正成为人们工作、生活的内在价值要求和外在行为准则。

其三，建立健全社会奖惩、补偿机制。社会主义核心价值观要得到人们的真心认同，需要借助制度化的奖惩机制来加以强化和保障，对自觉认同并践行社会主义核心价值观的行为要给予表彰和奖励，对违反或背离社会主义核心价值观的行为要严加处罚。以此将社会主义核心价值观作为人们日常生活、工作的基本行为准则和评价标准，通过具体的奖励和表彰激励人们自觉自愿按照社会主义核心价值观的要求行事，通过相应的处罚措施制止、打击与社会主义核心价值观的本质规定和基本要求相违背的行为，为社会主义核心价值观日常化育提供健全的制度保障和良好的道德环境。此外，还需要建立健全道德补偿机制。自觉认同并践行社会主义核心

[①] 刘云山：《深入推进社会主义核心价值体系建设巩固全党全国人民团结奋斗的共同思想基础》，《党建》2008 年第 5 期。

价值观通常要付出远超常人的代价，甚至会牺牲个人的利益和幸福，因此，需要对这样的先进典型和模范给予一定的奖励和补偿，以鼓励人们学习、仿效。否则，如果不对这样的人或行为给予表彰和奖励，无疑会损害当事人的合法利益，也会影响和弱化民众的从善心理，形成无人愿意行善、无人愿意见义勇为的社会冷漠心态。因此，需要建立健全社会奖惩、补偿机制，以制度化的方式保障社会主义核心价值观日常化育的顺利开展。

综上所述，以日常生活为研究视域和思维框架，构建社会主义核心价值观日常化育的利益激励机制、态势激发机制、传媒引导机制、常识转化机制、制度保障机制，并使之协同运转、有效运行，是培育和践行社会主义核心价值观的重要机制保障。在此需要指出的是，推进社会主义核心价值观向日常生活转化，并不是要社会主义核心价值观回到日常生活繁芜庞杂的日常琐事中，更不是将非日常生活搁置一边，置之不理，而是强调一种思维方式的转变，强调以一种直面生活底质的态度将马克思主义的立场、观点和方法转化为大众日常生活的价值准则和行为原则，一方面，以大众身体力行的现实力量，缩小社会主义核心价值观与大众日常生活的现实间距，提高人们对社会主义核心价值观的自觉培育与践行，实现社会主义核心价值观对大众日常生活的真切观照；另一方面，以日常生活为中介推进社会主义核心价值观由理论形态向大众自觉意识和生活实践转化，从而真正掌握"文化领导权"，切实加强社会主义意识形态的主导地位，为巩固党的执政地位和统治秩序确立合法性基础。

参考文献

一 著作类

《马克思恩格斯文集》1~10卷，人民出版社，2009。
《马克思恩格斯全集》第1卷，人民出版社，1956。
《马克思恩格斯全集》第2卷，人民出版社，1957。
《马克思恩格斯全集》第3卷，人民出版社，1960。
《马克思恩格斯全集》第19卷，人民出版社，1965。
《马克思恩格斯全集》第30卷，人民出版社，1995。
《马克思恩格斯全集》第39卷，人民出版社，1974。
《马克思恩格斯全集》第40卷，人民出版社，1982。
《马克思恩格斯全集》第42卷，人民出版社，1979。
《马克思恩格斯全集》第47卷，人民出版社，1979。
《马克思恩格斯全集》第49卷，人民出版社，1982。
《列宁全集》第5卷，人民出版社，1972。
《列宁全集》第35卷，人民出版社，1979。
《列宁全集》第42卷，人民出版社，1987。
《斯大林全集》第7卷，人民出版社，1985。
《毛泽东选集》1~4卷，人民出版社，1991。
《邓小平文选》1~3卷，人民出版社，1994、1994、1993。
《江泽民文选》1~3卷，人民出版社，2006。
《十六大以来重要文献选编》（上、中、下），中央文献出版社，2005、2006、2008。

《十七大以来重要文献选编》(上、中),中央文献出版社,2009、2011。

《习近平谈治国理政》第一卷,外文出版社,2014。

《习近平谈治国理政》第二卷,外文出版社,2017。

《习近平用典》,人民日报出版社,2015。

《社会主义核心价值观培训教材》,新华出版社,2014。

《社会主义核心价值体系学习读本》,中共中央党校出版社,2010。

《建设社会主义核心价值体系六个"为什么"专题解读》,人民出版社,2009。

《中国共产党第十八次全国代表大会文件汇编》,人民出版社,2012。

胡锦涛:《坚定不移沿着中国特色社会主义道路前进 为全面建成小康社会而奋斗——在中国共产党第十八次全国代表大会上的报告》,人民日报出版社,2012。

习近平:《决胜全面建成小康社会 夺取新时代中国特色社会主义伟大胜利》,人民出版社,2017。

李文阁,孙煜华,李达:《兴国之魂——文化强国背景下的核心价值体系和核心价值观研究》,人民出版社,2018。

谭书敏:《青年价值观培育研究——以社会主义核心价值观为引领》,人民出版社,2018。

韩震、吴玉军:《点亮民族精神之魂:社会主义核心价值观青少年读本》,中国人民大学出版社,2017。

黄蓉生、潘洵:《红岩精神的时代价值——红岩精神与社会主义核心价值观研究荟萃》,西南师大出版社,2017。

韩震:《社会主义核心价值观与中国文化国际传播》,中国人民大学出版社,2017。

李建华:《社会主义核心价值观构建与践行研究》,人民出版社,2017。

吴潜涛,艾四林:《社会主义核心价值观研究前沿问题聚焦》,人民出版社,2017。

李春山、何京泽:《社会主义核心价值观大众化研究》,人民出版社,2017。

贺亚兰:《社会主义核心价值观若干重大理论与现实问题》,人民出版社,2017。

张景荣：《社会主义核心价值观研究综述》，社会科学文献出版社，2017。

杨俊一、吴强：《社会主义核心价值观与师德、学风建设研究》，上海社会科学院出版社，2017。

宋伟：《社会主义核心价值观融入高校校园文化建设研究》，人民日报出版社，2017。

张兴亮：《社会主义核心价值观与法治教育》，中国书籍出版社，2017。

杨耕、吴向东主编《社会主义核心价值观：理论与方法》（上中下卷），四川人民出版社，2017。

许可：《社会主义核心价值观与传统文化》，中国书籍出版社，2017。

高小枚：《社会主义核心价值观教育的渗透性研究》，中国社会科学出版社，2016。

王炳林、郝清杰、黄明理：《强基固本的精神力量——社会主义核心价值观纵横谈》，安徽人民出版社，2016。

周谨平、李建华：《社会主义核心价值观的政治伦理内涵》，湖南大学出版社，2016。

郭维平：《社会主义核心价值观生成与认同研究》，学习出版社，2016。

赵晓庆、李颖：《社会主义核心价值观文化读本·微言大义》，时代华文书局，2016。

徐伟新：《社会主义核心价值观研究》，中共中央党校出版社，2016。

张海防：《研究生社会主义核心价值观认同现状及对策研究》，光明日报出版社，2016。

田海舰：《培育和践行社会主义核心价值观多维研究》，人民出版社，2015。

房广顺：《社会主义核心价值观与中华传统文化》，人民出版社，2015。

崔志胜：《社会主义核心价值观融入精神文明建设问题研究》，中国社会科学出版社，2015。

郭建宁：《社会主义核心价值观基本内容释义》，人民出版社，2014。

郭玉锋：《社会主义核心价值观践行论》，山东人民出版社，2015。

刘旺洪：《社会主义核心价值观研究丛书（民主篇）》，江苏人民出版社，2015。

黄进：《社会主义核心价值观的"内省"与"外化"》，江苏人民出版社，2015。

王蓓：《实践社会主义核心价值观引领的法制机制研究》，中国社会科学出版社，2015。

韩震：《社会主义核心价值观新论：引领社会文明前行的精神指南》，中国人民大学出版社，2014。

王月红：《社会主义核心价值观与中国软实力》，中国经济出版社，2014。

《社会主义核心价值观培育——维度与领域的拓展》，时事出版社，2014。

冯颜利、廖小明：《问题·旨趣·路径——社会主义核心价值观新探究》，人民出版社，2014。

《关于培育和践行社会主义核心价值观的意见》，人民出版社，2013。

朱颖原：《社会主义核心价值观多维研究》，人民出版社，2013。

陈新汉：《警惕核心价值体系"边缘化危机"》，社会科学文献出版社，2011。

陈新汉：《坚持核心价值体系的人民主体性》，东方出版中心，2011。

宁先圣、石新宇：《社会主义核心价值体系与当代社会思潮》，社会科学文献出版社，2011。

周玉清、王少安：《社会主义核心价值体系引领大学文化建设论纲》，人民出版社，2011。

杨晓慧：《社会主义核心价值体系融入大学生思想政治教育全过程的基本问题研究》，人民出版社，2011。

梅荣政、杨军：《社会主义核心价值体系与社会思潮析评》，中国社会科学出版社，2010。

宋惠昌：《社会主义核心价值观（专题解读）》，中共中央党校出版社，2010。

田海舰、邹卫：《社会主义核心价值观论纲》，人民出版社，2010。

石刚、李丽娜：《核心价值面面观》，社会科学文献出版社，2009。

韩震：《我们的"主心骨"：大力建设社会主义核心价值体系》，人民出版社，2008。

韩震：《社会主义核心价值体系研究》，人民出版社，2007。

陈新汉：《社会主义核心价值体系价值论研究》，上海人民出版社，2008。

陈亚杰：《建设社会主义核心价值体系》，人民出版社，2007。

侯惠勤：《马克思的意识形态批判与当代中国》，中国社会科学出版社，2010。

李向平：《信仰但不认同——当代中国信仰的社会学诠释》，社会科学文献出版社，2010。

俞吾金：《意识形态新论》，人民出版社，2009。

晏辉：《现代性语境下的价值与价值观》，北京师范大学出版社，2009。

王晓升等：《西方马克思主义意识形态理论》，社会科学文献出版社，2009。

徐海波：《意识形态与大众文化》，人民出版社，2009。

冯秀军：《教化·规约·生成：古代中华民族精神化育研究》，中国社会科学出版社，2009。

李从军：《价值体系的历史选择》，人民出版社，2008。

刘明君、郑来春、陈少岚：《多元文化冲突与主流意识形态建构》，中国社会科学出版社，2008。

袁贵仁：《价值观的理论与实践》，北京师范大学出版社，2006。

陈章龙：《论主导价值观》，江苏人民出版社，2006。

童世骏：《意识形态新论》，上海人民出版社，2006。

刘奔：《当代思潮反思录》，河北大学出版社，2005。

季广茂：《意识形态》，广西师范大学出版社，2005。

王成兵：《当代认同危机的人学解读》，中国社会科学出版社，2004。

王玉樑：《当代中国价值哲学》，人民出版社，2004。

邬焜，李建群：《价值哲学问题研究》，中国社会科学出版社，2002。

袁贵仁：《人的哲学》，工人出版社，1988。

李德顺：《价值新论》，中国青年出版社，1993。

衣俊卿主编《社会历史理论的微观视域》（上、下），黑龙江人民出版社，2011。

衣俊卿：《现代化与日常生活批判》，人民出版社，2005。

衣俊卿：《回归生活世界的文化哲学》，黑龙江人民出版社，2000。

王晓东：《日常交往与非日常交往》，人民出版社，2005。

王国有：《日常思维与非日常思维》，人民出版社，2005。

杨威：《中国传统日常生活世界的文化透视》，人民出版社，2005。

李小娟：《走向中国的日常生活批判》，人民出版社，2005。

李文阁：《复兴生活哲学——一种哲学观的阐释》，安徽师范大学出版社，2010。

赵司空：《中介与日常生活批判》，上海社会科学院出版社，2010。

杨楹等：《马克思生活哲学引论》，人民出版社，2008。

顾红亮：《儒家生活世界》，上海人民出版社，2008。

荆学民：《当代中国社会信仰论》，人民出版社，2008。

郭宝宏：《论人的需要》，经济科学出版社，2008。

吴宁：《日常生活批判》，人民出版社，2007。

刘怀玉：《现代性的平庸与神奇》，中央编译出版社，2006。

许新等：《超级大国的崩溃——苏联解体原因探析》，社会科学文献出版社，2006。

杨楹、张禹东：《生活哲学——探究中的马克思主义哲学》，社会科学文献出版社，2004。

陈昕：《救赎与消费：当代中国日常生活中的消费主义》，江苏人民出版社，2003。

干春松：《制度化儒家及其解体》，中国人民大学出版社，2003。

仰海峰：《走向后马克思：从生产之境到符号之境》，中央编译出版社，2003。

罗钢，王中忱主编《消费文化读本》，中国社会科学出版社，2003。

唐魁玉：《网络化的后果》，社会科学文献出版社，2011。

姜华：《大众文化理论的后现代转向》，人民出版社，2006。

任平：《当代视野中的马克思》，江苏人民出版社，2003。

朱永涛：《美国价值观——一个中国学者的探讨》，外语教学与研究出版社，2002。

王宁：《消费社会学：一个分析的视角》，社会科学文献出版社，2001。

易法健：《道德场论》，湖南教育出版社，2001。

陈秉公：《21世纪思想政治教育工作创新理论体系》，吉林教育出版社，2000。

吴亮、高云：《日常中国——50、60、80、90年代老百姓的日常生活》，江苏美术出版社，1999。

陈学明等：《让生活成为艺术品》，云南人民出版社，1998。

费孝通：《乡土中国·生育制度》，北京大学出版社，1998。

《李光耀40年政论选》，现代出版社，1994。

王文钦：《新加坡与儒家文化》，苏州大学出版社，1995。

〔英〕安东尼·吉登斯：《现代性与自我认同》，生活·读书·新知三联书店，1998。

〔英〕大卫·麦克里兰：《意识形态》，吉林人民出版社，2005。

〔英〕约翰·汤普森：《意识形态与现代文化》，译林出版社，2005。

〔英〕莱恩·多亚尔，伊恩·高夫：《人的需要理论》，商务印书馆，2008。

〔英〕斯蒂芬·亨特：《宗教与日常生活》，中央编译出版社，2010。

〔英〕戴维·英格利斯：《文化与日常生活》，中央编译出版社，2010。

〔英〕本·海默尔：《日常生活与文化理论导论》，商务印书馆，2008。

〔美〕塞缪尔·亨廷顿：《文明的冲突与世界秩序的重建》，新华出版社，2010。

〔美〕曼纽尔·卡斯特：《认同的力量》，社会科学文献出版社，2006。

〔美〕赫伯特·马尔库塞：《单向度的人：发达工业社会意识形态研究》，上海译文出版社，2008。

〔美〕李普塞特：《政治人——政治的社会基础》，上海人民出版社，1997。

〔美〕詹姆逊：《政治无意识》，中国社会科学出版社，1999。

〔美〕约翰·菲斯克：《解读大众文化》，南京大学出版社，2006。

〔美〕比尔·克林顿：《希望与历史之间》，海南出版社，1997。

〔美〕兹·布热津斯基：《大失败——20世纪共产主义的兴亡》，军事科学出版社，1989。

〔美〕尼葛洛·庞帝：《数字化生存》，海南出版社，1997。

〔美〕比尔·盖茨：《未来之路》，北京大学出版社，1996。

〔美〕欧文·戈夫曼：《日常生活中的自我呈现》，北京大学出版社，2008。

〔美〕丹尼尔·贝尔：《资本主义文化矛盾》，生活·读书·新知三联书店，1989。

〔美〕斯蒂芬·贝斯特、道格拉斯·科尔纳：《后现代转向》，南京大学出版社，2002。

〔美〕塞缪尔·亨廷顿：《第三波——20世纪后期民主化浪潮》，上海三联书店，1998。

〔美〕克利福德·格尔茨：《文化的解释》，译林出版社，1999。

〔美〕马克·波斯特：《第二媒介时代》，南京大学出版社，2000。

〔美〕道格拉斯·C.诺斯：《制度、制度变迁与经济绩效》，上海三联书店，1994。

〔美〕道格拉斯·C.诺斯：《经济史中的结构与变迁》，上海三联书店，1994。

〔加〕查尔斯·泰勒：《自我的根源：现代认同的形成》，译林出版社，2001。

〔加〕查尔斯·泰勒：《现代性之隐忧》，中央编译出版社，2001。

〔法〕路易·阿尔都塞：《保卫马克思》，商务印书馆，1984。

〔法〕阿尔都塞：《哲学与政治：阿尔都塞读本》，吉林人民出版社，2003。

〔法〕波德里亚：《消费社会》，南京大学出版社，2000。

〔法〕鲁尔·瓦纳格姆：《日常生活的革命》，南京大学出版社，2008。

〔法〕米歇尔·德·赛托：《日常生活实践》，南京大学出版社，2009。

〔法〕古斯塔夫·勒庞：《乌合之众——大众心理研究》，广西师范大学出版社，2007。

〔匈〕卢卡奇：《历史与阶级意识》，商务印书馆，1992。

〔匈〕卢卡奇：《关于社会存在的本体论》（上下卷），重庆出版社，1993。

〔匈〕卢卡契：《审美特性》，中国社会科学出版社，1986。

〔匈〕阿格妮丝·赫勒：《日常生活》，重庆出版社，2010。

〔德〕曼海姆：《意识形态与乌托邦》，华夏出版社，2001。

〔德〕哈贝马斯：《作为"意识形态"的技术与科学》，学林出版社，1999。

〔德〕马克斯·韦伯：《经济与社会》，商务印书馆，1997。

〔德〕胡塞尔：《欧洲科学危机和超验现象学》，上海译文出版社，1988。

〔德〕海德格尔：《存在与时间》，生活·读书·新知三联书店，1999。

〔意〕葛兰西：《狱中札记》，人民出版社，1983。

〔澳〕迈克尔·A. 豪格、多米尼克·阿布拉姆斯：《社会认同过程》，中国人民大学出版社，2011。

〔斯〕斯拉沃热·齐泽克、泰奥德·阿多尔诺：《图绘意识形态》，南京大学出版社，2006。

〔捷〕卡莱尔·科西克：《具体的辩证法》，社会科学文献出版社，1989。

〔苏〕米·谢·戈尔巴乔夫：《改革与新思维》，新华出版社，1987。

〔俄〕谢·卡拉-穆尔扎：《论意识操纵》，社会科学文献出版社，2004。

二　论文类

沈壮海：《全面理解把握坚持社会主义核心价值体系基本方略》，《中国高等教育》2018年第1期。

戴木才：《中国特色社会主义进入新时代的发展逻辑》，《理论导报》2018年第1期。

包心鉴：《习近平新时代中国特色社会主义思想的鲜明特质和社会主义核心价值观的本质规定》，《学校党建与思想教育》2018年第1期。

张怀民、陈锐：《论社会主义核心价值观的可治理性》，《理论月刊》2018年第1期。

李泽泉：《社会主义核心价值观融入法规的基本形式》，《浙江学刊》2018年第1期。

吴翠丽：《以社会主义核心价值观对虚拟社群价值引领的路径探讨》，《南京社会科学》2018年第1期。

韩震：《社会主义核心价值观入法入规的意义及其进路》，《行政管理改革》2017年第8期。

沈壮海、段立国：《习近平社会主义核心价值观战略思想研究》，《东岳论丛》2017年第6期。

沈壮海：《担负起新的文化使命》，《思想理论教育导刊》2017年第11期。

冯刚、王振：《着眼大学生成长发展需求，构建培育践行社会主义核心价值观长效机制》，《思想理论教育导刊》2017年第2期。

徐志远、张灵：《文化软实力与社会主义核心价值观》，《马克思主义研究》2017年第11期。

李建华:《社会主义核心价值观与道德规范体系之关系》,《道德与文明》2017年第3期。

王学俭:《新时代如何培育和践行社会主义核心价值观》,《人民论坛》2017年第12期。

戴木才:《对社会主义核心价值观几个基础理论问题的思考》,《马克思主义与现实》2017年第7期。

戴木才:《培养担当民族复兴大任的时代新人——党的十九大报告关于社会主义核心价值观的重要论述》,《道德与文明》2017年第11期。

王易、安丽梅:《传统家训在培育和践行社会主义核心价值观中的作用探析》,《思想教育研究》2017年第8期。

韩震:《培育和弘扬社会主义核心价值观的路线图》,《东岳论丛》2017年第6期。

梁家峰、蒋雪莲:《日常生活仪式涵养社会主义核心价值观教育的路径探析》,《思想理论教育导刊》2017年第2期。

王贵贤:《新时代社会主义核心价值观的定位与作用》,《社会主义核心价值观研究》2017年第12期。

陈金钊:《"社会主义核心价值观融入法治建设"的方法论诠释》,《当代世界与社会主义》2017年第8期。

莫纪宏:《法安天下　德润人心——把社会主义核心价值观融入法治建设》,《中国特色社会主义研究》2017年第10期。

张森年:《论社会主义核心价值观与师德养成——习近平的师德思想研究》,《毛泽东邓小平理论研究》2017年第1期。

冯玉军:《把社会主义核心价值观融入法治建设的要义和途径》,《当代世界与社会主义》2017年第8期。

杨威、刘宇:《论当代家风"场域—惯习"的运作逻辑——基于社会主义核心价值观视域的思考》,《中国特色社会主义研究》2017年第4期。

柏路:《推进高校社会主义核心价值观生活化的四个着力点》,《思想教育研究》2017年第8期。

杨业华、吴健:《培育和践行社会主义核心价值观的制度路径研究述评》,《思想理论教育导刊》2017年第8期。

丁恒星：《红色文化与社会主义核心价值观关系研究》，《思想教育研究》2017年第7期。

王凌宇、梁君、陈立国：《中华优秀传统文化涵养大学生社会主义核心价值观的路径研究》，《思想教育研究》2017年第4期。

武彦斌、吴东华：《普世价值思潮对社会主义核心价值观的解构逻辑及其辨正》，《河南大学学报》（社会科学版）2017年第7期。

宋劲松：《社会主义核心价值观：大学生公民意识教育的新指向》，《求索》2017年第1期。

黄涛：《从社会主义核心价值观看当代中国法治理论的应有品格——对当前法治理论之反思》，《当代世界与社会主义》2017年第8期。

高永强：《论家训家风在社会主义核心价值观大众认同机制中的作用》，《道德与文明》2017年第9期。

石海兵、王苗：《习近平关于培育和践行社会主义核心价值观的思想图景》，《学校党建与思想教育》2017年第9期。

刘风景：《社会主义核心价值观入法的理据与方式》，《当代世界与社会主义》2017年第8期。

柏路：《社会主义核心价值观生活化探究》，《东北师范大学学报》（哲学社会科学版）2017年第11期。

辛世俊：《论社会主义核心价值观教育融入生活》，《社会主义核心价值观研究》2017年第4期。

和亚飞、杨军：《社会主义核心价值观融入日常生活的理与路》，《学校党建与思想教育》2017年第5期。

吴静、颜吾佴：《把社会主义核心价值观日常化、具体化、形象化、生活化》，《红旗文稿》2017年第4期。

郭婷：《日常生活对社会主义核心价值观的本体意义》，《学校党建与思想教育》2017年第11期。

邹小华：《社会主义核心价值观引领生活世界的必要性及其限度》，《内蒙古社会科学》（汉文版）2017年第5期。

胡守勇：《学雷锋活动：培育和践行社会主义核心价值观的生活性嵌入》，《中共山西省委党校学报》2017年第4期。

胡骄键：《社会主义核心价值观生活化的传统劝善文化路径探析》，

《广西社会科学》2016 年第 2 期。

苏景荣、叶荔辉：《大学生社会主义核心价值观生活化培育问题探讨》，《中共福建省委党校学报》2016 年第 8 期。

任志锋：《大学生社会主义核心价值观认同的日常生活维度》，《教学与研究》2016 年第 12 期。

林炜：《推动社会主义核心价值观生活化》，《人民论坛》2016 年第 11 期。

谢文：《社会主义核心价值观生活化的困境与出路》，《闽西职业技术学院学报》2016 年第 6 期。

柳礼泉、陈方芳：《社会主义核心价值观融入日常生活的机制和着力点探析》，《社会主义核心价值观研究》2016 年第 10 期。

吴翠丽：《社会主义核心价值观嵌入日常生活的内在机理与实现路径》，《南京社会科学》2015 年第 2 期。

吴倩倩：《社会主义核心价值观生活化的思考——基于当代大学生群体的视角》，《学习月刊》2015 年第 11 期。

柳礼泉、陈方芳：《社会主义核心价值观融入日常生活探析》，《思想教育研究》2015 年第 7 期。

潘玉腾、陈赵阳：《大学生践行社会主义核心价值观的日常生活向度》，《思想理论教育导刊》2015 年第 8 期。

孟迎辉、邓泉国：《社会主义核心价值观与日常生活的内在逻辑》，《社会主义研究》2015 年第 2 期。

熊建生、谈梦骐：《生活视野下的社会主义核心价值观教育》，《思想教育研究》2015 年第 7 期。

王洪波：《把社会主义核心价值观融入社会生活》，《理论导报》2015 年第 4 期。

刘奇葆：《用文学的光芒照亮中华民族的精神世界》，《求是》2015 年第 1 期。

吴翠丽：《社会主义核心价值观嵌入日常生活的困境与消解路径》，《思想教育研究》2014 年第 1 期。

张东伟：《社会主义核心价值观的日常生活化分析》，《河南师范大学学报》（哲学社会科学版）2014 年第 7 期。

邹小华、牛汉原：《社会主义核心价值观认同的生活化路径——马克思主义哲学生存论视角》，《江西师范大学学报》（哲学社会科学版）2014年第4期。

李辉、任美慧：《论社会主义核心价值观培育和践行的生活维度》，《思想政治教育研究》，2014年第4期。

王玉平：《生活化：高校社会主义核心价值观教育的人本向度》，《重庆交通大学学报》（社会科学版）2014年第1期。

马建军、周玉：《社会主义核心价值观融入社会生活的路径选择》，《理论导刊》2014年第7期。

谢加书、董宏鹰：《面向群众日常生活培育社会主义核心价值观研究》，《湖北社会科学》2014年第9期。

程平：《从价值哲学到生活哲学——社会主义核心价值观的哲学意蕴》，《学习与实践》2014年第11期。

于涓：《将社会主义核心价值观融入社会生活的相关问题刍议》，《湖北社会科学》2014年第11期。

吴翠丽：《社会主义核心价值观嵌入日常生活的困境与消解路径》，《思想教育研究》2014年第1期。

朱晨静：《社会主义核心价值观培育的日常生活视角》，《山东社会科学》2014年第10期。

朱晨静：《论马克思主义与日常生活——理解马克思主义大众化的重要视角》，《甘肃社会科学》2012年第1期。

蒋斌、陈金龙：《社会主义核心价值体系是兴国之魂》，《求是》2012年第2期。

侯惠勤：《马克思的意识形态批判和哲学变革》，《马克思主义研究》2011年第12期。

田心铭：《中国社会主义核心价值观：以人为本，实事求是，独立自主》，《马克思主义研究》2011年第11期。

王建润、陈延斌：《社会主义核心价值体系大众传播的审美转换》，《马克思主义研究》2011年第8期。

陆树程、崔昆：《论社会主义核心价值体系认同的元问题——基于对马克思主义意识形态观的一种理解》，《马克思主义研究》2011年第8期。

陈新汉：《论社会主义核心价值体系的人民主体性》，《哲学研究》2011年第1期。

陈新汉：《民众意愿的表达是核心价值主体性凸显的重要标志》，《广西大学学报》（哲学社会科学）2011年第4期。

陈新汉：《在体制改革中把"人的世界还给人自己"——关于克服社会主义核心价值体系"边缘化危机"的再思考》，《思想理论教育》2011年第21期。

程恩富等：《近年社会主义核心价值体系建设情况的调查研究报告》，《毛泽东邓小平理论研究》2011年第2期。

秦宣：《我们为什么需要马克思主义？》，《高校理论战线》2011年第2期。

冯培：《实现马克思主义大众化的有效传播》，《高校理论战线》2011年第3期。

徐琴：《论建设社会主义核心价值体系的实践基础与思想资源》，《毛泽东邓小平理论研究》2011年第11期。

《紧紧抓住社会主义核心价值体系建设这个根本——认真学习贯彻党的十七届六中全会精神》，《求是》2011年第23期。

李翔、郑海呐：《兴国之魂：社会主义核心价值体系再认识》，《道德与文明》2011年第6期。

王泽应：《伦理精神自信是文化自信的核心和根本》，《道德与文明》2011年第5期。

朱贻庭：《守护文化其"神"》，《道德与文明》2011年第3期。

肖群忠：《"国粹"与"国魂"——弘扬中华伦理价值 重铸民族精神》，《道德与文明》2011年第3期。

杜振吉：《文化自卑、文化自负与文化自信》，《道德与文明》2011年第4期。

靳凤林：《文化自信：民族复兴的精神支柱》，《道德与文明》2011年第5期。

曾建平：《核心价值观：中国文化大发展的关键》，《道德与文明》2011年第6期。

王南湜、侯振武：《文化自觉、文化自信、文化自强何以可能》，《毛泽东邓小平理论研究》2011 年第 8 期。

云杉:《关于文化自觉》(上),《党政论坛》(干部文摘) 2011 年第 2 期。

袁帅:《社会主义核心价值体系建设的矛盾群论》,《东北师范大学学报》(哲学社会科学版) 2011 年第 1 期。

张启鹏:《社会主义核心价值体系:接受理论视角下的分析》,《当代青年研究》2011 年第 7 期。

王贤卿:《社会主义核心价值体系的认同路径探析》,《毛泽东邓小平理论研究》2011 年第 2 期。

陆树程、朱晨静:《社会主义核心价值体系与人的内在需求》,《毛泽东邓小平理论研究》2011 年第 2 期。

黄蓉生、白显良:《提炼社会主义核心价值观若干问题思考》,《思想理论教育》2011 年第 3 期。

魏联合、魏恩政:《大力推进社会主义核心价值体系大众化》,《求是》2011 年第 4 期。

林凌:《用社会主义核心价值体系引领网络文化建设》,《马克思主义研究》2011 年第 2 期。

肖香龙:《社会主义核心价值体系是建设先进网络文化的内在要求》,《思想理论教育导刊》2011 年第 6 期。

田海舰:《社会主义核心价值体系培育的两个向度》,《伦理学研究》2011 年第 2 期。

辛向阳:《国际视野下建设社会主义核心价值体系的路径选择》,《理论探讨》2011 年第 2 期。

杨明、张伟:《中国道路与社会主义核心价值体系》,《道德与文明》,2011 年第 3 期。

黄蓉生、孙楚航:《社会主义核心价值体系知行研究——基于重庆出版社、四川党政干部的调查》,《马克思主义与现实》2011 年第 3 期。

吴玉军:《国家认同视阈中的社会主义核心价值体系》,《中国特色社会主义研究》2011 年第 4 期。

吴少进、谢丽丽:《论社会主义核心价值体系认同的现实路径》,《中国特色社会主义研究》2011 年第 3 期。

陈曙光：《马克思主义的"贫困"与学者的责任》，《江海学刊》2011年第1期。

刘维兰、吴远：《马克思主义大众化之"生活化"问题思考》，《甘肃社会科学》2011年第3期。

龚群：《论价值与理解》，《复旦大学学报》（社会科学版）2011年第3期。

王福民：《论唯物史观的日常生活转向》，《学术研究》2011年第5期。

王福民：《历史唯物主义对日常生活的关注》，《哲学研究》2010年第8期。

王福民：《论日常生活哲学的内在价值》，《三明学院学报》2010年第1期。

吴学琴：《日常生活化的意识形态与新中国流行语的变迁》，《马克思主义研究》2010年第3期。

吴学琴：《意识形态日常生活化与高校网络平台建设》，《河海大学学报》2010年第3期。

吴学琴：《日常生活的意识形态分析及其认同》，《马克思主义研究》2009年第3期。

徐贵权：《当代中国人生存方式嬗变的主体向度》，《毛泽东邓小平理论研究》2010年第9期。

孟迎辉、邓泉国：《西方发达国家政府掌控意识形态的基本特征及启示》，《当代世界与社会主义》2010年第2期。

李长春：《正确认识和处理文化建设发展中的若干重大关系，努力探索中国特色社会主义文化发展道路》，《求是》2010年第12期。

韩震：《论国家认同、民族认同及文化认同——一种基于历史哲学的分析与思考》，《北京师范大学学报》2010年第1期。

李慎明：《把理想信念教育作为学习践行社会主义核心价值体系的重中之重》，《毛泽东邓小平理论研究》2010年第2期。

王秀阁：《论社会主义核心价值体系引领机制的建构》，《马克思主义研究》2010年第1期。

王秀阁：《用社会主义核心价值体系引领社会思潮的机制研究》，《红旗文稿》2010年第1期。

龚群：《论建设社会主义核心价值体系的重大理论与实践意义》，《江苏行政学院学报》2010 年第 1 期。

张铃枣：《建设社会主义核心价值体系，实现党的文化领导权》，《科学社会主义》2010 年第 1 期。

林春逸：《社会主义核心价值体系认同目标探析》，《学校党建与思想教育》2010 年第 13 期。

赵野田：《提升大学生思想政治素质重点在于社会主义核心价值体系教育》，《思想理论教育导刊》2010 年第 7 期。

汪幼海：《论坚持舆论阵地的社会主义核心价值体系导向》，《毛泽东邓小平理论研究》2010 年第 7 期。

云杉：《文化自觉　文化自信　文化自强——对繁荣发展中国特色社会主义文化的思考》（上、中、下），《红旗文稿》2010 年第 15 期、16 期、17 期。

廖言：《不断深化对中国特色社会主义文化发展规律的认识》，《求是》2010 年第 12 期。

吴倬、王燕群：《论提炼和概括社会主义核心价值观的方法论问题》，《马克思主义与现实》2010 年第 5 期。

邱仁富：《"全国社会主义核心价值体系高层学术研讨会"综述》，《哲学动态》2010 年第 12 期。

邱柏生：《试论开展社会主义核心价值体系教育的话语体系支撑》，《思想理论教育导刊》2010 年第 11 期。

谭培文：《以改善民生为利益机制推进社会主义核心价值认同》，《马克思主义研究》2010 年第 5 期。

赵司空：《对新中国前三十年日常生活政治化的思考——兼谈马克思主义中国化与大众化》，《马克思主义研究》2010 年第 10 期。

轩传树、谢忠文、马丽雅：《当代世界社会主义思潮研究述评》，《马克思主义研究》2010 年第 10 期。

杨立英：《用社会主义核心价值体系引领网络文化的思考》，《思想理论教育导刊》2010 年第 3 期。

黄蓉生、白显良：《马克思主义大众化与大学生社会主义核心价值体系教育》，《马克思主义研究》2010 年第 2 期。

陈先达：《论普世价值与价值共识》，《哲学研究》2009 年第 4 期。

陈秉公：《论国家意识形态"高势位"建设的规律性——30 年国家意识形态建设成功经验的理论解读》，《马克思主义研究》2009 年第 11 期。

张传开：《社会主义核心价值体系是当代中国人民的主心骨》，《求是》2009 年第 15 期。

王立胜、聂家华：《当代中国社会核心价值体系的建构逻辑——基于历史经验的分析》，《社会科学》2009 年第 8 期。

宣兆凯：《"与公众对话"：公众认同、接受社会主义核心价值的调查研究》，《北京师范大学学报》2009 年第 5 期。

陈锡喜：《建设社会主义核心价值体系，增强意识形态的吸引力凝聚力》，《思想理论教育导刊》2009 年第 4 期。

廖小明、冯颜利：《论社会主义核心价值体系建设的三个向度》，《哲学动态》2009 年第 11 期。

张志丹：《国内关于社会主义核心价值体系研究综述》，《马克思主义研究》2009 年第 11 期。

苏振芳：《社会主义核心价值体系视野的网络文化建设》，《重庆社会科学》2009 年第 8 期。

周中之：《社会主义核心价值体系融入国民教育全过程初探》，《思想理论教育》2009 年第 11 期。

陆树程、王继全：《社会主义核心价值体系与和谐社会构建》，《马克思主义研究》2009 年第 5 期。

王学风、徐春燕：《大学生社会主义核心价值体系认同教育的必要性及途径探析》，《思想理论教育导刊》2009 年第 9 期。

陆树程、李瑾：《论当代大学生社会主义核心价值体系心理认同机制》，《思想理论教育导刊》2009 年第 1 期。

吴潜涛：《大力建设社会主义核心价值体系》，《思想理论教育导刊》2009 年第 5 期。

张雷声：《社会主义核心价值体系的科学性研究》，《思想理论教育》2009 年第 7 期。

韩振峰：《略论社会主义核心价值体系建设中的几个辩证关系》，《东南大学学报》2009 年第 2 期。

佘双好：《社会主义核心价值体系与社会主义思想道德建设》，《思想政治教育研究》2009年第1期。

梅荣政：《做好当前意识形态工作的几点认识》，《思想政治工作研究》2009年第5期。

李德顺：《关于价值与核心价值》，《人大复印资料〈哲学原理〉》2009年第2期。

张建设、江立成：《意识意识形态——社会主义核心价值体系的科学性与意识形态性》，《人大复印资料〈中国特色社会主义理论〉》2009年第6期。

李慎明：《大力推进社会主义核心价值体系建设》，《中国监察》2008年第2期。

罗文东：《马克思主义是社会主义核心价值体系的灵魂》，《思想理论教育导刊》2008年第1期。

吴倬：《关于社会主义核心价值观问题的理论思考》，《教学与研究》2008年第6期。

门忠民：《构建社会主义核心价值体系的四种思路》，《思想理论教育导刊》2008年第4期。

王东虓：《建设社会主义核心价值体系的思路探析》，《郑州大学学报》2009年第5期。

陈新汉：《马克思意识形态思想对理解社会主义核心价值体系的启示》，《上海大学学报》2008年第6期。

陈新汉：《论核心价值体系》，《马克思主义研究》2008年第10期。

廉永杰：《论社会主义核心价值体系价值的本质、特征与实现》，《陕西师范大学学报》2008年第4期。

苏振芳：《坚持马克思主义在社会主义核心价值体系中的指导地位》，《思想理论教育》2008年第17期。

邱柏生：《要重视社会主义核心价值体系的功能性解读》，《思想理论教育》2008年第1期。

黄蓉生：《社会主义核心价值体系视域下大学生思想政治教育创新》，《思想理论教育》2008年第15期。

禹国峰：《社会主义核心价值观研究述评》，《道德与文明》2008年第

2 期。

钱广荣：《社会主义核心价值体系指导下的大学生思想道德教育》，《思想理论教育导刊》2008 年第 12 期。

刘云山：《深入推进社会主义核心价值体系建设，巩固全党全国人民团结奋斗的共同思想基础》，《党建》2008 年第 5 期。

侯惠勤：《我国意识形态建设的第二次战略性飞跃》，《马克思主义研究》2008 年第 7 期。

王南湜：《马克思主义哲学中国化：从现实性到理想性》，《毛泽东邓小平理论研究》2008 年第 1 期。

余玉花：《论社会主义核心价值体系的主导性》，《思想理论教育》2008 年第 1 期。

曾盛聪：《论社会主义核心价值体系引领网络文化的方式与机制》，《思想理论教育导刊》2008 年第 12 期。

刘书林：《当代中国马克思主义大众化的实质与路径》，《学校党建与思想教育》2008 年第 9 期。

孙树文、李艳：《感觉域限：人的需要态势及转化的一个主观视角》，《贵州师范大学学报》（社会科学版）2008 年第 1 期。

胡敏中：《论价值共识》，《哲学研究》2008 年第 7 期。

梅荣政：《用社会主义核心价值体系引领社会思潮的政策探索》，《毛泽东邓小平理论研究》2008 年第 10 期。

袁贵仁：《建设社会主义核心价值体系》，《中国社会科学》2008 年第 1 期。

徐贵权：《核心价值体系合法性探微》，《社会科学辑刊》2008 年第 5 期。

罗文东：《马克思主义是社会主义核心价值体系的灵魂》，《思想理论教育导刊》2008 年第 1 期。

李长春：《准确理解社会主义核心价值体系的内涵》，《理论参考》2007 年第 3 期。

李德顺：《关于社会主义核心价值观的几个问题》，《上海党史与党建》2007 年第 7 期。

黄凯锋：《社会主义核心价值体系的责任主体、路径依赖和结构浅析》，《毛泽东邓小平理论研究》2007 年第 4 期。

周中之、石书臣：《"社会主义核心价值体系与思想政治教育全国学术研讨会"综述》，《马克思主义研究》2007 年第 12 期。

侯惠勤：《马克思主义的指导是构建社会主义核心价值体系之根本》，《毛泽东邓小平理论研究》2007 年第 3 期。

李崇富：《建设社会主义核心价值体系从观念到现实的思考》，《江西社会科学》2007 年第 2 期。

辛向阳：《什么是和谐社会的核心价值观》，《理论参考》2007 年第 3 期。

吴潜涛：《用中国特色社会主义核心价值体系引领大学生成长成才》，《思想理论教育导刊》2007 年第 11 期。

吴潜涛：《社会主义核心价值体系的科学内涵》，《道德与文明》2007 年第 1 期。

陈新汉：《社会主义核心价值体系——从价值哲学的角度看》，《哲学研究》2007 年第 11 期。

刘建军：《中国特色社会主义共同理想是社会主义核心价值体系的主题》，《高校理论战线》2007 年第 4 期。

陶倩：《关于社会主义核心价值体系认同的思考》，《思想理论教育》2007 年第 12 期。

高国希：《社会主义核心价值的理论维度》，《思想理论教育》2007 年第 1 期。

陈先达：《马克思主义的社会形态理论与和谐社会的构建》，《马克思主义研究》2006 年第 9 期。

秋石：《论社会主义核心价值体系》，《求是》2006 年第 24 期。

三　报纸类

戴木才：《把握核心价值体系与核心价值观的辩证关系》，《新华日报》2018 年 3 月 21 日。

王琎、王斯敏、陈海波：《培养担当民族复兴大任的时代新人》，《光明日报》2018 年 3 月 13 日。

《用社会主义核心价值观凝心聚力》，《光明日报》2018 年 3 月 16 日。

戴木才：《把握核心价值体系与核心价值观的辩证关系》,《新华日报》2018 年 3 月 21 日。

刘云山：《深入学习贯彻习近平新时代中国特色社会主义思想》,《人民日报》2017 年 11 月 6 日。

沈壮海：《以社会主义核心价值观凝心聚力》,《经济日报》2017 年 12 月 14 日。

刘云山：《深入学习掌握习近平总书记系列重要讲话贯穿的马克思主义立场观点方法》,《学习时报》2017 年 5 月 31 日。

《在法治建设中践行社会主义核心价值观——"社会主义核心价值观融入法治建设"座谈会部分发言摘要》,《检察日报》2017 年 11 月 22 日。

柳礼泉、陈方芳、唐珍名：《社会主义核心价值观融入社会生活的四个着力点》,《光明日报》2015 年 6 月 11 日。

王洪波：《社会主义核心价值观融入社会生活的三维路径》,《光明日报》2015 年 4 月 15 日。

刘奇葆：《在全社会大力培育和践行社会主义核心价值观》,《人民日报》2014 年 3 月 5 日。

刘云山：《着力培育和践行社会主义核心价值观》,《求是》2014 年第 1 期。

四　外文资料

Henri Lefebvre, Critique of Everyday Life, Volume I, London and New York: Verso, 1991.

Douglas Keller: Media Culture. Landon and New York: Routledge, 1995.

Jun He: The Socialist Core Value System into Practice and Exploration of Spiritual Civilization and Enlightenment——a Survey Based Yancheng, China's Foreign Trade, 2016. 18.

Yuan Guerin: Build up the System of Socialist Core Values, Social Sciences in China, March, 2015.

Honneth: Recognition and Moral Obligation, Social Research, 1997（64）: 24.

后 记

本书是在博士论文基础上修改而成，大约历时六年之久。其间有过几次出版机会，皆因浅知拙见不够成熟而放弃。就在搁笔之际，仍忐忑不安，总想要再多一点时间，再多一些思考，可能会写得更好一些，更深入一些，纰漏更少一些。但是，因种种原因，不得不收笔完稿。

这六年来，把社会主义核心价值观与人们的日常生活联系起来，以日常生活为研究视域和思维框架分析探讨社会主义核心价值观的日常生活化育，是我一直萦绕于心的问题。希望通过本书的研究可以对这一问题有所回答：其一，阐明根植于日常生活的社会主义核心价值观最终回归日常生活、引领改造日常生活的必然性与必要性；其二，在理论上分析探讨社会主义核心价值观日常生活化育的一般机理；其三，在实践上为社会主义核心价值观融入日常生活提出一些有益的思考和建议。本书在成文过程中尽力对这三个问题加以探讨和回答，但是，因这一问题的复杂艰深，加上自身才疏学浅，浅尝辄止之处不免其中，敬请各位专家学者批评指正。

在本书即将出版之际，读博期间的点点滴滴，一千多个日日夜夜，如昨日重现，个中甘苦，此中真意，欲写忘言，心中唯有"感激"二字。感谢苏州大学这座崇文厚重、励学笃行的天堂学府，给予我一张安静的书桌和优良的学习、生活环境，并以她"养正气、法完人"的精神赋予我面对困扰依然坚强、淡定前行的勇气和力量。感谢恩师陆树程教授，导师以他开阔的视野、睿智的思维、渊博的知识、勤勉的工作作风和宽厚的生活态度，指引我走进学术殿堂，给予我人生丰厚的启迪。感谢闵春发教授、姜建成教授、郭彩琴教授、方世南教授等管理学院的众多老师在三年学习过程中的谆谆教导，在论文开题、写作过程中高屋建瓴、拨云见日的指点，他们让我领略到什么是严谨与深刻，什么是学识与学品。此外，本书得以完成还要特别感谢博士后指导老师、河北师范大学张骥教授，张老师在住院期间仍对本书提出许多宝贵意见。同时，还要感谢中国社会科学院辛向阳教授，河北师范大学李素霞教授、申文杰教授、陶艳华教授、杜运辉教授以及所有对本书提出宝贵指点和建议的不能尽数的每一位老师。

最后，社会科学文献出版社连凌云编辑对本书提出了许多中肯的意见和建议，杜文婕编辑为本书的出版也付出了很多辛劳和努力，对他们的认真审定和辛苦付出谨致谢忱。

行文至此，感恩之意，无以为表，谨以此感谢家人数年如一日的理解与支持，感谢所有给予我鼓励、支持和帮助的朋友们！

朱晨静
2018 年 5 月

图书在版编目(CIP)数据

社会主义核心价值观日常生活化育研究/朱晨静著. --北京：社会科学文献出版社，2018.6
 ISBN 978 - 7 - 5201 - 2689 - 2

Ⅰ.①社… Ⅱ.①朱… Ⅲ.①社会主义建设-价值论-研究-中国 Ⅳ.①D616

中国版本图书馆 CIP 数据核字(2018)第 091379 号

社会主义核心价值观日常生活化育研究

著　　者 / 朱晨静

出 版 人 / 谢寿光
项目统筹 / 杜文婕
责任编辑 / 连凌云　杜文婕

出　　版 / 社会科学文献出版社·区域发展出版中心(010)59367143
　　　　　地址：北京市北三环中路甲29号院华龙大厦　邮编：100029
　　　　　网址：www.ssap.com.cn

发　　行 / 市场营销中心(010)59367081　59367018
印　　装 / 三河市龙林印务有限公司

规　　格 / 开本：787mm×1092mm　1/16
　　　　　印 张：18　字 数：330千字
版　　次 / 2018年6月第1版　2018年6月第1次印刷
书　　号 / ISBN 978 - 7 - 5201 - 2689 - 2
定　　价 / 58.00元

本书如有印装质量问题，请与读者服务中心(010-59367028)联系

▲ 版权所有 翻印必究